李昂 李月 / 编著

围棋经典死活

1000题

冲/段/篇

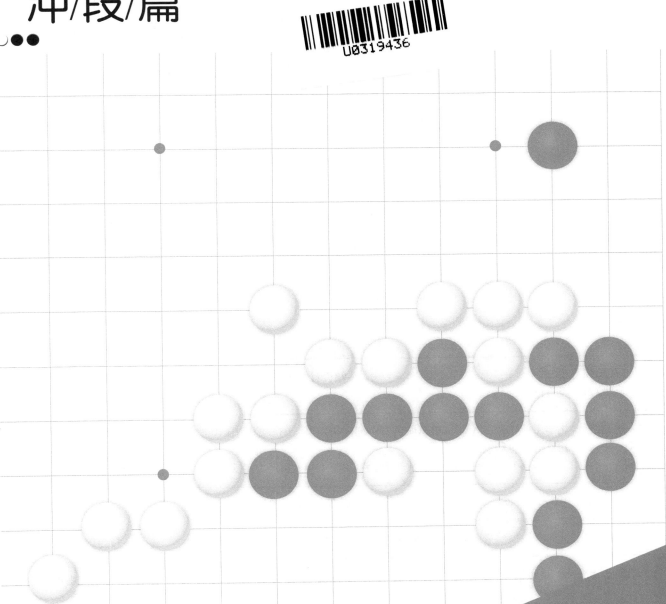

化学工业出版社
·北京·

图书在版编目（CIP）数据

围棋经典死活1000题.冲段篇/李昂，李月编著.—北京：化学工业出版社，2017.5（2024.11重印）
ISBN 978-7-122-29473-9

Ⅰ.①围…　Ⅱ.①李…　②李…　Ⅲ.①死活棋（围棋）-基本知识　Ⅳ.①G891.3

中国版本图书馆CIP数据核字（2017）第075655号

责任编辑：史　懿　　　　　　　　装帧设计：刘丽华
责任校对：吴　静

出版发行：化学工业出版社（北京市东城区青年湖南街13号　邮政编码100011）
印　　装：北京天宇星印刷厂
880mm×1230mm　1/16　印张15½　字数320千字　2024 年 11 月北京第 1 版第 9 次印刷

购书咨询：010-64518888　　　　　　售后服务：010-64518899
网　　址：http://www.cip.com.cn
凡购买本书，如有缺损质量问题，本社销售中心负责调换。

定　　价：68.00元

著名棋手赵治勋曾对解死活题有过如下论述。

大家都来做死活题是提高棋艺的好方法，我也这样认为。而且可以说，这是上进的第一条道路。

为什么这样评价死活题的作用呢？有两个理由：一是培养正确的计算力；二是可以站在对手的立场上思考，算得更深。

这两条理由就是做死活题有利于棋艺上进的原因。

业余棋手，甚至职业棋手也往往这样：不去正确地计算，只是一厢情愿地去思考。研究死活题肯定可以改变这种不良习惯。

此外，我认为在棋力弱的时候，每天做一点简单、用不着大伤脑筋的死活题是有好处的。如果有1小时的空闲时间，做60道每题只需1分钟即可解答的简单题目，比做1道需要60分钟才能解答的难题要有益得多。一本能做出80%死活题的书，也比只能做出20%死活题的书对棋艺更有帮助。

下围棋最重要的是什么呢？是计算！在对局中，80%靠计算，其余的靠感觉。而如此重要的计算训练，和死活题是有直接联系的。在死活题训练中，没有加进任何感觉的余地。

即使是双方棋子离得较远的棋局，最终总会形成激烈的接触战。到那时，计算就是最重要的事情了，话虽这么说，但在教初学者时，也有人不教死活题和对杀，而是教布局、感觉和棋的步调，等等。然而，那完全是错误的。就如同对不会加减法的儿童，直接去教他们学乘除法一样。

所谓棋的实力就是计算能力。特别是在业余棋手的对局中，布局之类的学习内容和胜负的关系不大。胜负取决于棋子与棋子的接触战。也有以直截了当的死活决胜负的，那时，计算准确的一方就会取胜。

在职业棋手的对局中，胜负往往在于能否贴出目来，即使是细微的地方也要争夺，必须尽量走出最佳的着法。开始的微妙之着，有时也会直接影响到胜负。

现在的职业棋手，总的来说缺乏计算能力，不如以前的棋手能够深算。说这样的话，虽然听起来也许会觉得有些狂妄，但其中也包括了我自己的反省。因为我的计算能力太差了。对于职业棋手来说，必须做到能够顺利地解答《发阳论》。我认为解答不出《发阳论》是职业棋手的耻辱。死活题也同样，绝不需要去死记硬背。虽然我经常从头到尾地去看前田先生的死活题集，但粗粗一过目，总会做错两三道题。也会发现题目的错误。过些日子再通看一遍时，仍会做错两三道别的题目。这也证明我每次做死活题时总是重新计算，并没有死记硬背。

我们认为赵治勋先生这段论述很精辟，故拿来与大家共勉。其实不论是哪个国家的棋手或爱好者，只要下棋，就必须进行死活题的训练，只是刻苦程度不同而已。

死活题训练其实并非想象中那么艰苦，围棋基本的死形活形无非是"直三、方四、丁四、刀五、梅五、葡萄六"而已，对于绝大多数人而言，掌握这些知识，最多只需要1周的时间。对于杀棋的一方来说，规律性的思路不过是从外部动手还是从内部开刀的问题；从防守方来说，则是如何扩大眼位和占据要点。明白了道理，有了这种意识就足够了，也用不着以大批的千篇一律的题型去训练头脑简单的"条件反射"。

那么，我们到底应该怎样进行训练，题量怎么安排，如何与实战相结合？

对于这些问题，我们的回答是，要根据每个人的具体情况，设计不同的训练计划。但无论如何，必须遵守下面的原则。

一、时间

对于普通爱好者们来说，每天抽出半小时至1小时做死活题就足够了；而对于各类围棋培训班的小棋手来说，则是远远不够的，每天至少应在2小时左右，可分2次进行，每次1小时，这样不会过于枯燥。死活题是基本功，是围棋一切技术手段得以发挥的基础，所以必须要过关。

二、题量

由于死活题的难易程度及个人水平不同，所以对于爱好者来说，不必给自己规定固定的题量，只要按照计划，保证每天的训练时间就够了。做出几道题并不重要，重要的是必须通过自己独立思考来完成，错了也没有关系。有了答案之后，再对照书中的正解图检查或参照书中的变化图和失败图找出错误的症结所在。切不可没有耐心，在自己未得出结论之前，就急于翻看答案，这样将事倍功半。棋力的提高，在于解题训练的思考过程，而不是去简单地死记硬背题目的结果，这与学习任何一门功课的道理都是一样的。

死活题训练，更多的是需要跳跃性的思维方式，即对于各种可能存在的"形"中"手筋""要点"的敏锐感觉，将这些手筋、要点灵活地运用于实战，产生"奇着""妙手"，这就是人们常说的所谓的"灵感""悟性"。启发、培养、提高这种灵性，就是本书的目的。因此，本书在题前只说明先后手，不做死活或者劫的结果提示，使读者在解题过程中能够完全进入实战状态，以无提示的训练方法培养读者对棋形的敏锐感觉和精确的计算能力。在解答中，也尽可能以启发思路为主要目的，引导读者学习、训练对于围棋死活认识的思考方法，而非机械地、一着一式地记忆。

当你在实战中通过自己的思考、判断，真正正确解开了死活题，从而杀死对手的一块棋或救活了自己的大龙，你将感受到极大的喜悦，从而获得无穷的乐趣。这也就是本书将带给你的收获。

李昂、李月

2018 年 1 月

目录

初级篇

▶ 第一部分 题目 1~250

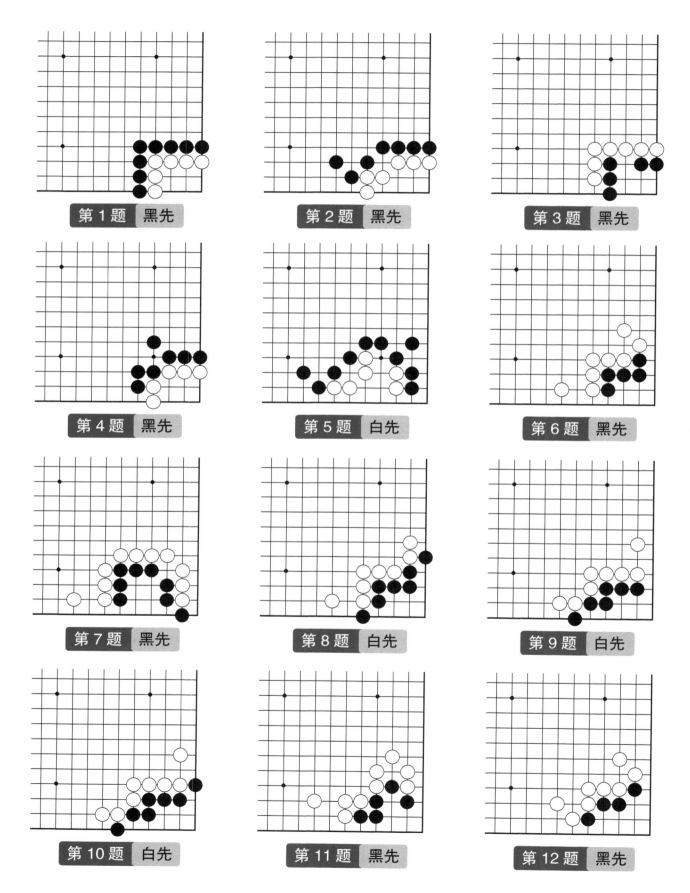

第1题 黑先

第2题 黑先

第3题 黑先

第4题 黑先

第5题 白先

第6题 黑先

第7题 黑先

第8题 白先

第9题 白先

第10题 白先

第11题 黑先

第12题 黑先

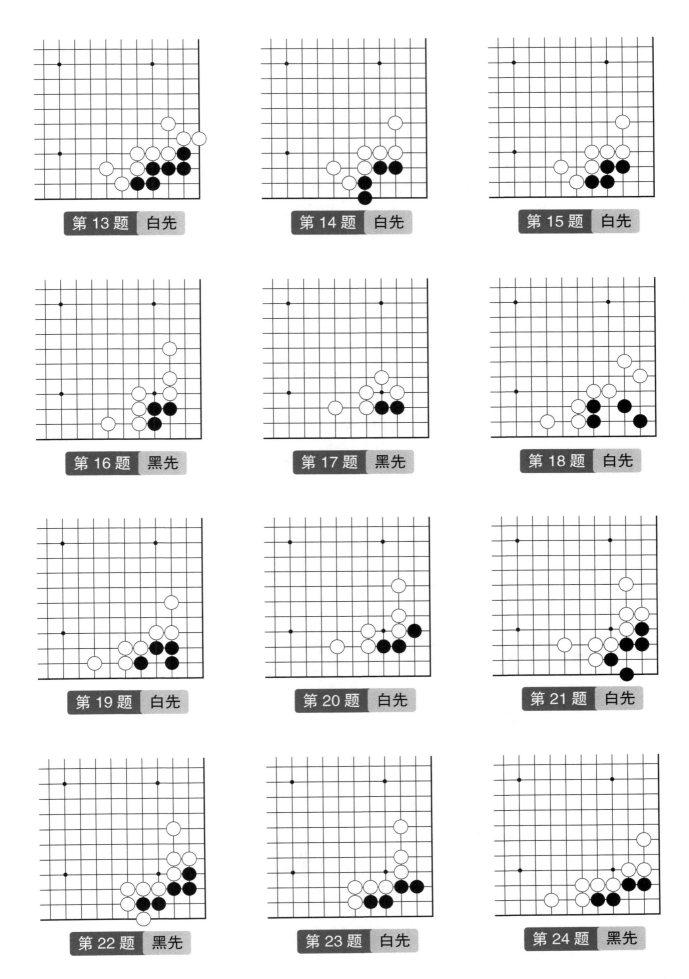

第 13 题　白先

第 14 题　白先

第 15 题　白先

第 16 题　黑先

第 17 题　黑先

第 18 题　白先

第 19 题　白先

第 20 题　白先

第 21 题　白先

第 22 题　黑先

第 23 题　白先

第 24 题　黑先

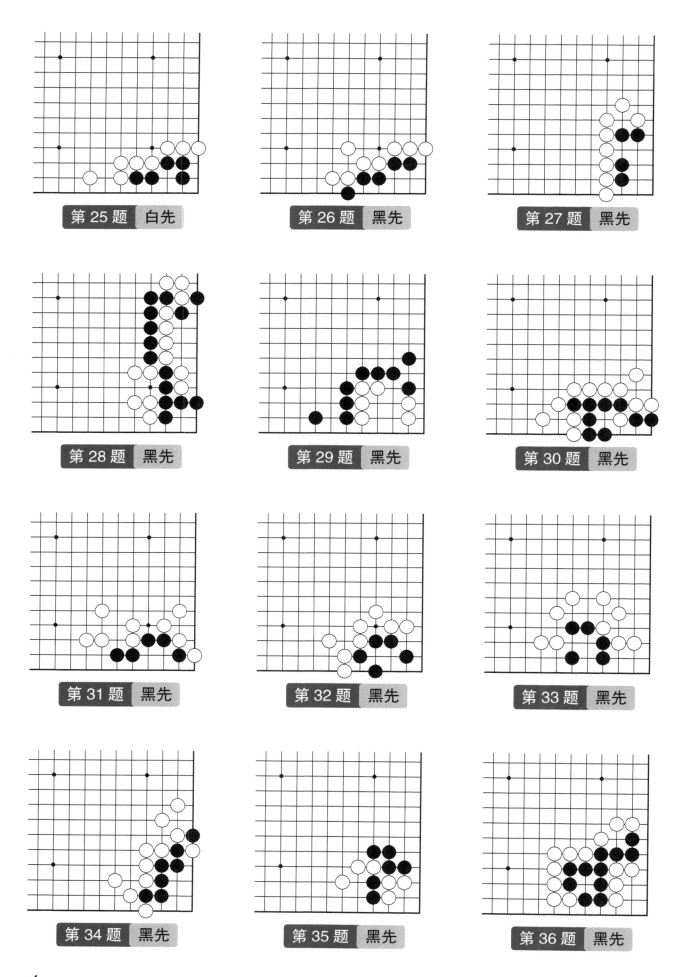

第25题 白先

第26题 黑先

第27题 黑先

第28题 黑先

第29题 黑先

第30题 黑先

第31题 黑先

第32题 黑先

第33题 黑先

第34题 黑先

第35题 黑先

第36题 黑先

4

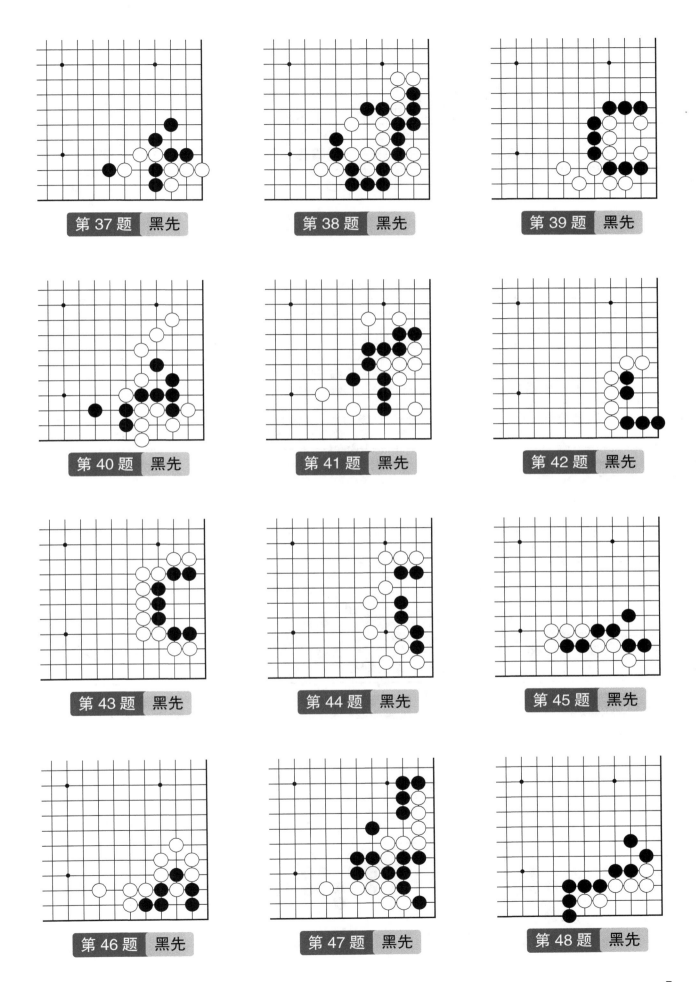

第 37 题　黑先

第 38 题　黑先

第 39 题　黑先

第 40 题　黑先

第 41 题　黑先

第 42 题　黑先

第 43 题　黑先

第 44 题　黑先

第 45 题　黑先

第 46 题　黑先

第 47 题　黑先

第 48 题　黑先

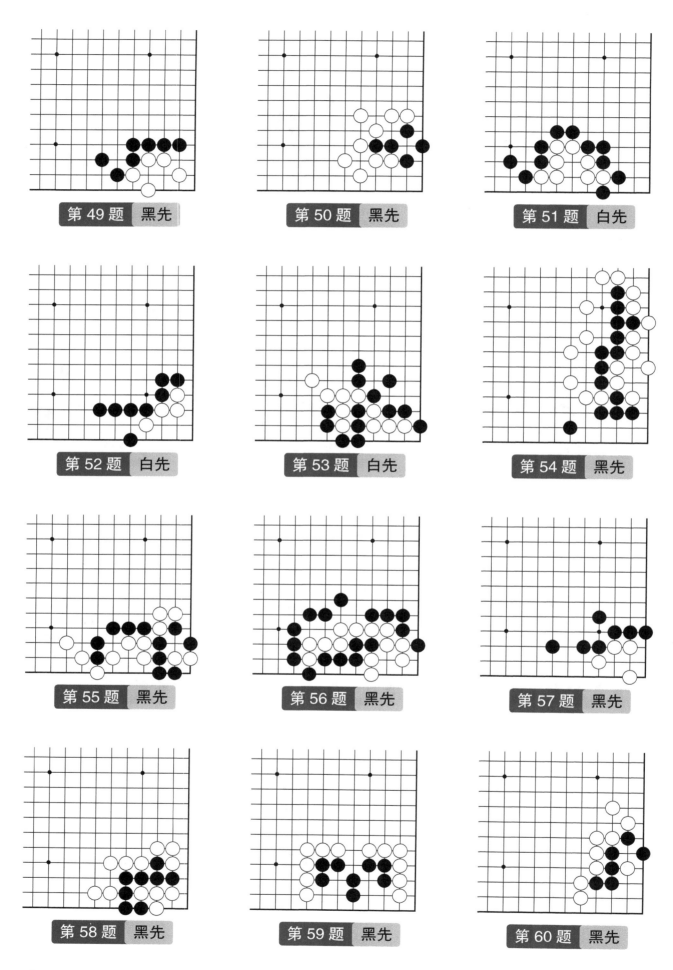

第 49 题　黑先

第 50 题　黑先

第 51 题　白先

第 52 题　白先

第 53 题　白先

第 54 题　黑先

第 55 题　黑先

第 56 题　黑先

第 57 题　黑先

第 58 题　黑先

第 59 题　黑先

第 60 题　黑先

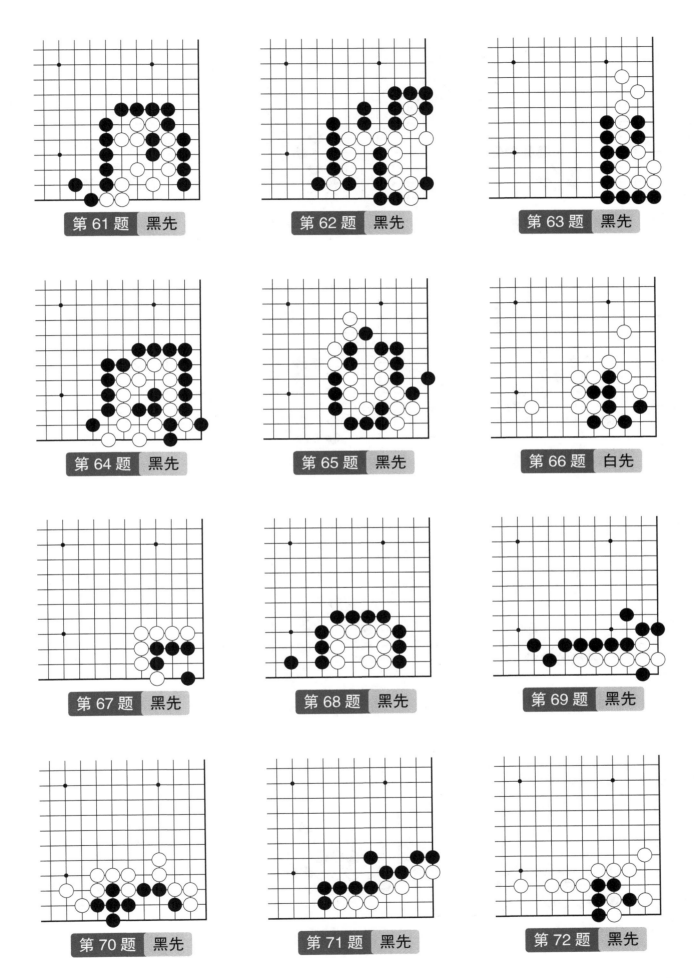

第61题 黑先

第62题 黑先

第63题 黑先

第64题 黑先

第65题 黑先

第66题 白先

第67题 黑先

第68题 黑先

第69题 黑先

第70题 黑先

第71题 黑先

第72题 黑先

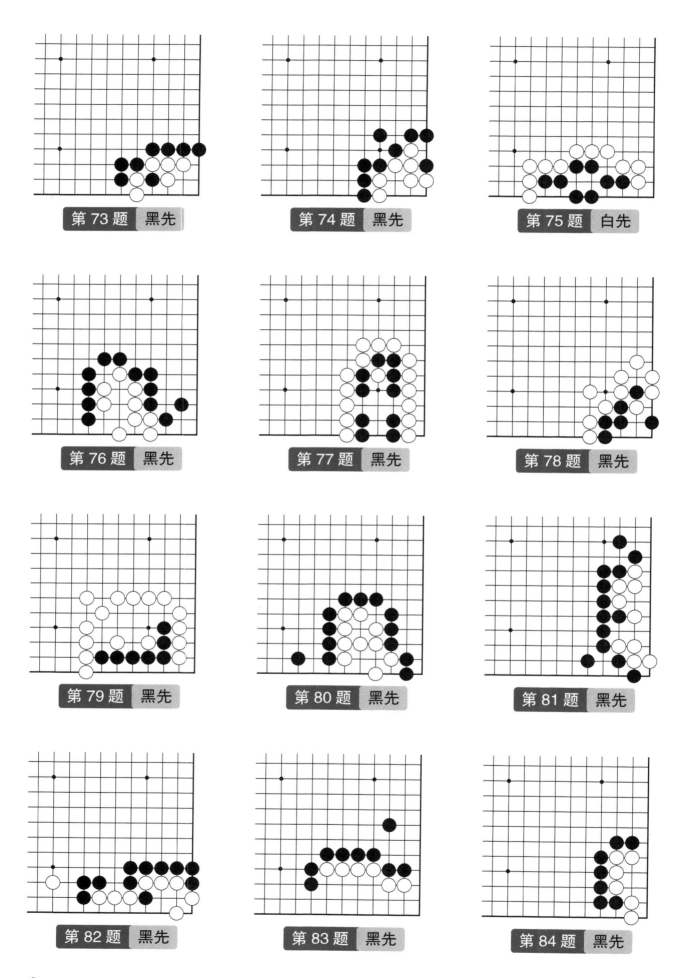

第 73 题　黑先

第 74 题　黑先

第 75 题　白先

第 76 题　黑先

第 77 题　黑先

第 78 题　黑先

第 79 题　黑先

第 80 题　黑先

第 81 题　黑先

第 82 题　黑先

第 83 题　黑先

第 84 题　黑先

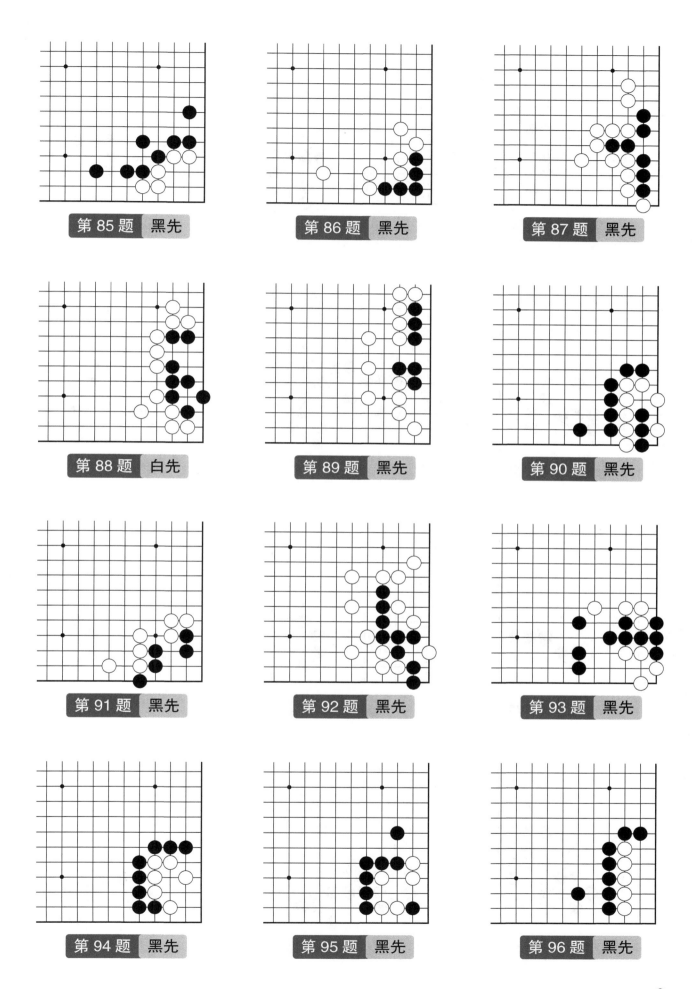

第85题　黑先

第86题　黑先

第87题　黑先

第88题　白先

第89题　黑先

第90题　黑先

第91题　黑先

第92题　黑先

第93题　黑先

第94题　黑先

第95题　黑先

第96题　黑先

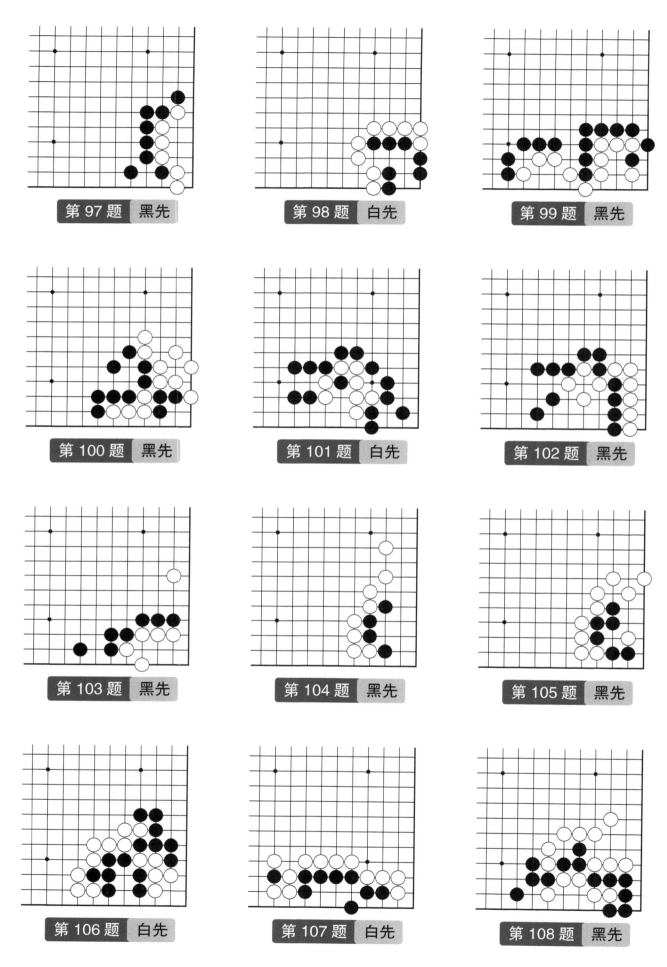

第 97 题　黑先

第 98 题　白先

第 99 题　黑先

第 100 题　黑先

第 101 题　白先

第 102 题　黑先

第 103 题　黑先

第 104 题　黑先

第 105 题　黑先

第 106 题　白先

第 107 题　白先

第 108 题　黑先

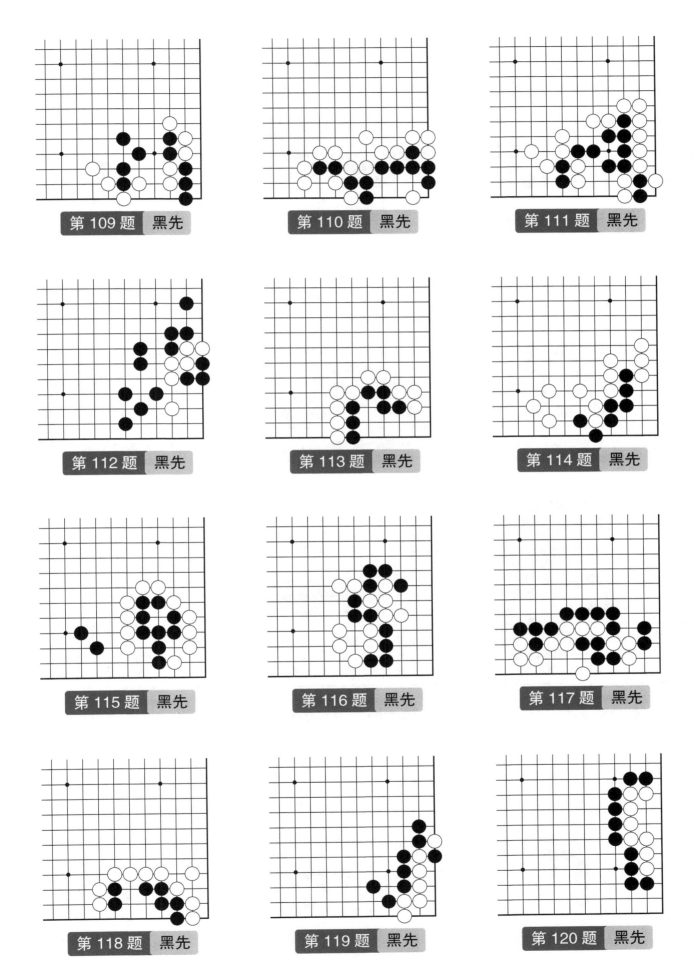

第 109 题　黑先

第 110 题　黑先

第 111 题　黑先

第 112 题　黑先

第 113 题　黑先

第 114 题　黑先

第 115 题　黑先

第 116 题　黑先

第 117 题　黑先

第 118 题　黑先

第 119 题　黑先

第 120 题　黑先

11

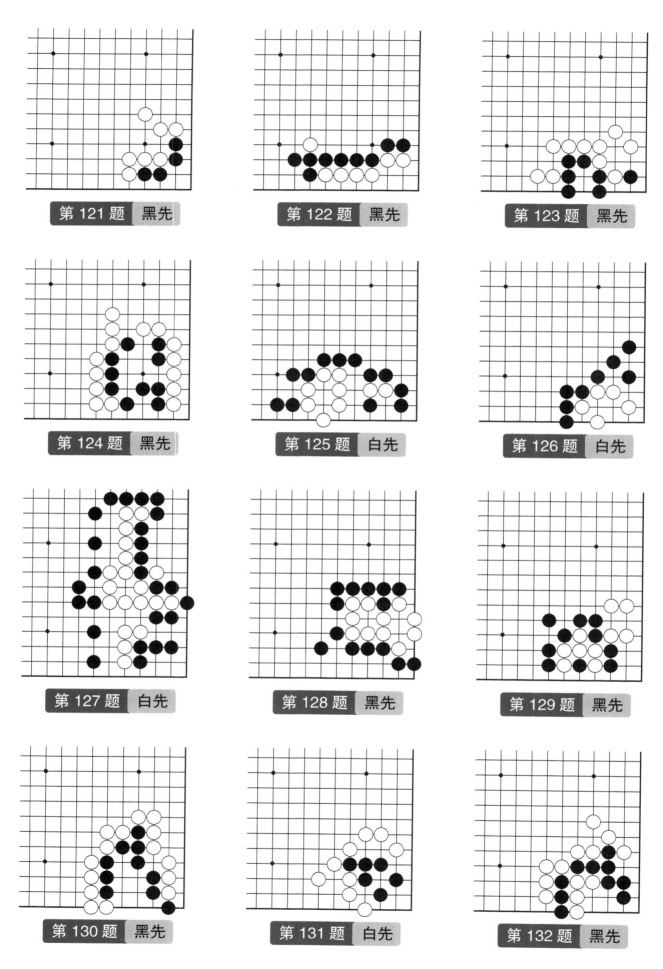

第 121 题　黑先

第 122 题　黑先

第 123 题　黑先

第 124 题　黑先

第 125 题　白先

第 126 题　白先

第 127 题　白先

第 128 题　黑先

第 129 题　黑先

第 130 题　黑先

第 131 题　白先

第 132 题　黑先

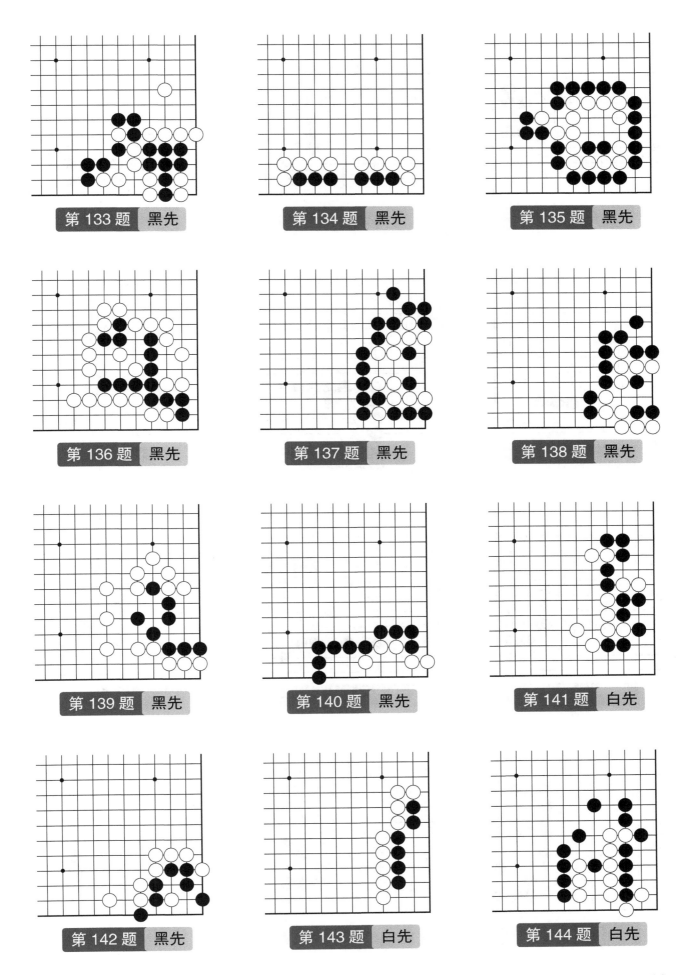

第 133 题　黑先

第 134 题　黑先

第 135 题　黑先

第 136 题　黑先

第 137 题　黑先

第 138 题　黑先

第 139 题　黑先

第 140 题　黑先

第 141 题　白先

第 142 题　黑先

第 143 题　白先

第 144 题　白先

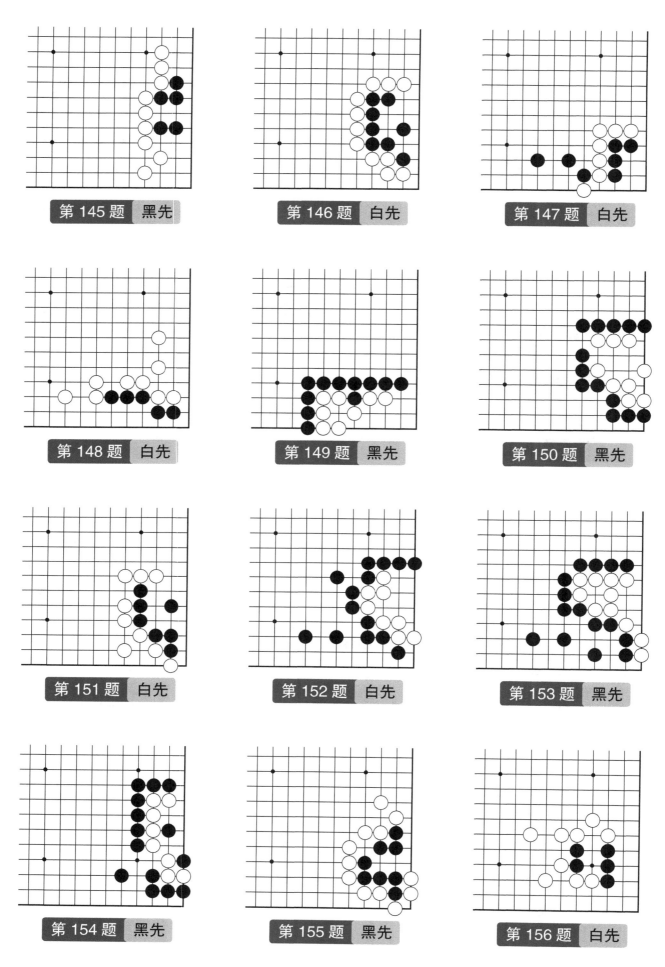

第145题 黑先

第146题 白先

第147题 白先

第148题 白先

第149题 黑先

第150题 黑先

第151题 白先

第152题 白先

第153题 黑先

第154题 黑先

第155题 黑先

第156题 白先

14

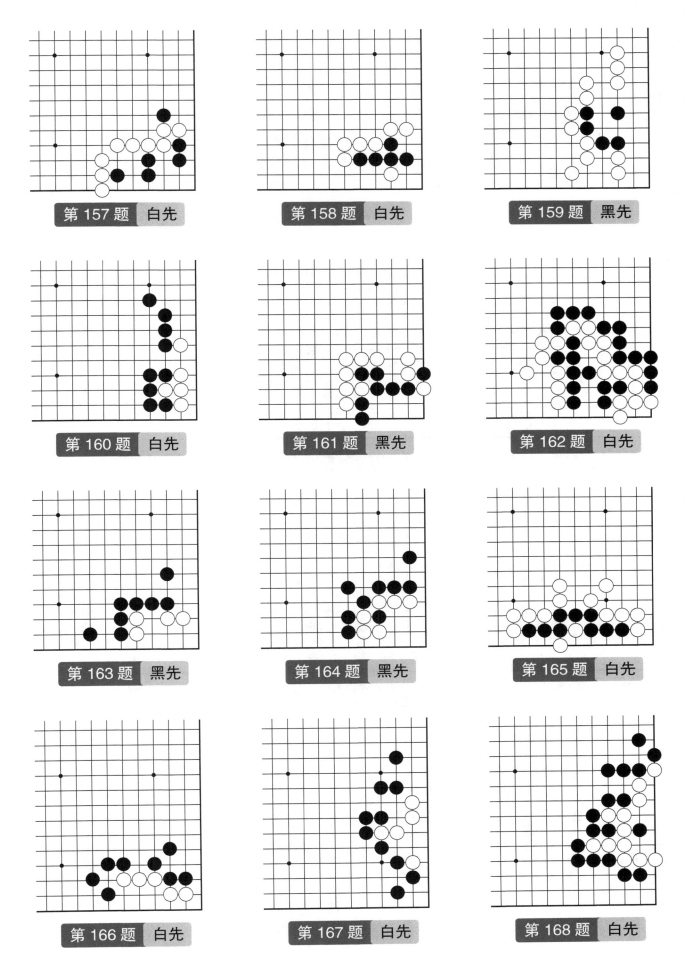

第 157 题　白先

第 158 题　白先

第 159 题　黑先

第 160 题　白先

第 161 题　黑先

第 162 题　白先

第 163 题　黑先

第 164 题　黑先

第 165 题　白先

第 166 题　白先

第 167 题　白先

第 168 题　白先

15

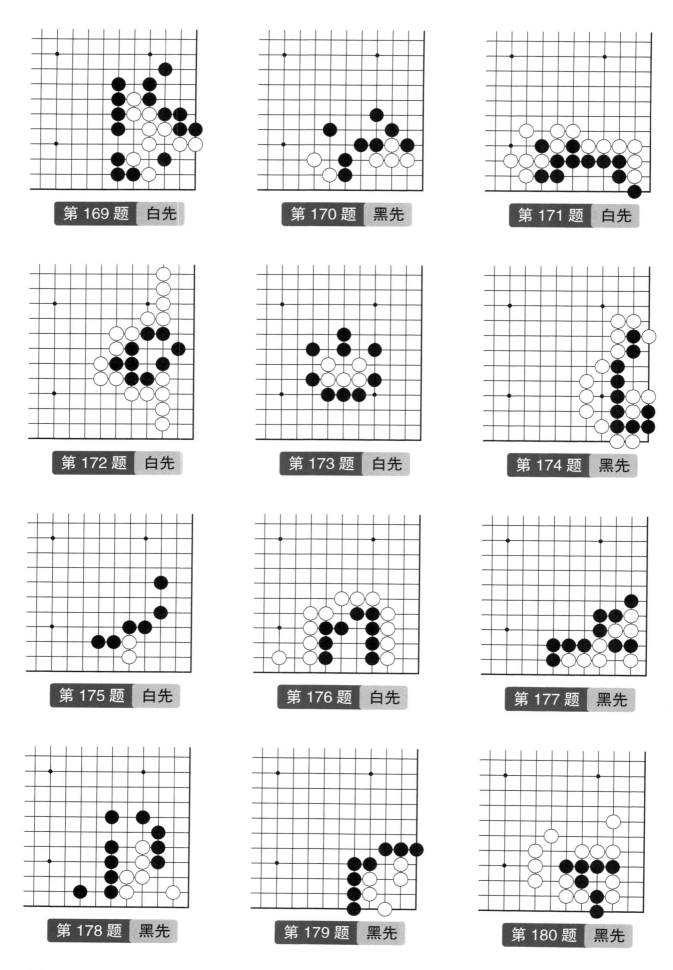

第 169 题　白先

第 170 题　黑先

第 171 题　白先

第 172 题　白先

第 173 题　白先

第 174 题　黑先

第 175 题　白先

第 176 题　白先

第 177 题　黑先

第 178 题　黑先

第 179 题　黑先

第 180 题　黑先

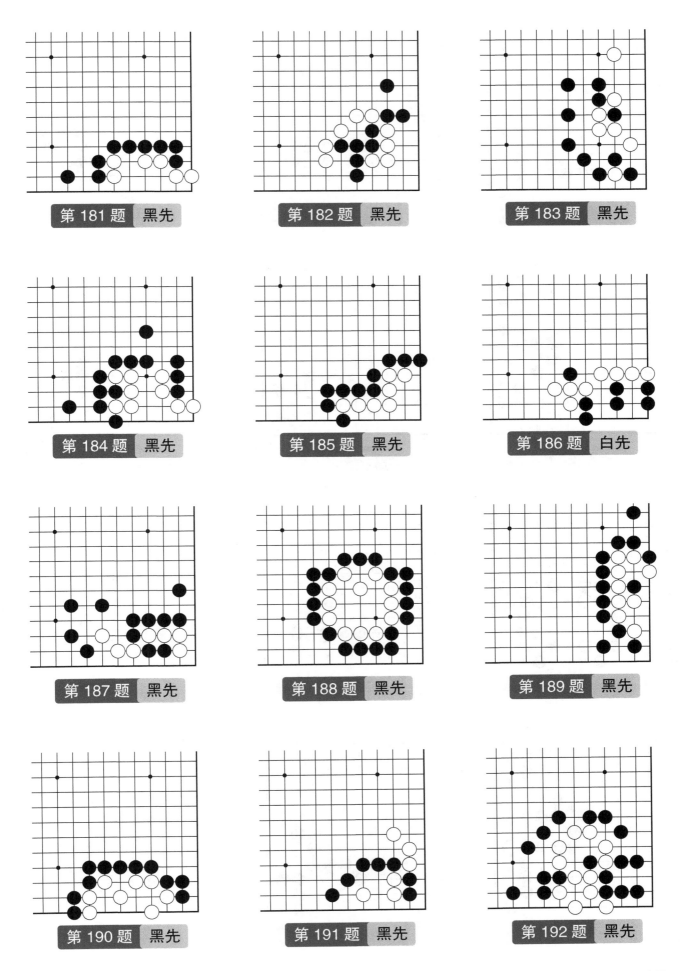

第181题　黑先

第182题　黑先

第183题　黑先

第184题　黑先

第185题　黑先

第186题　白先

第187题　黑先

第188题　黑先

第189题　黑先

第190题　黑先

第191题　黑先

第192题　黑先

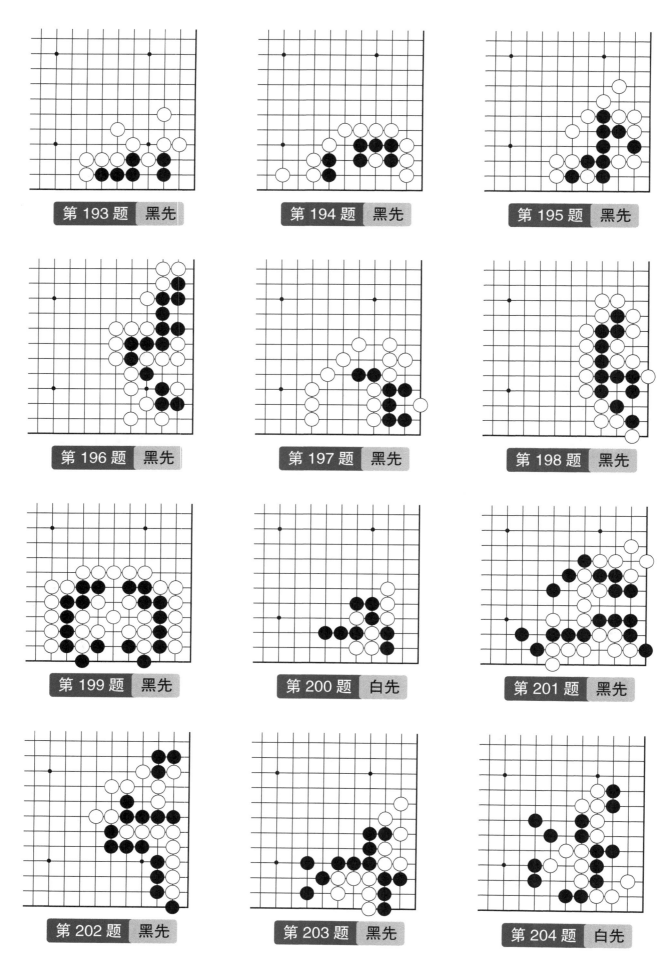

第 193 题　黑先

第 194 题　黑先

第 195 题　黑先

第 196 题　黑先

第 197 题　黑先

第 198 题　黑先

第 199 题　黑先

第 200 题　白先

第 201 题　黑先

第 202 题　黑先

第 203 题　黑先

第 204 题　白先

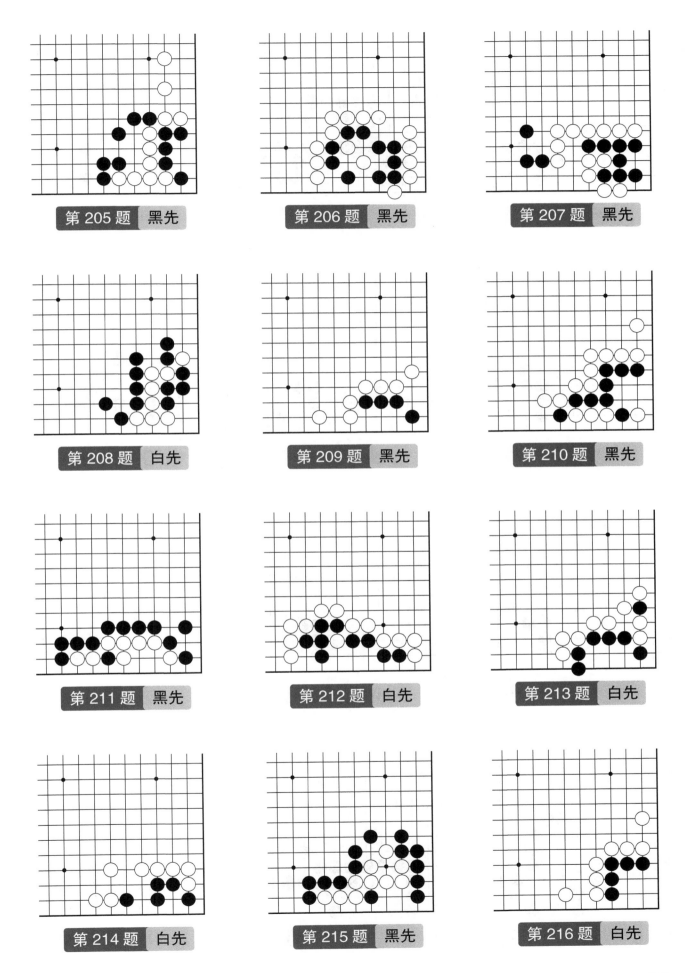

第205题 黑先

第206题 黑先

第207题 黑先

第208题 白先

第209题 黑先

第210题 黑先

第211题 黑先

第212题 白先

第213题 白先

第214题 白先

第215题 黑先

第216题 白先

19

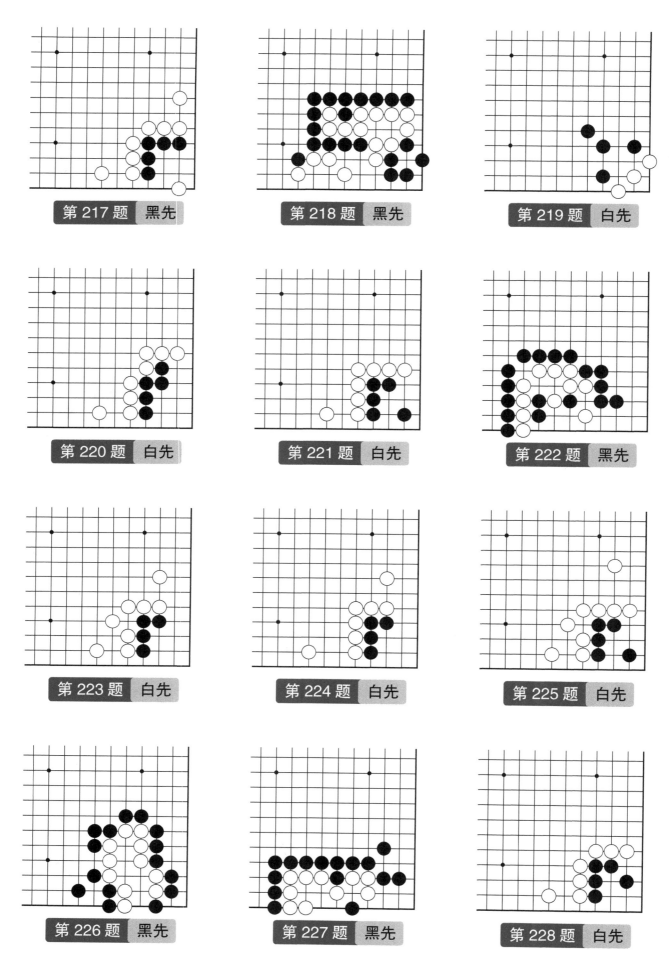

第217题　黑先

第218题　黑先

第219题　白先

第220题　白先

第221题　白先

第222题　黑先

第223题　白先

第224题　白先

第225题　白先

第226题　黑先

第227题　黑先

第228题　白先

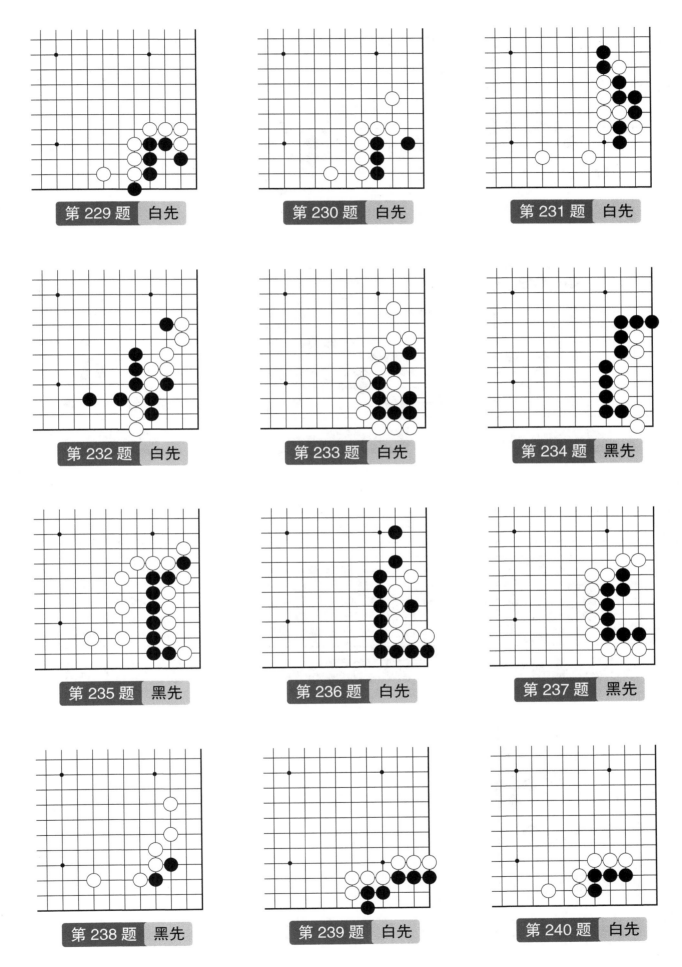

第 229 题　白先

第 230 题　白先

第 231 题　白先

第 232 题　白先

第 233 题　白先

第 234 题　黑先

第 235 题　黑先

第 236 题　白先

第 237 题　黑先

第 238 题　黑先

第 239 题　白先

第 240 题　白先

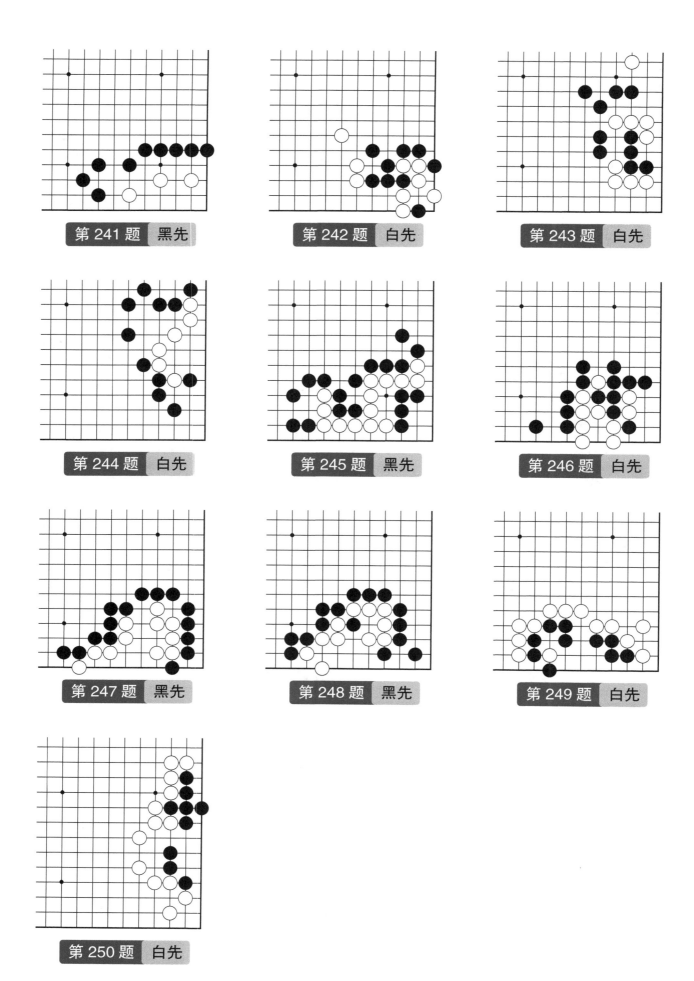

第241题 黑先

第242题 白先

第243题 白先

第244题 白先

第245题 黑先

第246题 白先

第247题 黑先

第248题 黑先

第249题 白先

第250题 白先

► 第二部分　解答 1~250

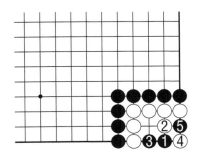

第1题失败图：黑1杀法有误，白2顶，黑3破眼，必然，白4扑成劫，黑5提，本来能够净杀的棋走成了劫杀，失败。

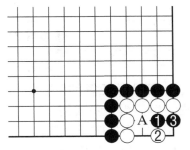

第1题正解图：对于角上板六，在外气全部收紧的情况下，黑1是杀棋的要点，白2反抗无济于事，黑3后，白A位不入气，不能活。

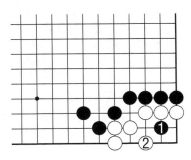

第2题失败图：黑如走1位，白2尖即可简单做活。

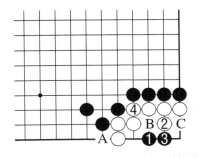

第2题正解图：黑1是此际的要点，白2弯是正应，黑3爬，破眼，白4团顽强，今后黑如想杀白，只能A至C扑劫，但白自身也活不了，此图是双方的最佳下法。

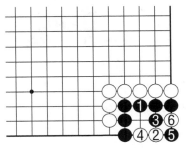

第3题失败图：黑1扩大眼位，失策，白2是要点，黑3至5只能做劫，失败。

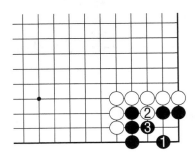

第3题正解图：黑1是此际要点，白2冲，黑3挡，净活。

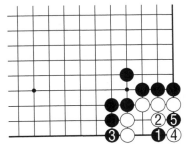

第4题失败图：黑1点，错误，白2顶、4扑，成劫。

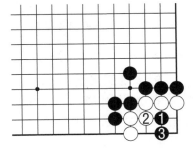

第4题正解图：对于白断头板六，虽空一口外气，黑仍可净杀白。黑1是要点，白2粘，黑3立，白无法做出两眼。

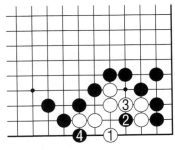

第5题失败图：白1虎似是而非，黑2点，白3不得不补，黑4扳，白眼位不足。

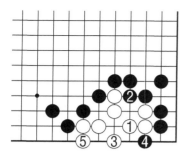

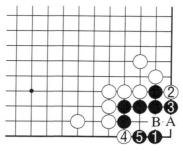

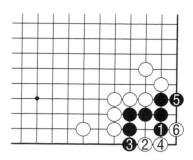

第5题正解图：白1是正解，黑2、白3后，黑4与白5见合，净活。

第6题正解图：此棋形黑先，做活当然不成问题，白2、4力图缩小黑眼位，但黑5后，A与B见合，黑不死。

第6题参考图：黑1不如正解图，白2、4、6成双活，黑虽不死，但目数受损，令人心痛。

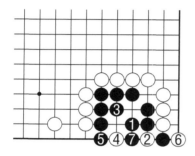

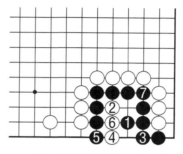

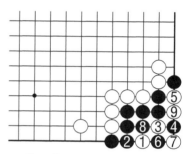

第7题正解图：黑1是要点，白2扑，黑3做眼，至5后白于7位不入气，黑净活。

第7题变化图：黑1弯时，白如在2位抵抗，则黑3至7可成双活。

⑩＝④　⑪＝⑨　⑫＝⑤

第8题失败图：白1点，看似要点，实则不然。黑2粘即可，白3尖，黑4扳，重要，白5扑，意欲破眼，黑6扑、8打妙手，白9提，黑10提、12打，成双劫，黑活。

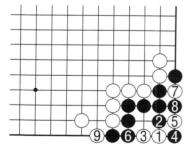

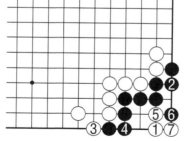

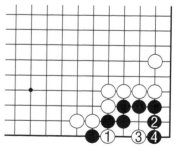

第8题正解图：黑有两扳的形，棋形很有弹性，所以白1是唯一的急所。黑如2顶，白3长，必然，黑4扑是最强抵抗，白5提、7扑重要，黑8提，白9虎紧气，此处是对黑有利的劫，即使黑不走，白将来只好在4位粘，还是劫。

第8题变化图：白1点时，黑2粘也很顽强，白3单打，冷静，黑4粘，白5顶、7打，成万年劫。

第9题失败图：白1先扑，错误，黑2弯，好机会，白3点为时已晚，黑4挡，两眼瞪圆，白失败。

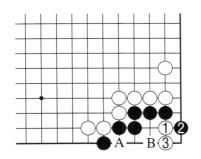

第9题正解图： 白1夹，正确，黑2扳，白3立，黑死，此后A、B见合，聚杀黑死。

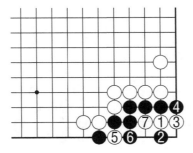

第9题变化图： 白1夹时，黑2反夹也不行，白3立，黑4只能挡，白5、7后，还是聚杀。

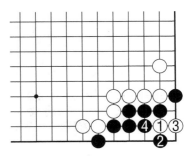

第10题失败图： 黑2夹时，白3立，以为能形成聚杀，错误，黑4团，好手，此后，由于有黑一路扳之子，白不能渡，白失败。

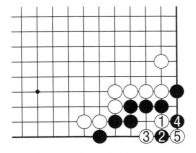

第10题正解图： 白1夹，正确，黑2反夹，白3打，黑4反打，白5提，成劫是正解。

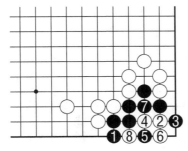

第11题正解图： 黑1立是不易觉察的好手，白2夹是手筋，黑3扳，白4长，黑5扳又是手筋，白6、8成劫，正解。

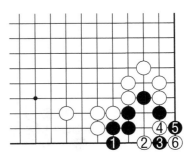

第11题变化图： 黑1立时，白2点是要点，黑3靠，白4打，黑5反打，仍是劫杀。

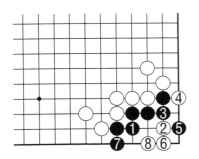

第12题失败图1： 黑1粘，错误，白2点在要害处，黑3只能粘，白4扳、6立，黑死。

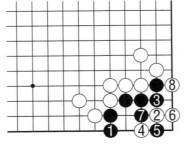

第12题失败图2： 黑1立似乎能扩大眼位，但白2点仍是要害，黑3粘，白4尖，黑5似乎是手筋，但白6立，冷静，黑7打，白8渡，妙手，黑仍不活。

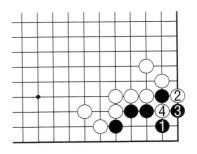

第12题正解图： 黑1虎是此棋形的要点，白2打，黑3成劫，正解。

25

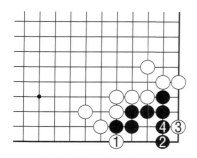

第13题失败图：白1扳，缩小黑的眼位，但此形不适用，黑2跳，简单成活，白3点，黑4接，白无论如何也不能杀黑了。

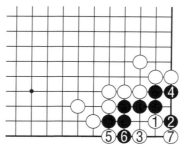

第13题正解图：白1靠是要点，黑2扳，白3尖是手筋，黑4做眼，白5扳、7扑成劫。

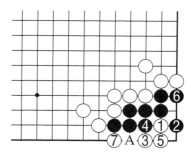

第13题参考图：白3尖时，黑4打更坏，白5接，黑6做眼，白7渡即可，黑A位不能入气，净死。

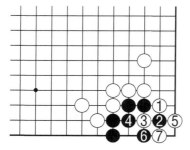

第14题失败图1：白1扳，急于求成，黑2挡，白只能3、5、7成劫，失败。

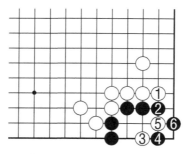

第14题失败图2：白1立，似是而非，黑2简单挡即可，白3点，黑4靠、6打，仍是劫。

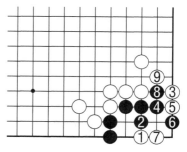

第14题正解图：白1点方是棋形的要点，黑2抵抗，白3跳又是手筋，以下至白9，黑死。

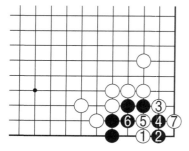

第14题变化图：白1点，黑如2靠，白3扳即可，黑4挡，白5打吃是先手，然后白7再打，黑失两眼，无法做活。

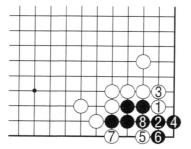

第15题失败图：白1扳，正好凑黑眼位，黑2挡，白3粘，只此一手，黑4立，眼位充分，白5点，黑6挡成两眼，白失败。

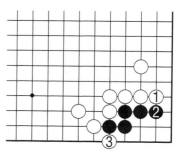

第15题正解图：此棋形杀法很多，最简单的杀法就是白1单立，黑2挡，白3扳，黑死。

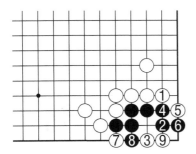

第15题变化图1：白1立时，黑2虎也无济于事，白3点、5、7两扳，然后9爬，黑仍无两眼。

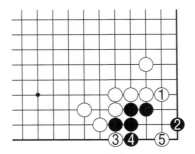

第15题变化图2：黑2很能迷惑人，白3简单地扳，黑4挡是必然，白5点，黑仍不活。

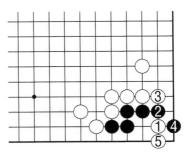

第15题变化图3：白1点亦可，黑2挡，白3夹、5立，黑眼位不够。

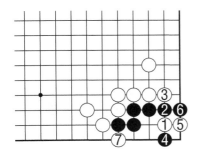

第15题变化图4：白3夹时，黑4反夹，则白5立、7扳，黑仍不活。

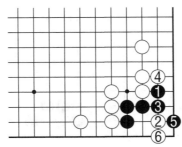

第16题失败图1：黑1扳，急于扩大眼位，欲速而不达，白2点在要害处，黑3、5抵抗，白6立，黑死。

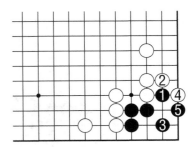

第16题失败图2：白2挡，黑3虎，较正解图晚了一步，白4打，黑5只能做劫。

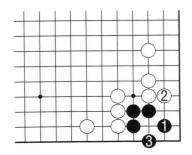

第16题正解图：黑虽只有三子，但黑1占据要点，白已不能杀黑，白2立，黑3做眼，轻松活出。

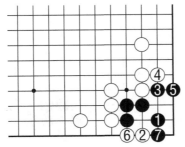

第16题变化图：黑1虎时，白2点虽然犀利，但黑3扩大眼位，白4挡，黑5、7成弯四，净活。

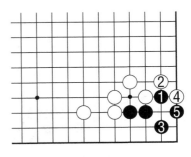

第17题失败图1：黑1先扳，错误，白2挡，黑3虎，白4打，黑5只能做劫，失败。

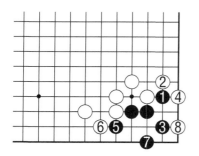

第17题失败图2：白4打时，黑5再扳，为时已晚，白6挡，黑7虎，与正解图不同的是，由于有了白4一子，白8可托，黑死。

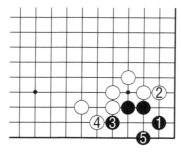

第17题正解图：虽然只有两个黑子，只要轮黑走，就能做活，黑1尖，妙手，白2如立，黑3扳、5虎，做成两眼。

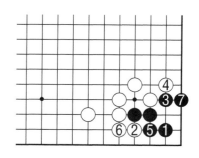

第17题变化图：黑1尖时，白2如扳，则黑3扳即可，白4只此一手，黑5、7是次序，还是净活。

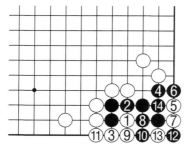

第18题失败图：白1先夹，急躁，黑2粘，由于有了白1、黑2的交换，至白7，黑8、10均是先手，然后12扑，巧成胀牯牛，净活。

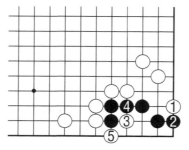

第18题正解图1：黑形似乎很有弹性，但白1是杀棋妙手，黑2挡，白3夹，黑4不得已，白5渡，黑无两眼。

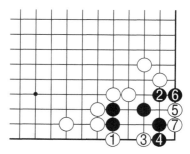

第18题正解图2：白1扳亦可，黑2扩大眼位，白3跳，黑4挡，白5点是妙手，黑6挡，白7成聚杀。

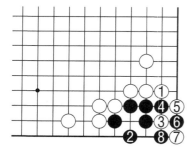

第19题失败图1：白1立，似是而非，黑2做眼，白3靠，黑4冲，6、8连扑，成劫，白失败。

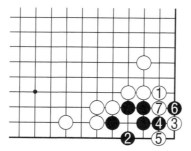

第19题失败图2：黑2做眼时，白3飞也不行，黑4顶，白5只能扳，破眼，黑6打，白7挤仍成劫。

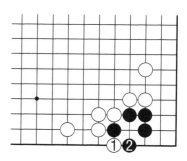

第19题失败图3：白1急于打，更坏，黑2直接做劫，白还不如前两图。

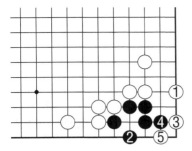

第19题正解图：白1跳是不易发现的手筋，黑2做眼，白3跳、5扳，轻松杀棋。

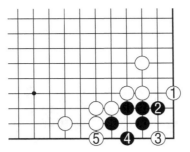

第19题变化图1：白1跳，黑2如抵抗，白准备了3位点的手筋，黑4做眼，白5立，黑不活。

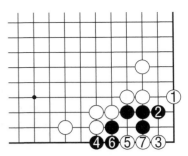

第19题变化图2：白3点时，黑4扳也不行，白5再点，黑6只能粘，白7粘，成聚杀。

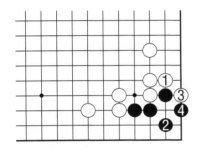

第20题失败图1：白1挡，俗手，黑2虎很有弹性，白3打，黑4成劫，白失败。

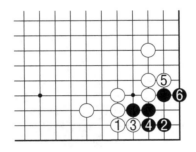

第20题失败图2：白1立也不行，黑2虎仍具弹性，白3爬，黑4挡，白5挡时，黑6立，成净活，白更失败。

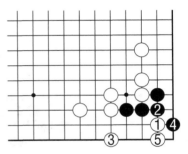

第20题正解图：白1点犀利，黑2粘，白3跳是与白1相关联的手筋，黑4扳，白5立，黑死。

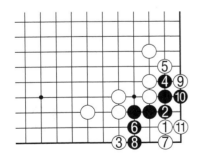

第20题变化图：白3跳时，黑4长抵抗，则白5挡，黑6、8、10看起来很有成效，但白11做眼，黑仍无计。

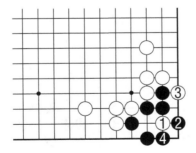

第21题失败图：白1点错地方，黑2正好扳，白3与黑4见合，黑净活，白失败。

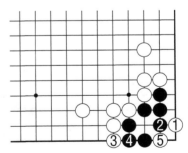

第21题正解图：这是著名的"小猪嘴"棋形，白1是要点，黑2做眼，白3立，黑4只好团，白5扑，成劫，是双方最佳应对。

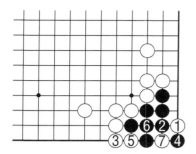

第21题变化图：白3立时，黑4扑也可，白5打，黑6粘，白7成劫。

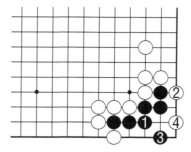

第22题失败图：黑1粘不好，白2扳、4点，黑净死。

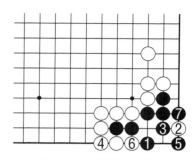

第22题正解图：黑1是做活的唯一一手，白2点，黑3做眼，白4粘，黑5扑，重要，白6打（黑可以打二还一），黑7提，两眼成活。

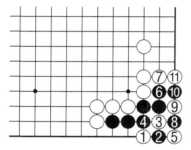

第23题正解图：白1点，只此一手，黑2靠，白3打，黑4反打，至11成劫，正解。

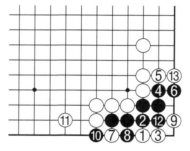

第23题参考图：白1点时，黑2粘则错误，白3长，至11，黑自己走死（盘角曲回）。不可不慎。

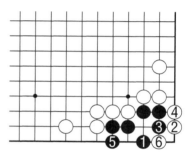

第24题失败图1：黑1虎，错误，白2点，妙手，黑3、5做眼，白6扑，成劫，黑失败。

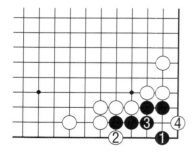

第24题失败图2：黑1跳也不是急所，白2扳，黑3粘，白4点，黑死。

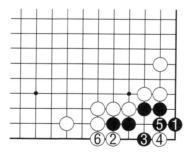

第24题失败图3：黑1尖也不对，白2扳仍是要点，黑3虎，白4点、6粘，黑还是不活。

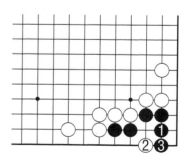

第24题正解图：黑1弯，只此一手，白2点，黑3挡，白不能杀黑。

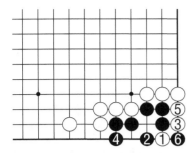

第25题正解图：白1靠，出其不意，黑2打，白3扳，黑在5位不能入气，只好于4位做眼，白5打，成劫杀。

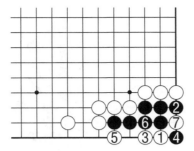

第25题变化图：白1靠时，黑如2挡，则白3长，黑4只好扑，白5先扳是次序，黑6粘，白7成劫杀。

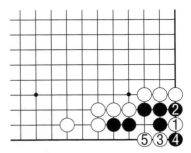

第25题参考图：白1托似乎也很巧妙，黑2挡，白3打、5长，仍是劫，但黑可脱先，与正解图的区别请读者自行体会。

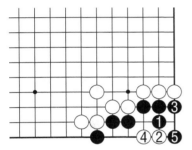

第26题失败图：黑1不是要点，白2、4后，黑5只好扑，成劫，黑失败。

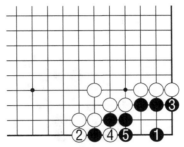

第26题正解图：黑1是此棋形的要点，白2打，黑3挡，白4提，黑5挡住，净活。

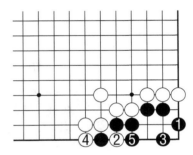

第26题参考图：黑1也能做活，不过至黑5，较正解图少一目，不是最佳方案。

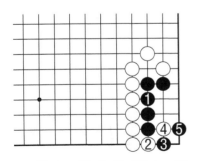

第27题失败图1：黑1接，白2冲，黑只得3挡、5打，成劫，黑失败。

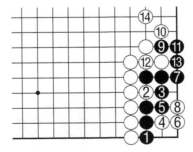

第27题失败图2：黑1挡更坏，白2冲、4点，至8成聚杀，黑9以下也冲不破白的包围圈。

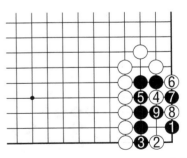

第27题正解图：黑1跳是不可放过的要点，白2点，黑3挡，白4夹、6渡后，黑可7扑、9打，吃白接不归。

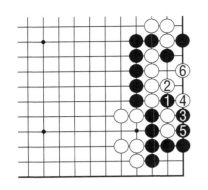

第 28 题失败图：黑 1 断，急躁，白 2 打，黑 3、5 虽可滚吃，但白 6 虎，黑如在 1 位提则成打二还一，顿死。

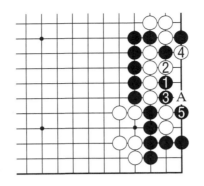

第 28 题正解图：黑 1 妙手，白 2 打、4 提，黑 5 吃两子即活；图中，白 2 若于 3 位粘，黑就在 2 位粘，白 4 扑，黑 A 扳，白全死。

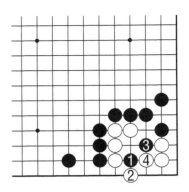

第 29 题失败图：黑 1、3 次序有误，白 4 打，黑接不归，失败。

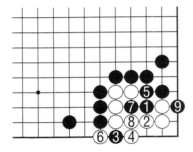

第 29 题正解图：黑 1 扳，好手，黑 3 再从底下扳，白 4 挡，黑 5 粘，白 6 提，黑 7 挺进，白 8 无奈，黑 9 扳，白眼位不够，被杀。

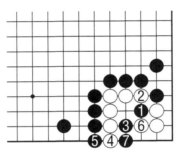

第 29 题变化图：黑 1 扳，白 2 如敢断，则黑 3、5、7 吃白倒扑，干净利落。

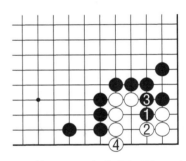

第 29 题参考图：黑 3 不可急于粘，如此，则白 4 立即活。

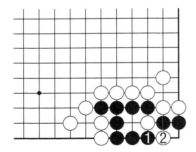

第 30 题失败图：黑 1 随手打，没注意到白 2 双倒扑的妙手，好端端的棋，突然死亡，不可不慎。

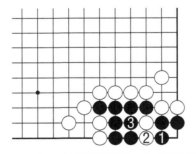

第 30 题正解图：此类棋形需注意，黑 1 是唯一的做活手段，白 2 不入气。

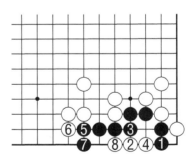

第 31 题失败图 1：黑 1 立，坏棋，白 2 点在要害处，黑 3 粘，白 4 长，破眼，至白 8，黑死。

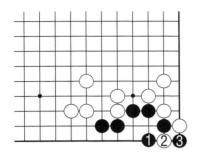

第31题失败图2：黑1虎也不是要点，白2扑，成劫，黑失败。

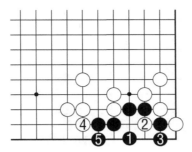

第31题正解图：黑1是做活的要点，只此一手，由于有了黑1，白2断时，黑3可立，白4挡，黑5做眼，白无计杀黑。

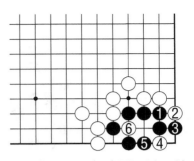

第32题失败图：黑1挡，错着，白2扳、4靠，黑5顶时，白6扑，黑失败。

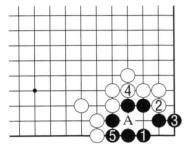

第32题正解图：此类棋形黑1虎为正着，白2挤，黑3立，白4为在A位扑做准备，黑5消除隐患，净活。

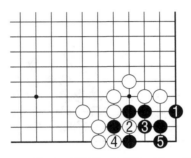

第32题参考图：黑1错误，白2扑，黑3只能提，白4打，黑5做眼，成劫活。

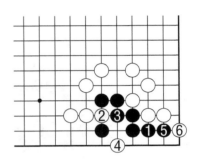

第33题失败图：黑1先爬，欲扩大眼位，适得其反，白2冲、4点，黑5再爬，白6扳，黑眼位不足。

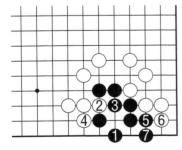

第33题正解图：黑1倒虎是做活的手筋，白2冲，黑3粘，白4挡，黑5、7做眼，正解。

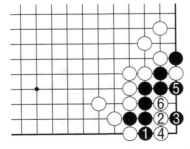

第34题失败图：黑1立虽可扩大眼位，但不是要点，白2点严厉，黑3夹，于事无补，白4、6聚杀，黑失败。

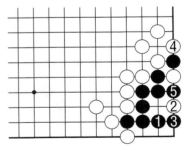

第34题正解图：黑1只此一手，白2点，黑3挡，白4提，黑5做成两眼。

33

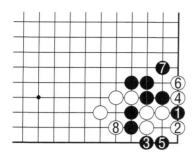

第35题失败图1：黑1先扳，失机，白2打，黑3打、5长，白6长气，黑7尖不得已，白8紧气，对杀白胜。

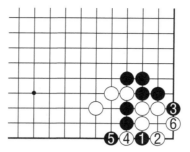

第35题失败图2：黑1从另一边扳，同样失机，白2打、4提、6虎做成两眼，黑失败。

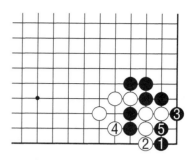

第35题正解图：黑1点，妙手，白2阻渡必然，黑3扳，白4夹，黑对杀快一气。

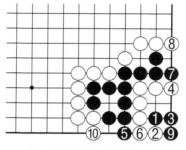

第36题失败图1：黑1夹，利敌之着，白2扳、4立，做成大眼，至白10，对杀白气长，是典型的大眼杀小眼。

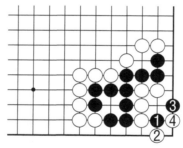

第36题失败图2：白2扳时，黑3尖抵抗，白4可扑劫，黑失败。

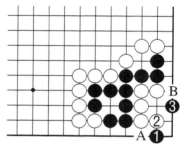

第36题正解图：看起来复杂，其实和第35题一样简单，黑1、3两点后，A与B见合，黑胜。

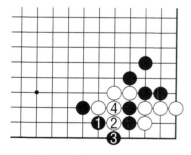

第37题失败图：黑1托渡，无谋，白2挖，黑3渡，白4打，黑两子无生路。

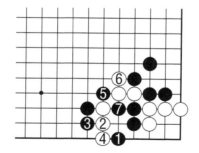

第37题正解图：黑1尖是逃两子的唯一手筋，白2如立，黑3贴，白4强行阻渡，黑5卡，妙手，至7断，白三子成瓮中之鳖，黑胜利大逃亡。

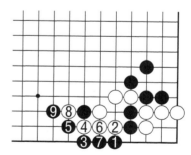

第37题变化图1：黑1尖时，白2似乎是手筋，但黑3是妙手，白4挖，黑5打，白6粘时，黑7渡回，白8断，黑9打即可逃出。

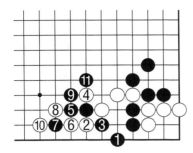

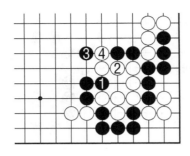

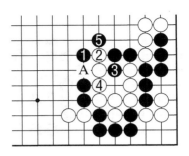

第37题变化图2：黑1尖时，白2扳是最强抵抗，黑有3断的对策，以下至白10为必然应对，黑11打，白数子被吃，黑成功。

第38题失败图：黑1先冲，失败，白2接，同时紧黑一气，黑3再虚夹时，白4冲，黑已封不住了。

第38题正解图：黑1跳夹，有此一手，白数子难逃罗网，白2冲，黑3、5是次序，白束手就擒。图中，白2如在A位冲，黑3就在4位冲。

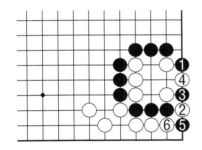

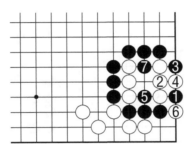

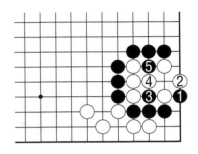

第39题失败图：黑1扳，失之毫厘，谬以千里，白2扳，占到要点，黑3扑、5打，白6成劫，黑失败。

第39题正解图：黑1是对杀的手筋，白2粘延气，黑3再扳，白4双打，黑5、7吃白接不归，对杀黑胜。

第39题变化图：黑1扳时，白2如打，黑3、5简单地冲，还是吃白接不归。

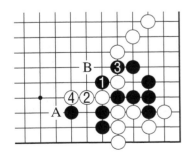

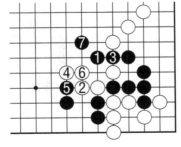

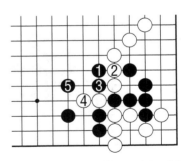

第40题失败图：黑1直接打，有勇无谋，白2长，黑3虽可打出，但白4压后，A与B见合，黑损失惨重。

第40题正解图：黑1跳点，要着，白2、4逃棋筋，必然，黑5先手挤，再7尖，对白施加压力的同时，顺调逃出，漂亮。

第40题参考图：黑1跳点时，白2若粘，则黑3、5吃白棋筋，白更坏。

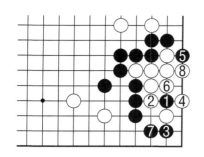

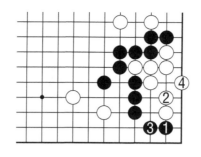

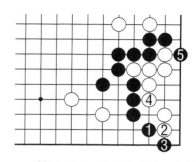

第 41 题失败图 1：黑 1 跨，错误，白 2 冲，黑 3 夹，白 4 打即可，黑 5 扳，破眼，白 6 提后，黑 7 和白 8 见合，黑失败。

第 41 题失败图 2：黑 1 靠，错误，白 2 退简明，黑 3 只好连回，白 4 做眼，黑失败。

第 41 题正解图：黑 1 尖是要点，白 2 挡，黑 3 扳，白的眼位已经很小了，白 4 时，黑 5 扳，白无计做出两眼。

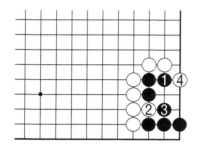

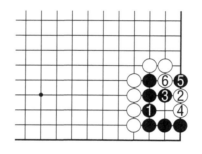

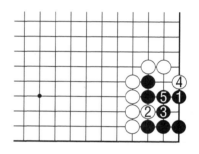

第 42 题失败图 1：黑 1 挡，好像眼位很大，其实不然，白 2 冲、4 打，黑眼位顿失，失败。

第 42 题失败图 2：黑 1 粘，缓手，白 2 飞，黑 3 顶，则白 4 长，黑 5 吃，白 6 卡，黑不活。

第 42 题正解图：黑 1 跳是做活的要点，白 2 冲，黑 3 挡，白 4 做倒扑，黑 5 粘即活。

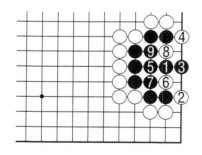

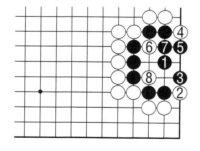

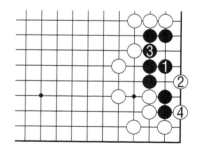

第 43 题正解图：两边同形走中央，黑 1 跳，正确，白 2 扳，黑 3 立，白 4 再扳，黑 5 粘，白 6、8 打，黑 7、9 吃接不归，白不能杀黑。

第 43 题参考图：需注意的是，白 2 扳时，黑 3 若挡则失误，白 4 再扳，黑 5 挡，白 6 打，再 8 双打，黑顿死。

第 44 题失败图 1：黑 1 弯，错误，白 2 点，黑 3 接无奈，白 4 再扳，黑死。

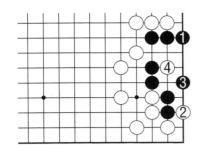

第44题失败图2： 黑1立扩大眼位，白2扳，简明，黑3再虎，白4破眼，黑不活。

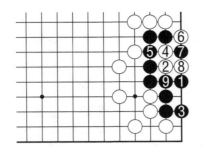

第44题正解图： 黑1虎，正确，白2点，黑3做眼，冷静，白4、6渡不回去，黑7、9吃接不归，净活。

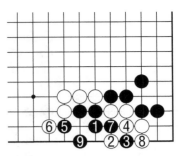

第45题正解图： 黑1弯是愚形好手，白2跳是形，黑3靠是手筋，以下至黑9成眼，对杀黑胜。

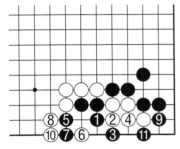

第45题变化图： 黑1弯时，白2若贴，则黑3打、5扳，白6点，黑7挡即可，至黑11，白仍被杀。

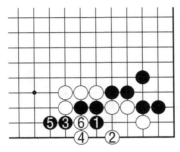

第45题参考图： 黑3若先扳则错误，白4点，锐利，黑5长出，白6断，黑三子被吃，务须注意。

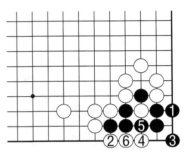

第46题失败图1： 黑1立，错误，白2扳是要点，黑3做眼，白4点，黑在6位不入气，顿死。

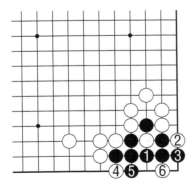

第46题失败图2： 黑1直接提也错，白2、4两扳，再6点，黑仍不活。

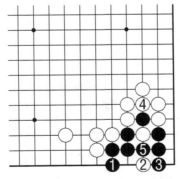

第46题正解图： 黑1立下边，唯此一手，白2点，黑3挡，白4提，黑5做成两眼。

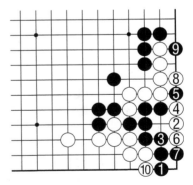

第47题失败图： 黑1立，错误，白2点至白10，长气杀有眼，黑失败。

37

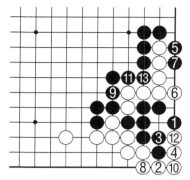

第47题正解图：黑白形成对杀，看起来复杂，黑1做眼是好手，白2以下虽手数繁多，其实只是简单的眼杀，并无悬念。

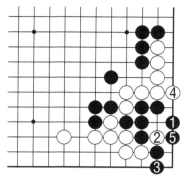

第47题变化图：黑1做眼时，白2如断，则黑3、5做活，白自然死亡。

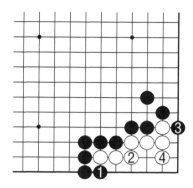

第48题失败图：黑1冲力度不够，白2粘，成形，黑3扳，白4做眼，黑无计。

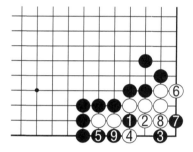

第48题正解图：黑1断，犀利，白2打，黑3点，白4提，黑5破眼，白6扩大眼位，黑7再破眼，白8挤，黑9打，白死。

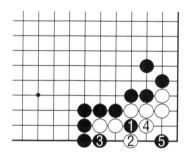

第48题变化图：黑1断时，白2若从一路打，黑3先破眼，白4提，黑5点，与正解图只是次序不同而已。

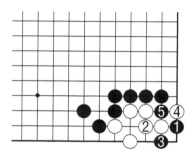

第49题失败图1：黑1托，正好凑白行棋，白2至黑5成劫，黑失败。

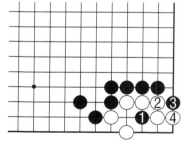

第49题失败图2：黑1挤也嫌急躁，白2粘，黑3扳，白4挡，净活，黑失败。

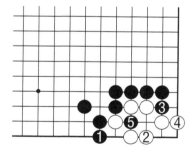

第49题正解图：黑1立，以逸待劳，白2并是手筋，黑3挤，要害，白4做眼，黑5扑，杀着，白死。

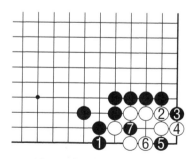

第49题变化图：黑1时，白2若团，黑3、5是杀着，白6打，黑7扑，白仍无计做活。

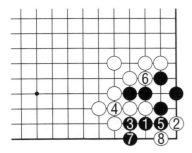

第50题失败图1：黑1先扳，过于平凡，白2点在要害处，黑3打，白4粘，黑5粘，无奈，白6打，黑失去眼位，失败。

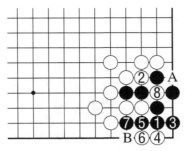

第50题失败图2：黑1立也无创意，白2简单地打，黑3做眼，白4托，黑5拐，无奈，白6爬、8提后，A与B见合，黑仍无两眼。

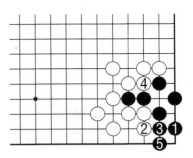

第50题正解图：黑1尖，妙手，白2立，黑3团，白4打，黑5做成两眼。

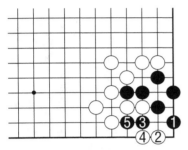

第50题变化图：黑1尖时，白2飞破眼，黑3、5是先手，白仍无法杀黑。

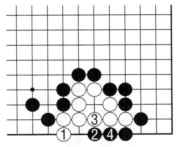

第51题失败图1：如果不做准备，白1以下直接做眼，那么至黑4接，白死。

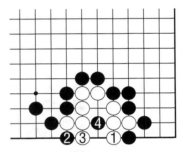

第51题失败图2：白1打也不行，黑2扳、4点，黑不活。

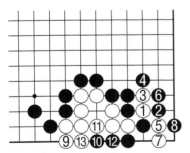

第51题正解图：白1断，不易想到，但却是做活的关键，黑2打必然，白3多送一子，再5断、7立，做好准备工作，至13吃，黑接不归，白巧妙活出。

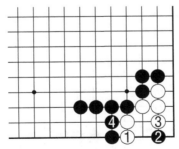

第52题失败图1：白1立过于简单，黑2点，正中要害，白3顶，黑4做倒扑，白已无计做出两眼。

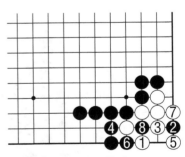

第52题失败图2：白1虎也过于平凡，黑2点，要点，白3时，黑4粘，冷静，白5只好扑劫，失败。

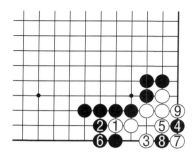

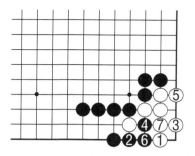

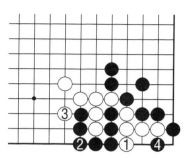

第52题正解图：白1先冲，黑2必挡，白3再虎，黑4点，白5做眼，黑6粘，意在破眼，白7、9吃胀牯牛，巧妙成活。

第52题参考图：白走1位也可以做活，黑2冲，则白3做眼，黑4吃，白5再做一眼，但仅活两目，太小，不能算是正解。

第53题失败图：白1随手打，也紧了自己一气，黑2粘，白3、黑4变换后，白差了一气，失败。

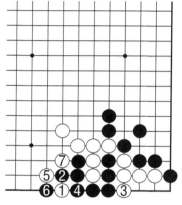

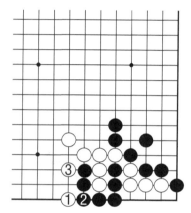

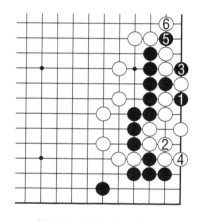

第53题正解图：白1点是杀棋的要筋，黑2冲，白3、5、7滚打，对杀白胜。

第53题变化图：白1点时，黑2若接，则白3扳，对杀黑差一气。

第54题失败图：黑1先扑，次序错误，白2粘、4立，局部已活，黑5虽能吃两子，但白6打，黑仅存一眼，不能做活。

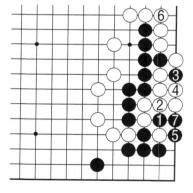

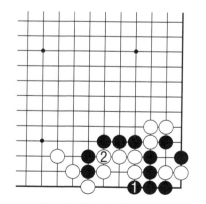

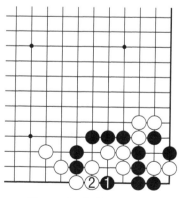

第54题正解图：黑1打、3扑是次序，白4提，黑5也提，白6粘，黑7打，白还是接不回去，黑胜。

第55题失败图1：黑1冲，失机，被白2占据要点，白数子安全联络，黑角顿死。

第55题失败图2：黑1点也是利敌之着，白2粘，黑无计可施，失败。

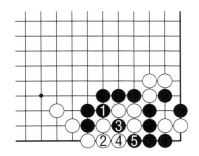

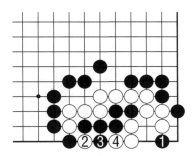

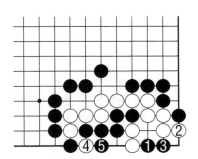

第55题正解图：黑1挤，要点，白2粘，黑3扑仍成立，白4提，黑5打，白接不归。

第56题失败图：黑1没有占据要点，白2扑、4打，吃黑接不归，黑失败。

第56题正解图：黑1占据要点，白2欲做眼，黑3必然，白4扑无用，黑5提即可，由于有黑1之子，白无法吃黑接不归，白死。

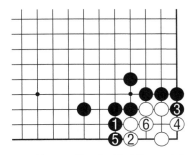

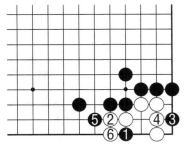

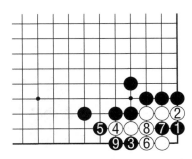

第57题失败图1：黑1挡，无谋，白2立即活，黑3、白4、黑5后，白6粘，活棋。

第57题失败图2：黑1先夹，次序有误，白2冲，黑3须点眼，白4单粘，冷静，黑5挡，白6立，黑失败。

第57题正解图：黑1点、3夹是手筋，白4冲、6打，黑7再打是次序，然后黑9多送一子，白成假眼。

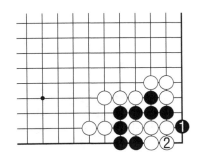

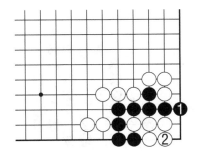

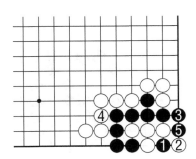

第58题失败图1：黑1打，随手，白2多送一子，成刀五聚杀，黑失败。

第58题失败图2：黑1立也没有进步，白2还是多送一子，成刀五聚杀。

第58题正解图：黑1扑是唯一的一手，白2只能提，黑3、5快一气吃白，自然活了。

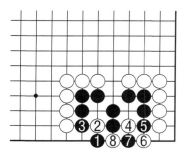

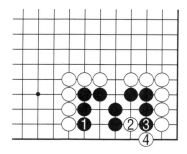

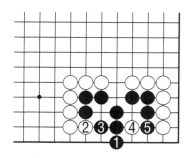

第59题失败图1：黑1偏于一隅，白2、黑3交换后，白再4、6求渡，黑7只好扑劫，黑失败。

第59题失败图2：黑1立下，白2、4简单渡过，黑死。

第59题正解图：典型的两边同形走中央，黑1立，至黑5，安全成活。

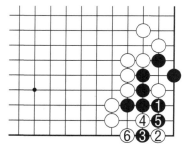

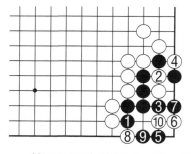

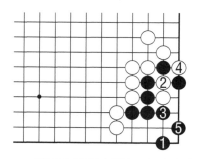

第60题失败图1：黑1急于做眼，白2飞到要点，黑3、5无济于事，白6提，黑死。

第60题失败图2：黑1好像可以扩大眼位，但白2至10，黑仅存一眼，自然不活。

第60题正解图：这是有名的"一片飞花"，黑1飞，白2吃，黑3打、5虎，轻松活出。

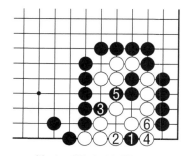

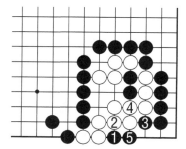

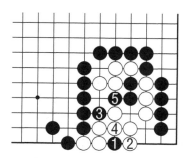

第61题失败图：黑1托，一路之差，结果全然不同，白2打，黑3打时，白4提，黑5虽仍能吃白四子，但白6粘眼，活出一半，黑失败。

第61题正解图：黑1点，正确，白2若粘，黑3打，白4不得已，黑5多送一子，白成假眼，死棋。

第61题变化图：黑1点时，白2挡，抵抗，黑3打、5冲，逃出两子，白上边四子被吃，下边仍无两眼。

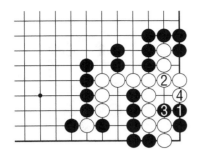

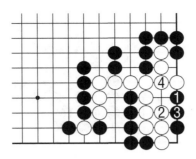

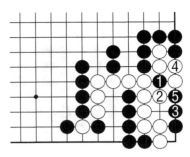

第62题失败图1：黑1爬，次序错误，白2粘，黑3须破眼，白4顶，成双活，黑失败。

第62题失败图2：黑1同样不可取，白2、4后成双活，黑失败。

第62题正解图：黑1扑、3点，解决问题，此后，白4与黑5见合，白死。

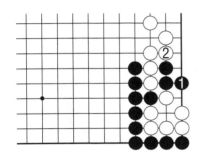

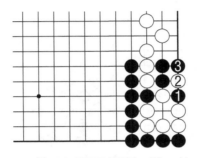

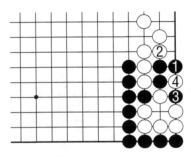

第63题失败图：黑1立，随手，白2紧气，成眼杀，黑三子自然死亡，失败。

第63题正解图：黑1扑、3打，成劫，正解。本题很简单，但不注意就会走错。

第63题参考图：黑1立也可以成劫，但白2紧气，黑3须扑劫，白4先手提劫，与正解图相比，黑多废一枚劫材，很可能影响胜负。

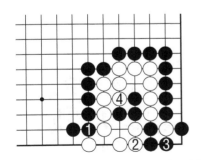

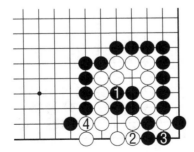

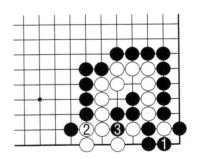

第64题失败图1：黑1缓手，白2成为先手，黑3提不得已，白4占据要点，成双活，黑失败。

第64题失败图2：黑1团，似是而非，白2打、4团，两眼瞪圆，黑仍失败。

第64题正解图：黑1提，冷静，白2做眼，黑3打，白死。

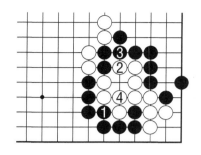

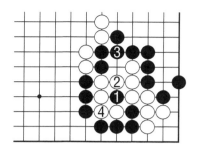

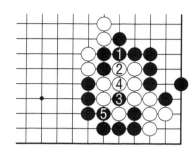

第65题失败图1：黑1先打，失机，白2不粘，反打黑两子，然后白4再粘，成功做眼，黑失败。

第65题失败图2：黑1先扑不可取，白2、4简单成活。

第65题正解图：黑1粘，以逸待劳，白2团眼，黑3扑、5打，白顿死。

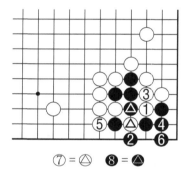

⑦＝△　⑧＝△

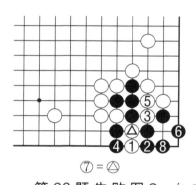

⑦＝△

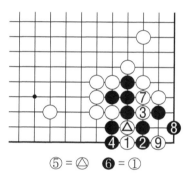

⑤＝△　⑥＝①

第66题失败图1：白1扑太急，黑2提，白3打，黑4接后，5、6两点必得其一，而白7提是打四还一，无济于事。

第66题失败图2：白5打，错误，黑6虎后，7、8两点必得其一，白失败。

第66题正解图：白1立多送一子，再5扑是好手，黑8则白9，黑无法成活。

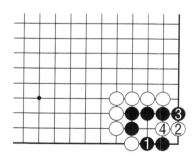

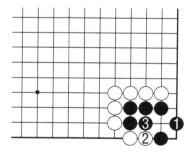

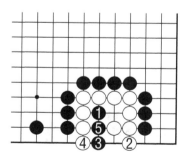

第67题失败图：黑1错误，白2点、4长，黑死。

第67题正解图：黑1是做活要点，白2长，黑3成两眼，活棋。很多时候，角上二·2都是要点。

第68题失败图：黑1先点，自作聪明，白2立，眼位扩大，黑3再点，白4挡，黑5粘，只不过是双活，黑失败。

44

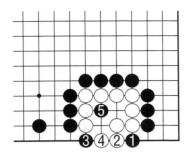

第68题正解图： 黑1扳即可，白2挡，黑3再扳，白4挡，黑5点，白死。

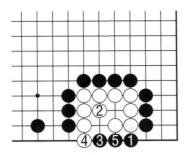

第68题变化图： 黑1扳，白2团眼也无济于事，黑3点，重要，白4挡，黑5连回，白死。

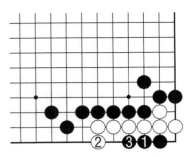

第69题失败图： 黑1先破眼，失着，白2立，黑3爬，双活，黑失败。

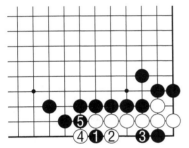

第69题正解图： 黑1托是此棋形的要点，白2挡，黑3破眼，白4提，黑5卡，白死。

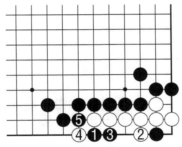

第69题变化图： 黑1托时，白2若做眼，则黑3爬进，白4吃，黑5卡，白还是不活。

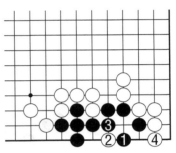

第70题败图1： 黑1虎，不是要点，白2点，杀着，黑3做眼，白4立，黑无法团眼，死了。

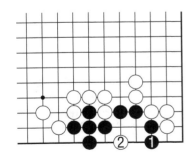

第70题失败图2： 黑1立也不是要点，白2点，明显的刀五聚杀，黑失败。

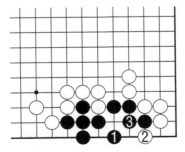

第70题正解图： 黑1只此一手，白2打，黑3粘，两眼成活。

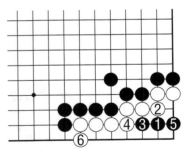

第71题失败图： 黑1点，错误，白2粘，黑3、5破眼，白6立，净活，黑失败。

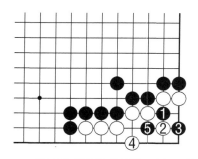

第71题正解图: 黑1简单地吃即可,白2打,黑3扳,重要,白4虎,黑5双吃,白逃不脱死亡的命运。

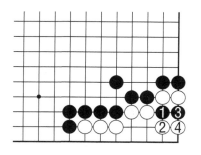

第71题参考图: 注意,白2打时,黑切不可随手在3位提两子,如此,白4挡,角上眼位丰富,黑无计破眼,失败。

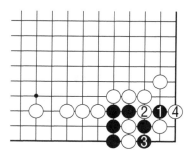

第72题失败图1: 白2打时,黑3不能提,否则,被白4反打,黑死。

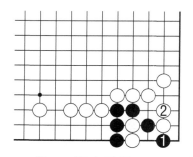

第72题失败图2: 黑1先扳,白2退,黑无计可施了。

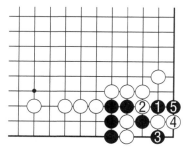

第72题正解图: 活起来很有难度,但只要用心,就能找到方法。黑1扳,妙手,白2打,黑3打吃,白4立,黑5打,净活。

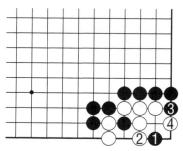

第73题失败图1: 黑1点,位置不对,白2挡,黑3则白4,黑无法杀白,失败。

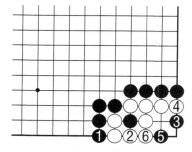

第73题失败图2: 黑1吃,俗手,正好凑白2成就一眼,黑3点、5尖,双活而已,失败。

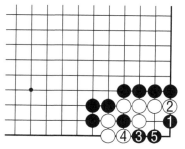

第73题正解图: 黑1点,杀着,白2挡,必然,黑3打,白4只能提,黑5退,白不能入气,被杀。

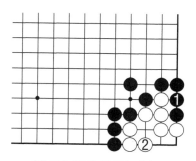

第74题失败图: 黑1急于连回一子,因小失大,白2做眼,简单成活,黑失败。

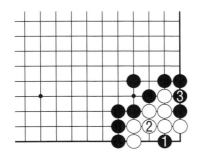

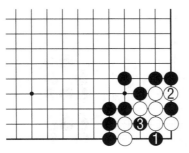

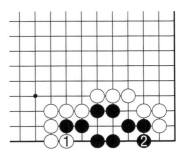

第74题正解图：黑1做倒扑，正确，白2只能粘，黑3再连回，白死。

第74题变化图：黑1做倒扑时，白2若提，则黑3倒扑，白仍难逃一死。

第75题失败图：白1先冲，俗手，黑2做眼，轻松成活。

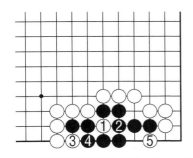

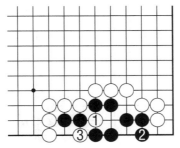

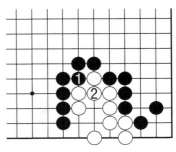

第75题正解图：白1扑，妙手，黑2提，白3冲，黑4做眼，白5扳，黑死。

第75题变化图：白1扑时，黑2若做眼，则白3扑，黑仍不活。

第76题失败图：黑1先打，妙味尽失，白2粘，黑已无力破眼，失败。

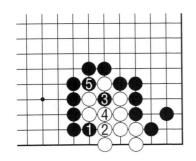

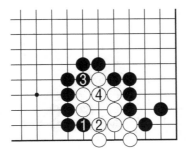

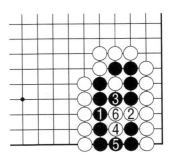

第76题正解图：黑1拐是要点，白2团成一眼，黑3扑、5吃，白死。

第76题参考图：黑1虽然走对了，但黑3随手，白活。必须注意。

第77题失败图1：黑1粘，不得要领，白2冲吃，黑3提，不得已，白4打、6粘，黑死。

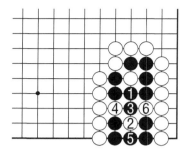

第77题失败图2：黑1粘错地方，白2、4、6连续发难，黑成假眼，失败。

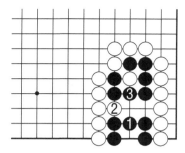

第77题正解图：黑1做眼，冷静，白2打，黑3提，活了。

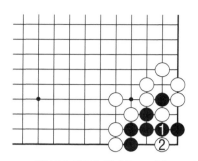

第78题失败图1：黑1无谋，白2点，黑死。

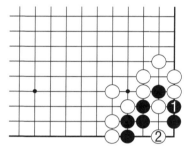

第78题失败图2：黑1吃是初学者的通病，白2点，黑仍不活。

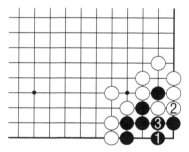

第78题正解图：黑1虎，冷静，白2只能粘，黑3做成两眼。

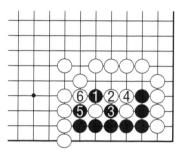

第79题失败图1：黑1夹，白2尖时，黑3急于吃一子成眼，欲速则不达，白4粘，黑5提，白6卡，黑死。

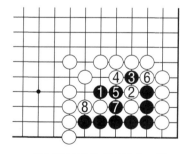

第79题失败图2：黑7双吃，如此，白8粘，黑提两子无用，白可打二还一，黑失败。

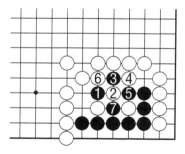

第79题正解图：黑1夹、3挖是相连贯的手筋，白4打，黑5反打重要，白6提，黑7提一子，做成两眼。

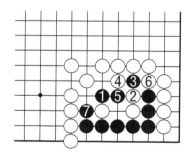

第79题变化图：黑1夹时，白2若长，则黑3挖，白4打，黑5吃，白6提，黑7吃接不归，仍成两眼。

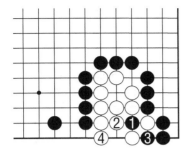

第80题失败图1：黑1先扑，错着，白2提，黑3打，白4做眼，成劫，黑失败。

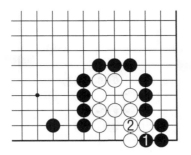

第80题失败图2：黑1直接打，更错，白2粘，净活。

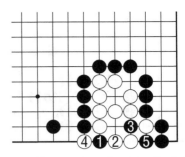

第80题正解图：非常简单，黑1扳，白2挡吃，黑3扑，白净死。

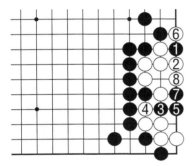

第81题失败图1：黑1从外面紧气，没有创意，白2挡，黑3再挖，为时已晚，白4、6、8成劫，黑失败。

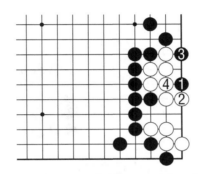

第81题失败图2：黑1直接点，更坏，白2挡，黑3扳，白4粘，白净活。

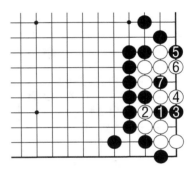

第81题正解图：黑1挖，妙手，白2必然，黑3立，是先予后取之策，白4打，黑5扳、7扑，利用白气紧巧妙绝杀。

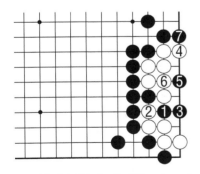

第81题变化图：白4如下立，黑5点、7挡后成金鸡独立。

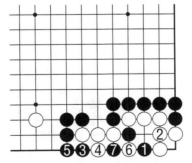

第82题失败图：黑3先扳，错误，白4打，黑5粘，白6扑，成劫，黑失败。

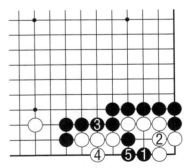

第82题正解图：黑1做倒扑，白2只能粘，黑3再紧气，次序井然，白4准备扑劫，黑5粘，巧成金鸡独立，白死。

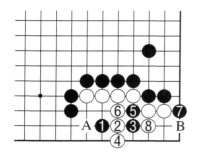

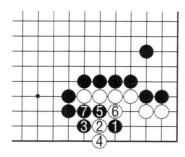

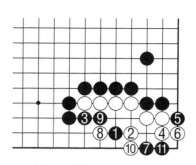

第83题失败图: 黑1飞、3夹，错误，白4立，黑5断，白6、8吃后，A与B见合，黑失败。

第83题正解图: 白空间很大，黑杀起来有一定难度。黑1点正中要害，白2靠，黑3夹求渡，白4阻渡，黑5挖、7打，白死。

第83题变化图: 黑1点时，白2若尖顶，则黑3拐即可，白4弯，黑5扳、7点，至11，白死。

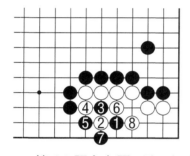

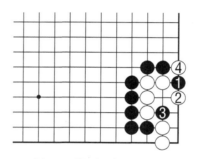

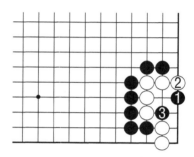

第83题参考图: 黑3如先挖，急躁，白4打、6提，黑7打，白8反打成劫，黑失败。

第84题失败图: 黑1扳，初级错误，白2打即可，黑3再断，白4提，净活，黑失败。

第84题正解图: 黑1点，此型是著名的"老鼠偷油"，白2挡，黑3断，白不入气，被杀。

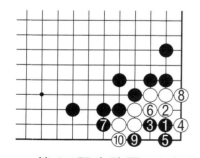

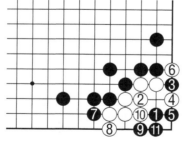

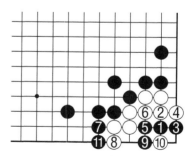

第85题失败图: 逢方必点，黑1点方，正在形上，白2顶，但黑3随手，白4抓住时机扳，黑5立，白6再粘，至10成劫，黑失败。

第85题正解图: 黑1点方，白2粘，委曲，黑3扳、5打，再7挡，白8立，黑9至11成眼，白自然死亡。

第85题变化图: 黑1点，白2若顶，则黑3立，白4无奈，黑5顶刺，白6更无奈，黑7、9、11成眼，白还是自然死亡。

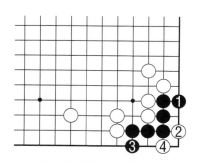

第86题失败图：黑1立，白2、4均是要点，黑死。

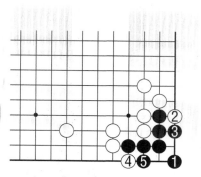

第86题正解图：黑1下在一路，是此际唯一的做活手段，也符合两边同形走中央的规律，白2则黑3，之后白4、黑5，活了。

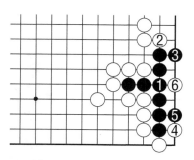

第87题失败图：黑1粘，呆板，白一挡一扳，黑眼位已差，至白6点，黑死。

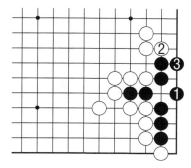

第87题正解图：黑1虎，唯此一手，利用打二还一，黑两边都有眼，活了。

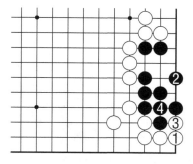

第88题失败图1：白1先立，过急，黑2占据要点，白3打，黑4粘，两眼瞪圆，白失败。

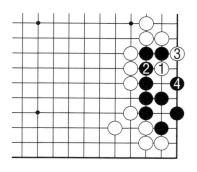

第88题失败图2：白1夹，似是而非，黑2粘，白3渡，黑4虎，白无后续手段，失败。

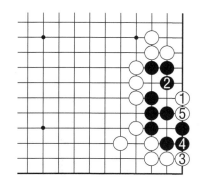

第88题正解图：白1点在要害处，黑2弯，不得已，白3、黑4交换后，白5打吃，黑死。

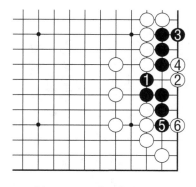

第89题失败图1：黑1顶，错觉，白2点，占据要点，黑3立，白4破眼，黑5欲扩大眼位，白6托，黑死。

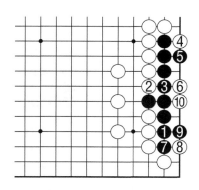

第89题失败图2：黑1爬也不行，白2是先手，黑3粘不得已，白4扳、6点，至10点，黑死。

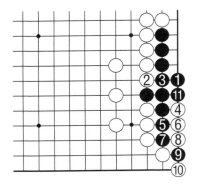

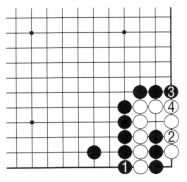

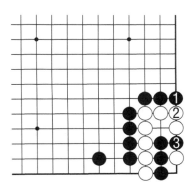

第89题正解图：黑1倒虎是做眼的好手，白2刺，黑3粘，白4托至8破眼，黑9扑、11打，白接不归，黑活。

第90题失败图：黑1错误，白2粘，黑3晚了一步，白4粘，双活，黑失败。

第90题正解图：很简单，黑1立，白2粘，黑3打，成眼杀。

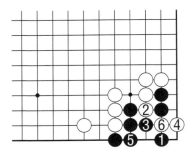

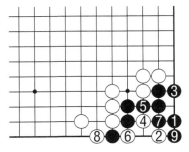

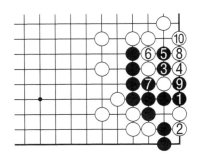

第91题失败图：黑1跳是形，但不是做活的要点，白2简单地冲即可，黑3挡，必然，白4点，破眼，黑5粘，做眼，白6断，成金鸡独立，黑死。

第91题正解图：黑1是要点，白2点，黑3做眼，白4尖与黑5交换后，白6扑，黑7只要打即可，白8提一子，黑9吃接不归，黑活。

第92题失败图：黑1挡，操之过急，白2破眼，必然，黑3卡，白有4至10的手段，黑被杀。

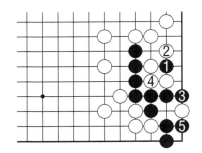

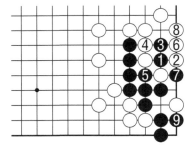

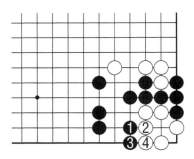

第92题正解图：黑1卡，妙手，白2打，必然，黑3立，先手求渡，白4不得已，黑5做成两眼，活了。

第92题参考图：黑1卡时，白2若从底下打，则黑3长一手，白4须粘，黑5吃一子，白6继续反打，黑7提，白8长，黑9做成两眼，活得更大。

第93题失败图1：黑1随手，白2挡，成两眼活。

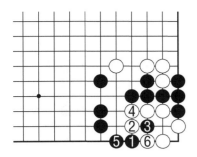

第93题失败图2：黑1飞，白2尖，好手，黑3挤则白4接，黑无法杀白。

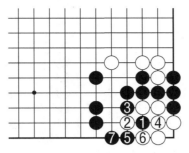

第93题正解图：黑1夹是此际好手，再3、5连打，7渡回，白成卡眼，净杀。

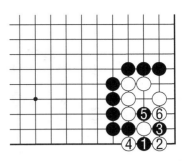

第94题失败图1：黑1扳，忽略了白2至6做劫的手段，失败。

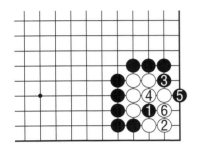

第94题失败图2：黑1断则白2长，黑3、5打吃，无济于事，失败。

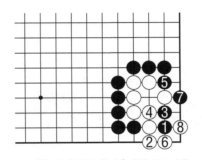

第94题失败图3：黑3顶，错着，白仍可顽强成劫。

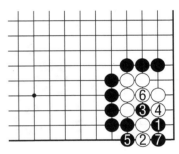

第94题正解图：黑1夹、3断是次序，再5、7连打，滚打包收，净杀白棋。

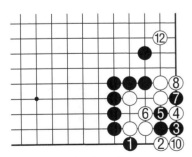

❾⓫＝④

第95题失败图1：黑1虽缩小了白的眼位，但白2很有弹性，黑3立，白4是手筋，黑5至白10必然，黑11与白12见合，黑失败。

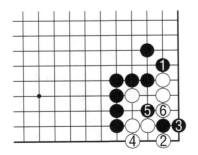

第95题失败图2：黑1挡，错误，白2占据要点，黑3立，白4做成一眼，黑5扳已经晚了，白6断，活了，黑失败。

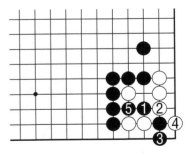

第95题正解图：黑1扳，白2断，黑3立是要点，至黑5，成金鸡独立，净杀。

53

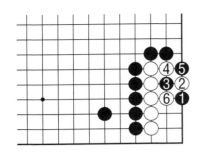

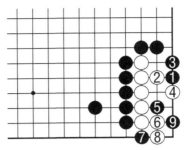

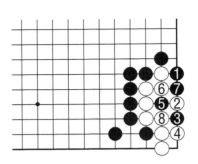

第96题失败图：黑1大飞，错误，白2靠，可以解困，黑3打，白4、6成劫，黑失败。

第96题正解图：黑1飞，恰到好处，白2顶，黑3退，白4挡，黑5点在要害处，白6拐时，黑7扳正是时机，白8挡吃，黑9扳，白死。

第97题失败图：黑1打，轻率，白2跳，占据要点，黑3、5、7没用，白8吃接不归，黑失败。

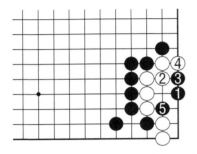

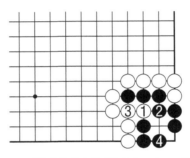

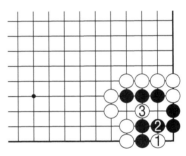

第97题正解图：俗谚有"三子正中"之说，黑1点，正中要害，白2粘，黑3爬，白4挡，紧了白一气，然后黑5断，白不入气，被杀。

第98题失败图：白1先挖，急躁，黑2粘是先手，白3粘，黑4做成两眼，白失败。

第98题正解图：白1先点重要，黑2粘，白3挖，黑死。

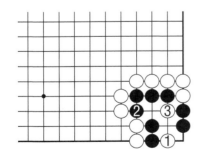

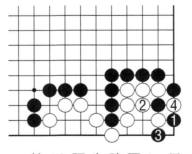

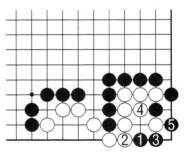

第98题变化图：白1点时，黑不能走2位，如此，白3打，黑接不归。

第99题失败图1：黑1扳，急于求成，白2打，黑只得3打，做劫，黑失败。

第99题失败图2：黑1点，似巧实拙，白2、4后，黑只得5打，成劫。

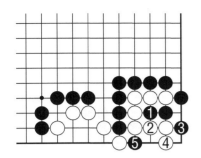

第99题正解图：黑1长，似拙实巧，3扳、5扑，次序井然，白死。

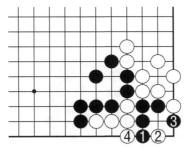

第100题失败图：黑1立，则白有2靠、4打的手段，成劫，黑失败。

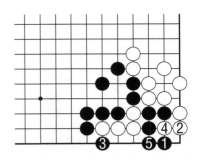

第100题正解图：黑1尖，延气妙手，白2长，只此一手，黑3扳，白4打，黑5粘，成金鸡独立，白快一气杀黑。

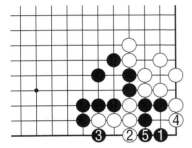

第100题变化图：黑1尖时，白2立并不能延气，黑3扳，白4长，黑5吃，对杀仍快一气。

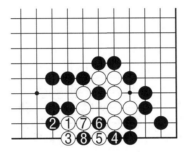

第101题失败图1：白1扳、3立，错误，黑4爬，白5挡，黑6打，白7只能做劫，失败。

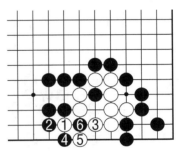

第101题失败图2：白3虎的位置不对，黑4打，白5又只能做劫，失败。

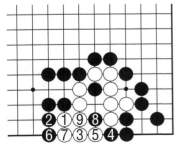

第101题正解图：白1扳、3虎即可，黑4拐，白5挡，黑6立，白7团眼，黑8虽可打吃，但白9粘，成胀牯牛。

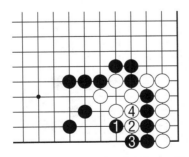

第102题失败图1：黑1托，错误，白2挖，手筋，黑3打，白4粘，同时反打，黑反被杀。

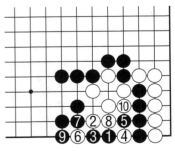

第102题失败图2：黑1跳也不冷静，白2尖，阻渡，黑3爬，白4挖，绝妙，黑5拔，白6再挡，黑7断，白8打吃，黑9提，白10吃黑接不归，黑失败。

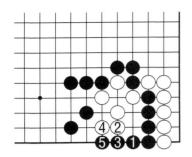

第102题正解图： 黑1爬，冷静，白2立，黑3、5渡过，白挡不住，对杀黑胜。

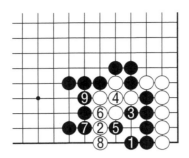

第102题变化图： 黑1爬时，白2尖，阻渡，是最强抵抗，黑3打是先手，白4粘，黑5挤，妙手，白6粘，不得已，黑7、9紧气，成眼杀。

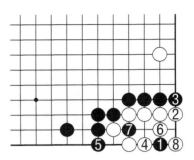

第103题失败图： 黑1直接点不行，白2立，黑3挡，白4、黑5交换后，白6吃，黑7扑，白8提，活了。

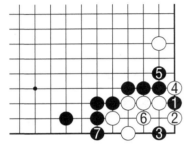

第103题正解图： 这是有名的"大猪嘴"。谚语说"大猪嘴，扳点死"。黑1扳、3点，白4提，黑5退、7立，白死。

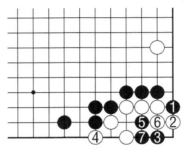

第103题变化图： 白4若扳，欲做劫，则黑5尖、7接，仍可净杀白。

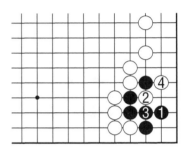

第104失败图1： 黑1虎，似乎容易做眼，但白2、4搂打，黑意外地死了。

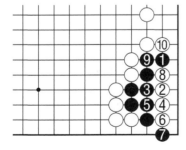

第104失败图2： 黑1尖，意在扩大眼位，白2点，再4、6连贴，黑7扳，白8再挤，黑9粘，不得已，白10夹，黑死。

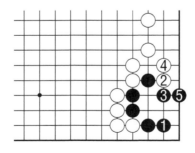

第104题正解图： 黑1并，妙着，白2夹，黑3挡、5立，活了。

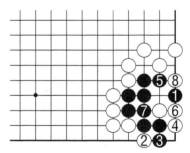

第105题失败图1： 黑1跳，好像能做活，但白2扳，黑3只能挡，白4再扳，黑5只好挡，白6团，黑7只此一手，白8扑，成劫，黑失败。

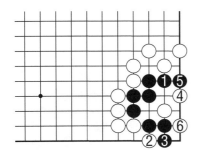

第105题失败图2：黑1挡也不行，白还是2扳，黑3挡，白4尖、6虎，成聚杀，黑失败。

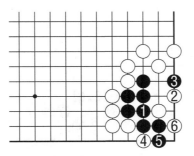

第105题失败图3：黑1单粘还是不对，白2尖，黑3只好跨，白4扳，黑5挡也无奈，白6扳，黑死。

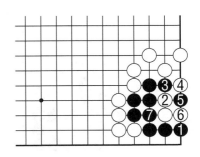

第105题正解图：黑1立，只此一手，白2渡不回去，黑3冲、5扑，吃白接不归，当然活了。

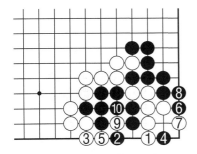

第106题失败图：白1立，令黑得以喘息，黑2做眼，白3以下至黑10成双活，白失败。

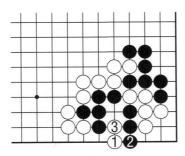

第106题正解图：白1点，锐利，黑2挡，白3长，黑死。

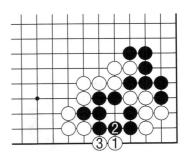

第106题变化图：白1点时，黑2粘眼，则白3爬回，黑仍被杀。

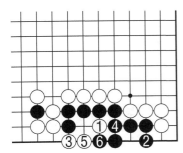

第107题失败图：白1直接点，条件不成熟，黑2做眼，白3扳时，黑4粘即活，白5渡不回去，黑6打吃，白接不归，失败。

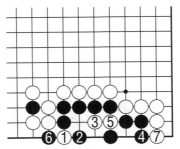

第107题正解图：白1扳，从缩小眼位入手，黑2挡，白3点，黑4立，做眼，白5打吃，黑6只能提，白7吃黑接不归。

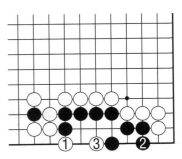

第107题变化图：白1扳时，黑2如直接做眼，则白3靠，黑只有一眼。

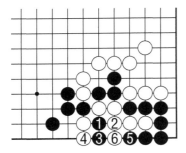

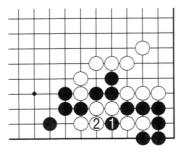

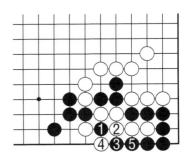

第108题失败图1：黑1打，白2粘时，黑3立，随手，白4打，黑5再吃，白6提，对杀白胜。

第108题失败图2：黑1吃错子，白2粘，黑仅后手吃两子而已。

第108题正解图：很简单，黑1打，3、5滚吃，白死。

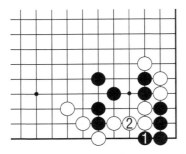

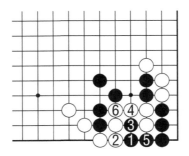

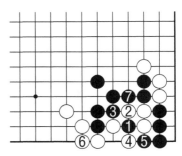

第109题失败图1：黑1爬缓手，白2粘，万事皆休，黑失败。

第109题失败图2：黑1似是而非，白2粘，黑3冲，白4是先手，黑5粘，白6粘回，黑全死。

第109题正解图：黑做活须动脑筋，黑1挖，是成功的第一步，白2打，黑3、5滚打，白6只能从根上粘，黑吃三子接不归，活棋。

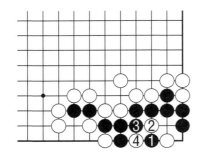

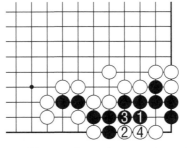

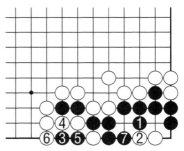

第110题失败图：黑1靠，随手，白2打，黑3粘，白4提，成劫，黑失败。

第110题正解图：黑1是做眼要点，白2打、4粘无用，已成双活。

第110题变化图：黑1时，白2若长，则黑3点是手筋，白4提，黑5提，白6吃，局部是打二还一，黑7做眼可活。

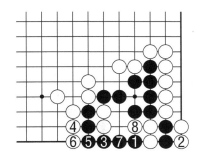

第111题失败图1：黑1、3求渡，白4、6连打，再8门吃，黑死。

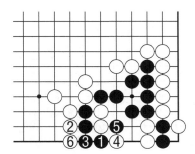

第111题失败图2：黑1扳，白2打必然，黑3粘，白4打，黑5打吃两子错误，白6拔，黑失去了挖的妙味，顿死。

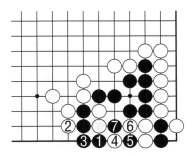

第111题正解图：失败图2中，黑5挖是关键，白6提，黑7扑，巧妙利用倒扑，吃白三子活出。

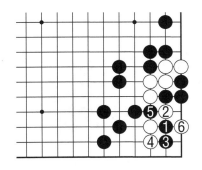

第112题失败图：黑1托，白2打，黑3立，白4贴，黑5断时，白6扳，黑1、3两子被吃，白活了。

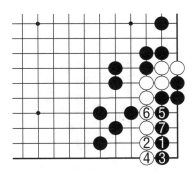

第112题正解图：黑1跳点，犀利，白2贴，黑3立，白4如挡，黑5是先手，白6只好粘，黑7粘，活了，白死。

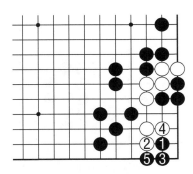

第112题变化图：黑3立时，白4若拐，则黑5拐渡，白无两眼。

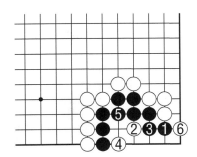

第113题失败图1：黑1扳，粗心，忽略了白2的手筋，黑3粘，白4做倒扑，黑5粘不得已，白6扳，黑眼被灭。

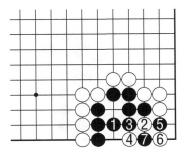

第113题失败图2：黑1急于做眼不行，白2扳，黑3挡，白4、6做劫，黑失败。

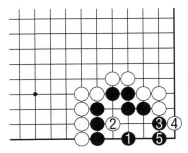

第113题正解图：黑1跳是要着，白2点眼，黑3扳、5立，净活。

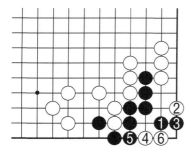

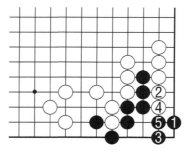

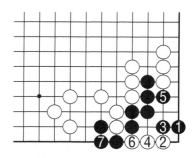

第114题失败图：黑1虎，错误，白2飞，占据要点，黑3挡，白4点、6爬，黑死。

第114题正解图：黑1飞，巧妙，白2爬，黑3做眼，白4挤，黑5团，活了。

第114题变化图：黑1飞时，白2若点眼，则黑3、5做眼，白6则黑7，白仍不能杀黑。

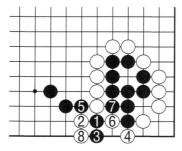

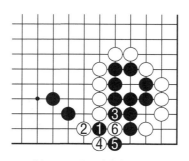

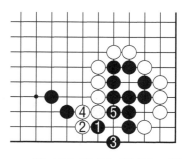

第115题失败图1：黑1托，白2阻渡，必然，黑3立，错误，白4扳，妙手，黑5断，白6挖是相关的手筋，黑7打，白8吃倒扑，黑失败。

第115题失败图2：黑3也不对，白4打，黑5只能做劫，失败。

第115题正解图：黑3虎是关键一手，白4粘，黑5做活。

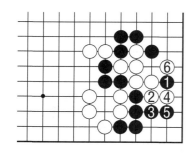

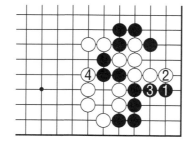

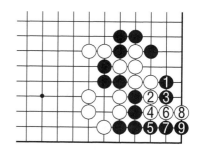

第116题失败图1：黑1顶，手筋，白2长，黑3挡，白4、6吃，黑反被杀。

第116题失败图2：黑1跳，白2贴，黑3紧气，白4也紧气，黑明显慢一气。

第116题正解图：黑3贴，白4再长，黑5挡，7、9连贴，白死。

60

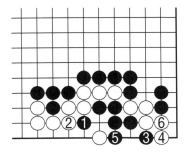

第117题失败图1：黑1扳，无谋，白2粘，黑3、5成劫，黑失败。

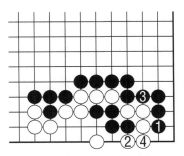

第117题失败图2：黑1夹，更坏，白2、4简单逃出，黑死。

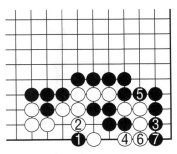

第117题正解图：黑看起来很危险，但黑有妙着，黑1跨，绝妙，白2顶，不能省，黑3回手紧气，白4、6慢了一步，这完全是黑1的作用。

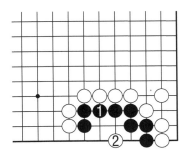

第118题失败图：黑1粘，随手，白2点，黑死。

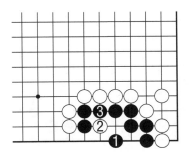

第118题正解图：黑1是做活的要点，白2夹，黑3粘，由于有黑1一子，白渡不回去，黑活了。

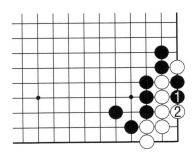

第119题失败图1：黑1爬，自作聪明，白2提，白两边都可做眼，黑失败。

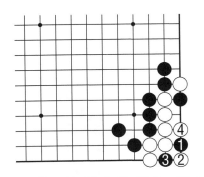

第119题失败图2：黑1也不对，白2扑、4打，吃黑胀牯牛，活了。

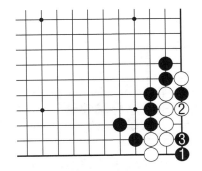

第119题正解图：黑1点，正确，白2提，黑3爬，白死。

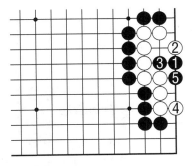

第120题失败图：黑1直接点眼，不行，白2与黑3交换后，再4立，黑5拐，成双活，黑失败。

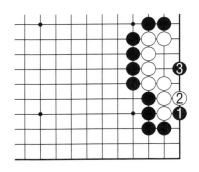

第120题正解图：此棋形黑1缩小白眼位即可，白2挡，黑3点，白死。

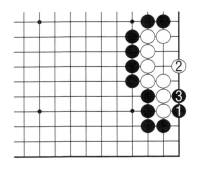

第120题变化图：黑1扳时，白2如做眼，黑3挺进，白仍不活。

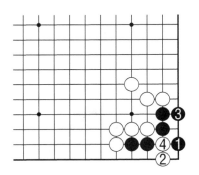

第121题失败图1：黑1虎，方向不对，白2点，黑3做眼时，由于黑左边两子气紧，白4断，成金鸡独立，黑被杀。

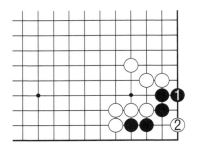

第121题失败图2：黑1立，低级错误，白2点，黑死。

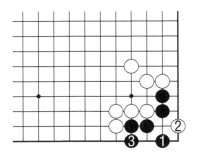

第121题正解图：黑1虎，正确，白2点，黑3做眼，活了。

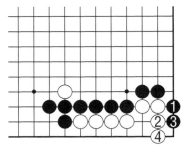

第122题失败图1：黑1、3是低级错误，白2、4活得很舒服，黑失败。

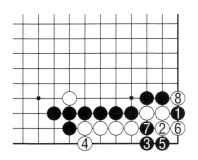

第122题失败图2：黑3点，与失败图1相比有了一些进步，但至白8提，黑损失更大。

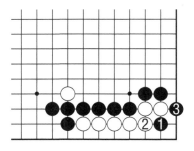

第122题正解图：黑1夹，看起来简单，却需要基本功，白2粘，黑3渡，白眼位不够。

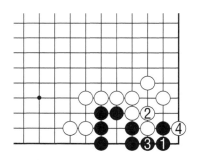

第123题失败图1：黑1立，错着，白2粘，黑3只能渡过，白4夹，黑眼被破，失败。

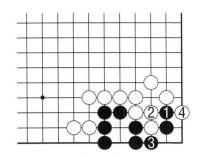

第123题失败图2：黑1长也不行，白2粘，黑3只能渡，白4扳，黑还是没有两眼。

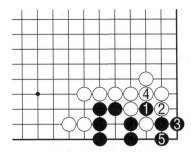

第123题正解图：黑1断，手筋，白2打，黑3立，巧手，白4提，黑5做眼，活了。

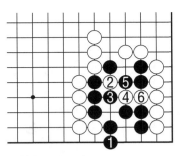

第124题失败图1：黑1立，以为能够做成两眼，其实是错觉，白2嵌，绝妙，黑3无奈，白4打、6粘，黑眼被卡，死棋。

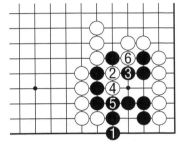

第124题失败图2：黑3从上边打也不行，白4吃，黑5粘，不得已，白6打，黑眼仍被卡。

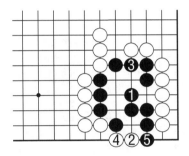

第124题正解图：黑1并，冷静，白2、4必然，黑5做成弯四，就是神仙也杀不死了。

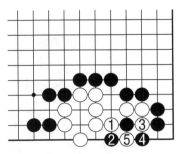

第125题失败图：白1、3太平凡，黑2、4做劫，净活变劫活，失败。

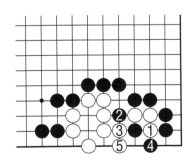

第125题正解图：白1冲，多送一子，唯此一手，黑2打、4提，白5做成两眼，活了。

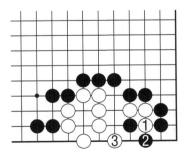

第125题变化图：黑2从下边打，对白是一个考验，白3尖即可，白仍活。

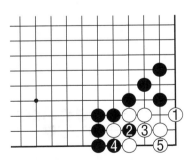

第126题失败图1：白1尖不好，黑2扑，白5只能做眼，劫活失败。

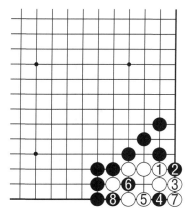

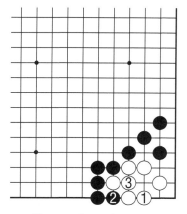

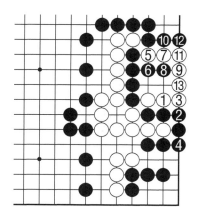

第126题失败图2：白1团更不好，黑2扳、4靠是次序，白5打，黑6扑、8提，白净死。

第126题正解图：白1做眼，看起来窝囊，却是只此一手，黑2则白3，黑无计杀白。

第127题失败图1：白3随手打，铸成大错，黑4粘，白5、7、9时，黑10、12打，白13接，局部双活，但只是假双活，白失败。

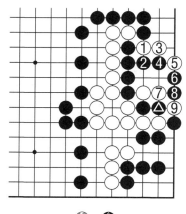

⑩ = ▲

第127题失败图2：白1先断，次序错误，黑2、4、6跟着应即可，白7吃时，黑8求渡，白9提，黑10打二还一，白死。

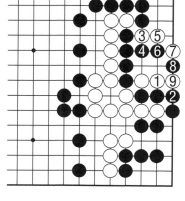

第127题正解图：白1打，起死回生的第一步，黑2粘必然，白3断是关键，然后5立、7扳，黑8打时，白9双叫吃，安然脱险。

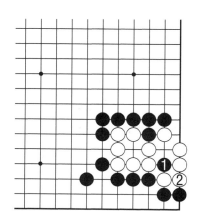

第128题失败图1：黑1先扑，错着，白2粘，黑给白送眼，失败。

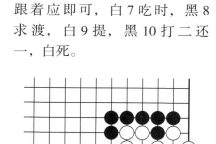

第128题失败图2：黑1打是初级错误，白2粘，净活。

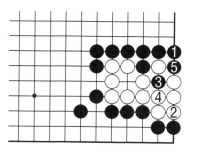

第128题正解图：黑1立，冷静，白2团，黑3扑，白死。

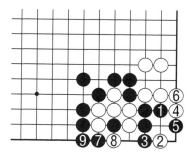

第129题失败图1：黑1意在延气，但白2透点是手筋，黑3立，白4扳、6粘，黑还须7、9扳粘，成后手双活，黑失败。

64

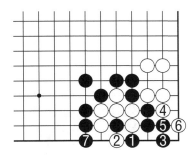

第129题失败图2：黑1扳，白2提，黑3尖、5团，白6扳，黑7立，成缓一气劫，失败。

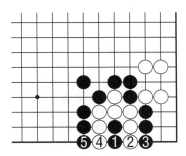

第129题正解图：黑1立，紧气的好手，白2打，黑3追吃，白4提，黑5紧气，对杀黑快一气。

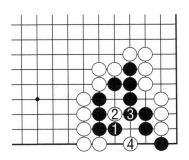

第130题失败图1：黑1弯，不当不正，白2点，黑3做眼，白4点，黑死。

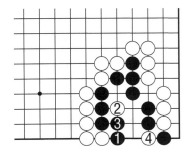

第130题失败图2：黑1挡不是要点，白2点、4扑，轻松杀黑。

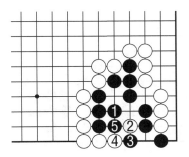

第130题正解图：黑1做眼极具弹性，白2点，黑3扳、5打成劫，正解。

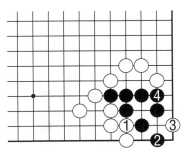

第131题失败图1：白1先挤，错着，黑2占据要点，白3点，黑4团，活了，白失败。

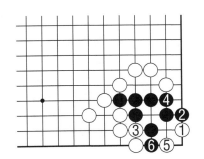

第131题失败图2：白1点，位置不对，黑2挡，白3挤时，黑4团成一眼，白5则黑6，成净活，白失败。

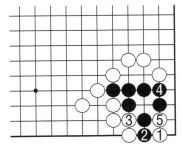

第131题正解图：白1点，正中要害，黑2必然，白3挤，严厉，黑4团眼，白5打，黑眼被破。

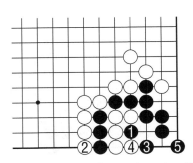

第132题失败图：黑1将打吃的先手浪费了，白2提，黑3虎，白4吃，黑5只好做劫，黑失败。

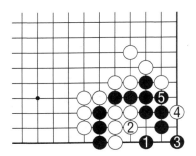

第132题正解图：黑1尖，是眼形要点，白2团成刀五，黑3尖，又做一眼，白4托，黑5挡，活了。

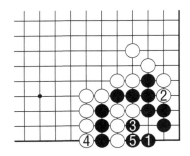

第132题变化图：黑1尖时，白2挤比前图好，黑3打、5团，还是活了。

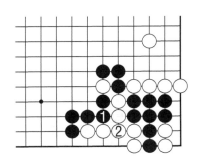

第133题失败图：黑见吃就打，无谋，白2粘，明显三气对两气，黑死。

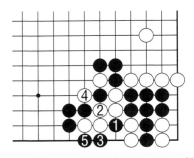

第133题正解图：黑1扑是手筋，白2粘，黑3、5打滚，成功突围。

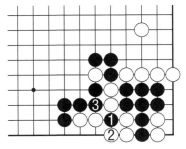

第133题变化图：黑1扑时，白2抵抗，黑3打，白全灭。

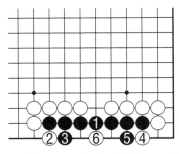

第134题失败图1：黑1单粘，白2、4两扳，再6点，黑死。

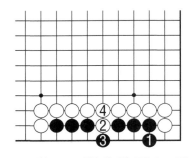

第134题失败图2：黑1先立也错，白2、4挖粘，黑死。

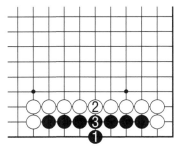

第134题正解图：黑1只此一手，白2粘，黑3也粘，活了，这也是两边同形走中央的一例。

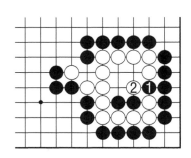

第135题失败图1：黑1冲，有勇无谋，白2正好吃出两眼。

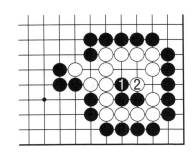

第135题失败图2：黑1弯，不知所云，白2占据要点，已成弯四，白活，黑失败。

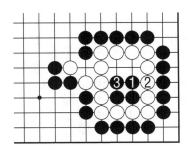

第135题正解图：特别简单，黑1弯是先手，再3团，白死。

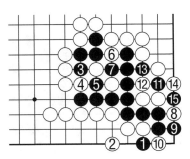

第136题失败图：黑1扳，白2虎，黑3冲，急于成眼，至7后手成一眼，被白8扳，至15成劫，黑失败。

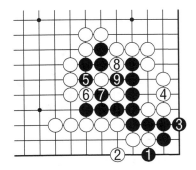

第136题正解图：黑3立做成一眼，是次序，白4无奈，黑5、7、9再吃出一眼，安然活出。

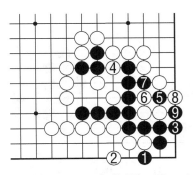

第136题变化图：黑3立时，白4如去破眼，则黑5挖，7、9滚打，白接不归，黑还是活出。

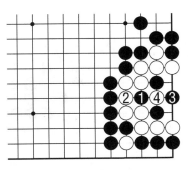

第137题失败图1：黑1挖，急躁，白2打，黑3再虎，白4提成劫，黑失败。

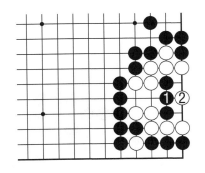

第137题失败图2：黑1粘不行，白有2点的妙手，双活。

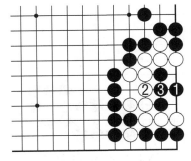

第137题正解图：黑1倒虎，妙手，白2粘，黑3粘，聚杀。

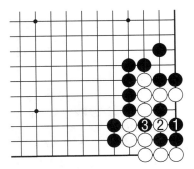

第138题失败图1：黑1不好，给了白2扑的机会，黑3提，成劫，黑失败。

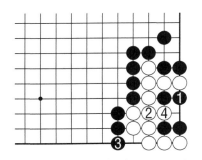

第138题失败图2：黑1打，随手，白2粘、4打，活了，黑失败。

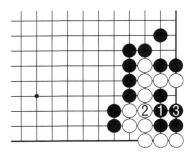

第138题正解图：黑1粘，正确，白2只此一手，黑3团成刀五，聚杀。

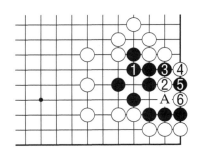

第139题失败图1：黑1似乎是做眼的要点，但白2靠，严厉，黑3冲、5扑虽是手筋，无奈A位不能入气，净死了，失败。

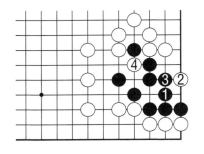

第139题失败图2：黑1团眼，过于平庸，白2飞，黑3团眼，白4打，黑仅存一眼，死了。

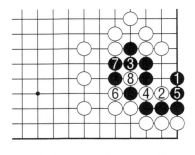

第139题正解图：黑1跳是形，白2点，正确，黑3粘，意在做眼，白4打是次序，然后6打，黑7团，白8提，黑劫活，是正解。

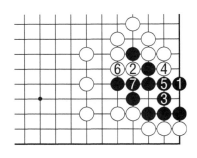

第139题变化图：黑1跳时，白2如吃，则黑3做眼，至黑7，成净活，白更亏。

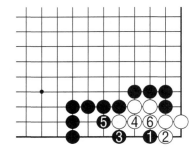

第140题失败图1：黑1点，错误，白2挡，黑3夹，白4粘，黑5挡，白6粘，黑1接不回去，白活了，黑失败。

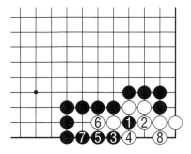

第140题失败图2：黑1打，白2接，黑3反打，白4、6打两下，再8做眼，又活了。

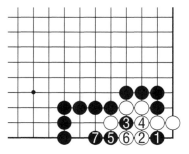

第140题正解图：黑1妙手，白2打，黑3、5反打，白6提，黑7爬回，白死。

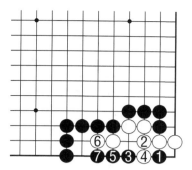

第140题变化图: 黑1时，白2如粘，黑3点，5、7连爬渡回，白还是不活。

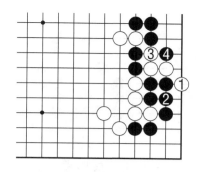

第141题失败图: 白1打，浪费了宝贵的先手却并未延气，黑2粘，白3断，黑4打，白死。

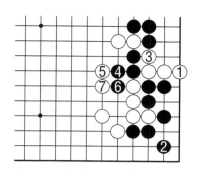

第141题正解图: 白1立可先手延气，黑2只好补，白3断，黑4若逃，白5顶、7压，黑无出路，白成功。

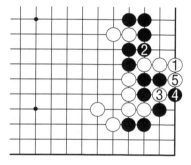

第141题变化图: 白1立时，黑2若接，白3、5滚打，黑损失更大。

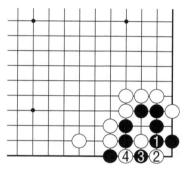

第142题失败图1: 黑1夹，白2扳，黑3只好扑劫，失败。

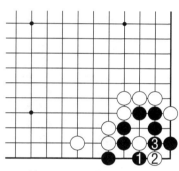

第142题失败图2: 黑1扳与前图结果一样，只是次序变了一下，还是劫，黑失败。

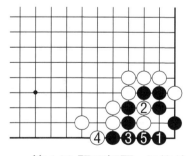

第142题正解图: 很简单，黑1做眼即可，白2、4打，黑5连回，活了。

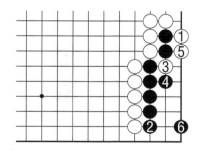

第143题失败图: 白1先扳，失机，黑2立，扩大眼位，白3、5虽吃两子，但黑6跳，白无计破黑眼，失败。

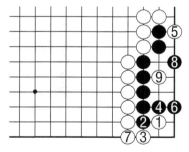

第143题正解图: 白1跳，黑眼位成问题，黑2冲、4挡，白5扳，黑6立，白7防黑扑，黑8虎，白9点，黑死。

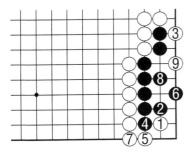

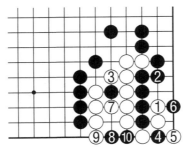

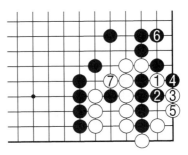

第143题变化图：白1跳，黑2至6虎也不行，白7仍防黑扑，黑8做眼，白9点，黑仍不活。

第144题失败图：白1爬过于平庸，黑2粘，白3做眼，黑4扑，白5提，黑6托，白成卡眼，白7提，黑8、10再破眼，白死。

第144题正解图：白1断，正符合"棋逢断处生"的谚语，黑2打，白3、5是先手，黑6须补，白7又成一眼，妙手做活。

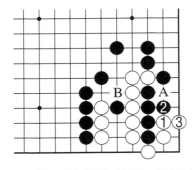

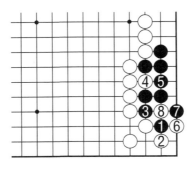

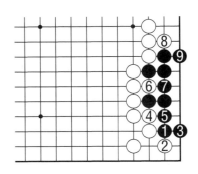

第144题参考图：前图白1爬时，黑2切不可挡，如此，白3立后，A、B见合，白起死回生，此为黑大错。

第145题失败图：黑1托、3挤，有误，白2扳、4冲后，6打，黑7只好做劫，失败。

第145题正解图：黑1托、3立，要着，白4则黑5，至黑9，成直四，活了。

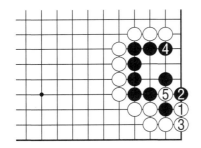

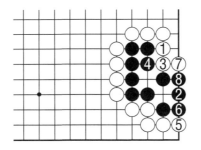

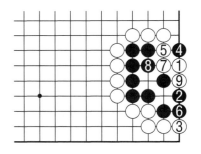

第146题失败图1：白1直接打，破眼，过于简单，黑2当然做劫，白3粘，黑4挡，白失败。

第146题失败图2：白1不是要点，黑2做眼，白3挺进，黑4成一眼，白5立，黑6团，白7立，黑8团，白失败。

第146题正解图：白1飞，好棋，黑2做眼，白3立，黑4、白5交换后，6粘，白7粘是先手，然后9打，白死。

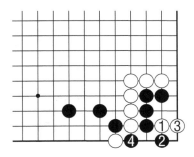

第147题失败图1：白1点，急躁，黑2扳，白3破眼，黑4扑劫，白失败。

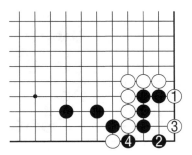

第147题失败图2：白1扳也一样，黑2虎，白3破眼时，黑4扑劫，白失败。

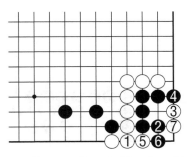

第147题正解图：白1粘，冷静，黑2弯，白3点、5冲，黑6则白7，黑死。

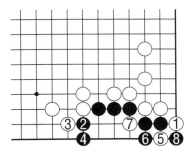

第148题失败图1：白1直接扳不行，黑2扳、4立，白5扳，黑6打、8提，成劫，白失败。

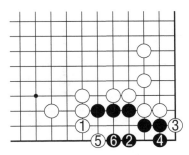

第148题失败图2：白1立，差了一路，黑2虎，白3扳，黑4做眼，白5已走不到6位，只能尖，黑6活了。

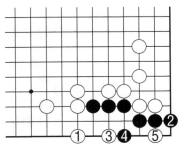

第148题正解图：白1跳，以静制动，黑2扩大眼位，白3正走在筋上，黑4尖顶，白5点，黑死。

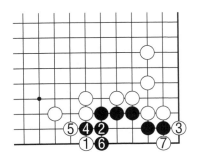

第148题变化图：白1跳时，黑2如立，则白3扳，缩小黑眼位，黑4、6无济于事，白7扳，黑死。

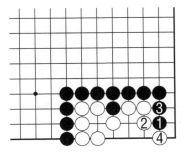

第149题失败图：黑1跳，没有魄力，白2贴，黑3粘，白4扳，活了，黑失败。

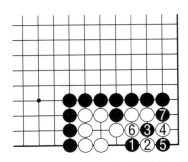

第149题正解图：黑1点，手筋，白2靠，黑3打、5提，白6打，黑7反打，劫杀。

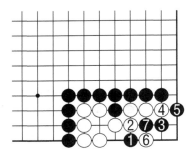

第149题参考图: 黑1点时,白2如粘,则黑3跳、5渡,白6吃,黑7卡,白成净死。

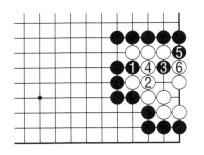

第150题失败图1: 黑1打,方向错,黑正好帮助白2粘,黑3夹,白4粘,黑5则白6,黑将白送活。

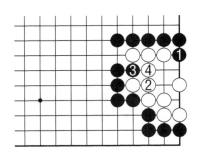

第150题失败图2: 黑1先拐也是同样效果,白2粘,冷静,黑3冲,白4粘,黑无后续手段。

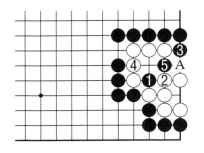

第150题正解图: 黑1很容易发现,白2打,黑3拐是关键,白4粘,黑5挖又是手筋,由于白A位不能入气,只好束手就擒。

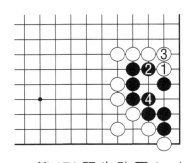

第151题失败图1: 白1尖顶,欲速则不达,黑2是先手,再4团眼,白无计,失败。

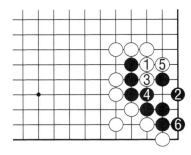

第151题失败图2: 白1、3草率,黑2、4成眼,白5、黑6见合,白失败。

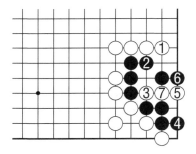

第151题正解图: 白1立冷静,黑2做眼,白3断,严厉,黑4立,白5点,黑6挡,白7粘,聚杀。

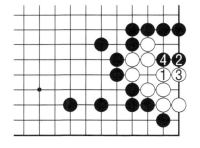

第152题失败图1: 白1直接做眼,不行,黑2跳,占据要点,白3做眼,黑4卡,白死。

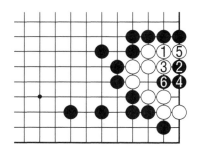

第152题失败图2: 白1挡也不行,黑2仍跳,白3防黑打吃,黑4长,再6拐,聚杀。

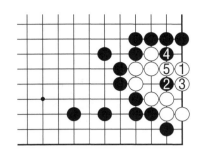

第152题正解图：白1跳是做活的唯一要点，黑2点，白3做眼即可，黑4则白5，白活棋。

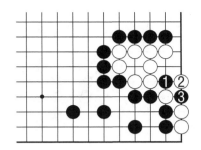

第153题失败图1：黑1打，无谋，白2反打，黑3提，成劫，黑失败。

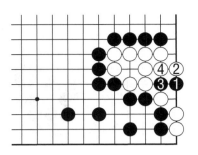

第153题失败图2：黑1点的位置有误，白2尖顶，黑3断，白4打，成倒扑，白活了，黑大失败。

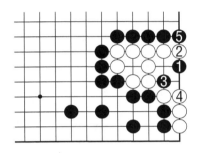

第153题正解图：黑1点、3打是次序，白4粘，黑5挡，白两边均不能入气，净杀。

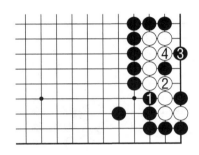

第154题失败图1：黑1先挤，次序错误，黑3再尖时，白4可打，黑失败。

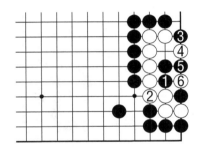

第154题失败图2：黑1吃无谋，白2粘，黑3扳，白4挡，黑5打，成劫，黑失败。

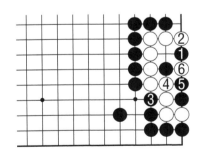

⑦=⑤

第154题正解图：黑1尖是经常使用的杀棋手筋，白2挡，黑3挤吃，又是好手，白4粘，黑5多送一子，白6提，黑7打二还一，白眼位即告不足，聚杀。

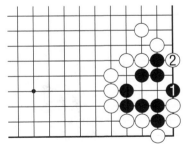

第155题失败图：黑1打，自杀，白2破眼，白可打二还一，黑提两子无益，净死，黑失败。

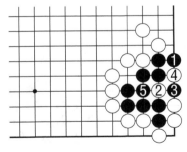

第155题正解图：黑1立，冷静，白2靠，黑3、5滚打，白接不归，黑安然活出。

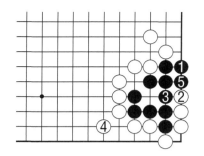

第155题变化图：黑1立时，白2如挺进，则黑3打，白4只好补，黑5打，白还是接不归。

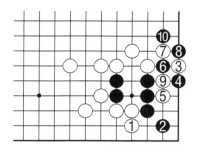

第156题失败图1：白1立，不得要领，黑2尖，极具弹性，白3跳，黑4靠，白5点眼，黑6打、8提、10做劫，白失败。

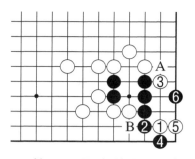

第156题失败图2：白1直接点，准备工作不充分，黑2挡即可，白3再扳时，黑4在下边扳，白5立，黑6跳后，A、B见合，黑活了，白大失败。

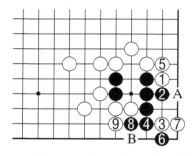

第156题正解图：白1扳、3点是次序，黑2、4只好挡，白5回过头来粘，黑6扳，白7破眼，黑8、白9后，A、B见合，黑不活。

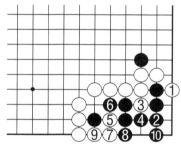

第157题失败图1：白1扳，纯属助人为乐，黑2乐得补，白3再冲，黑4挡，白5挖、7立，黑8、10做成两眼，白失败。

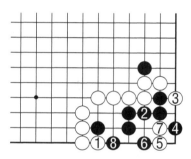

第157题失败图2：白1冲，平庸，黑2粘、4尖，渡过难关，白5、7破眼，黑6、8又成一眼，白失败。

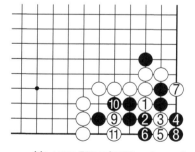

第157题正解图：白1冲、3断是次序，黑4打，白5立，破眼，黑6、8无奈，白9挖、11立，黑死。

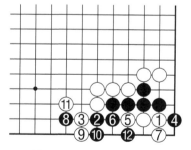

第158题失败图：白1爬，错误，黑2扳一手，再4扳，待白5爬，黑6再粘，白7破眼，黑8夹是手筋，白9立，黑10成先手，再12扳，巧做两眼，白失败。

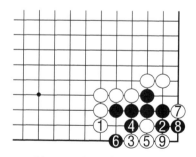

第158题正解图：白1立，以静待动，好棋，黑2挡，白3尖求渡，黑4无奈，白5、7是次序，再9拐，聚杀，黑死。

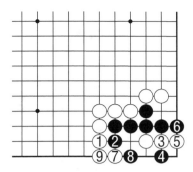

第158题变化图：白1立时，黑2如挡，则白3、5后，再7、9扳粘，黑眼位不足。

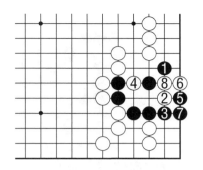

第159题失败图：黑1尖，松懈，白2点，严厉，黑3挡，白4挖打，黑5、7于事无补，白8粘，聚杀。

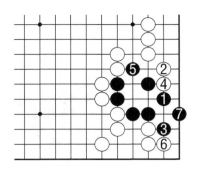

第159题正解图：黑1是做活要点，白2尖，黑3扳，白4挤，黑5防白挖，必要，白6挡，黑7活。

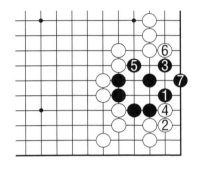

第159题变化图：黑1时，白2如立，则黑3尖，白4挤，黑5、7仍活。

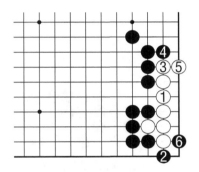

第160题失败图：白1粘，缓手，黑2扳、4挡，再6扳，白眼位不够。

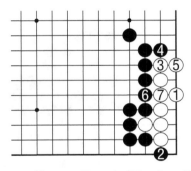

第160题正解图：白1恰到好处，黑2扳，白3、5、7成活。

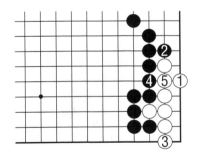

第160题变化图：白1时，黑2如挡，白3立、5粘，直四做活。

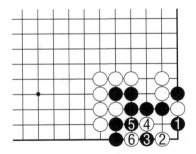

第161题失败图1：黑1提，错着，白2点，黑3、5只能做劫。

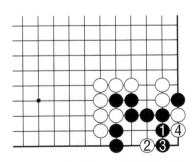

第161题失败图2：黑1更坏，白2点，黑3挡，白4长，做成卡眼，黑反成净死。

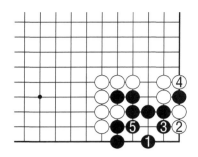

第161题正解图：黑1跳是要点，白2长则黑3打，白4提，黑5做眼，成活。

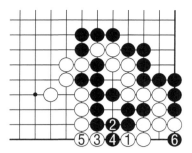

第162题失败图：白1拐，失机，黑2做眼，巧手，白3扳，黑4打、6点，成双活，白失败。

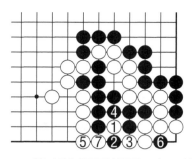

第162题正解图：白1挖是紧气好手，黑2打，白3反打，再5立，黑6点眼已来不及，白7打，眼杀。

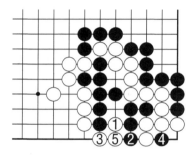

第162题变化图：白1挖时，黑2贴，则白3、5渡回，还是眼杀。

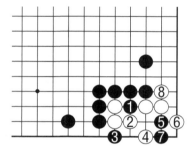

第163题失败图：黑1冲，鲁莽，白2挡，黑3再扳时，白4尖，黑5破眼，白6扳、8拐，黑无杀白手段，失败。

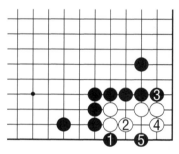

第163题正解图：黑1扳，先手缩小白眼位，再3挡，白4弯，黑5点，白即被杀。

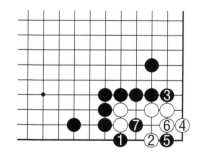

第163题变化图：黑1扳时，白2如跳，则黑3仍挡，白4尖，黑5破眼，再7打，白仍不活。

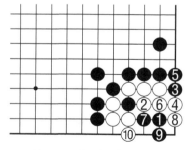

第164题失败图：黑1是要点，但黑3扳是错着，虽紧了白气，但也紧了自己的气，至白10，黑失败。

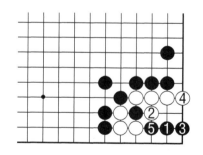

第164题正解图：黑1点，白2提，黑3要求渡，白4阻渡，黑5卡，白死。

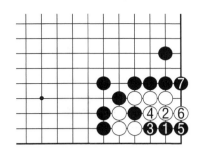

第 164 题变化图:黑 1 点,白 2 如顶,则黑 3 是先手,再 5 立,白 6 挡,黑 7 立,白仍不活。

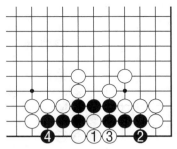

第 165 题失败图:白 1 团,不能杀黑,黑 2 立,白 3 爬破眼,黑 4 再立,双活,白失败。

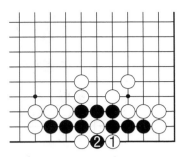

第 165 题正解图:白 1 扳,黑 2 提,打劫是正解。

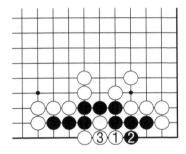

第 165 题参考图:白 1 时,黑 2 如打,白 3 接,成丁四聚杀,黑死。

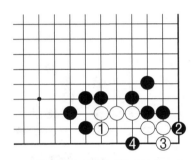

第 166 题失败图 1:白 1 挡,错误,黑 2 扳、4 点,轻松杀白。

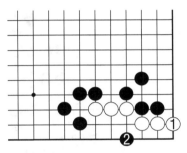

第 166 题失败图 2:白 1 欲扩大眼位,忽略了黑 2 的手段,白不活。

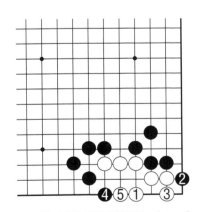

第 166 题正解图:白 1 尖,做活要点,黑 2 扳,白 3 做眼,黑 4 尖,白 5 活了。

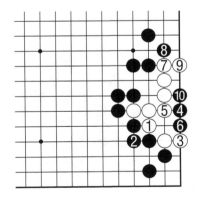

第 167 题失败图:白 1 挤,黑 2 粘,必然,白 3 立,错误,黑 4 点,白 5 须粘,黑 6 破眼,白 7 长,黑 8 挡,白死了。

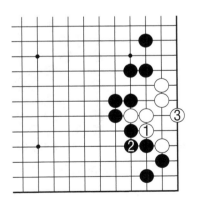

第 167 题正解图:白 1 挤,黑 1 粘,白 3 虎,活了。

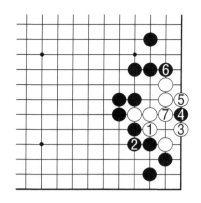

第167题变化图: 白3虎另一边也可以,黑4靠,白5打、7提,活了。

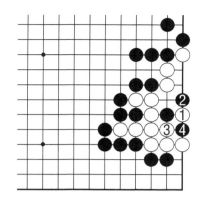

第168题失败图: 白1夹,假手筋,黑2打、4提,劫杀。

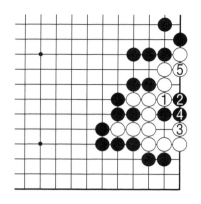

第168题正解图: 白1补断,重要,黑2扳,白3弯是要点,黑4团,白5粘,双活,白成功。

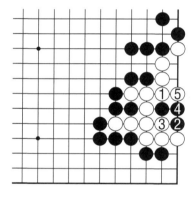

第168题变化图: 白1粘时,黑2如尖,则白3、5提三子,还是活了。

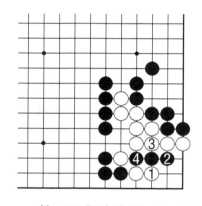

第169题失败图: 白1爬,不是要点,黑2贴,白3须粘,黑4断打,白死。

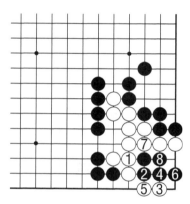

第169题正解图: 白1粘,冷静,黑2贴,白3点,妙手,黑4破眼,白5连,黑6立,白7粘,黑8团,双活,白成功。

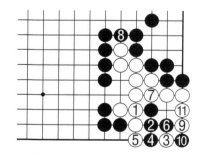

第169题变化图: 白3点时,如黑4立,反击,则白5挡,黑6打,白7粘,黑8紧气,白9托,黑10提,白11粘,快一气杀黑。

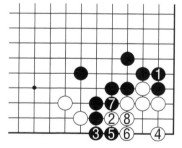

第170题失败图1: 黑1粘,贪小利,白2尖顶,黑3立,必然,白4跳在形上,黑5冲、7打,白6挡、8粘,活了,黑失败。

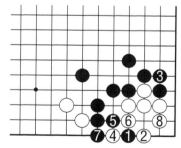

第170题失败图2: 黑1飞,小了一路,白2靠,黑3粘,白4、6后,8做成两眼,黑失败。

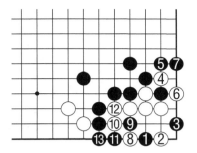

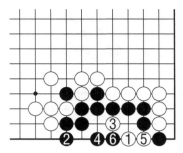

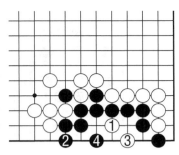

第170题正解图：黑1大飞、3点，严厉，白4打，黑5打、7立，白8至12抵抗，黑13粘，白无计做出两眼，被杀。

第171题失败图1：白1点，黑2立，白3错误，黑4做眼，白5渡，黑6吃，白接不归，失败。

第171题失败图2：白1点，黑2立，白3尖，黑4做眼，活了，白失败，结果与失败图1一样，只是次序不同而已。

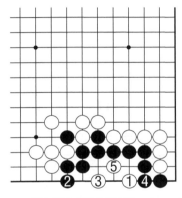

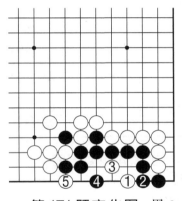

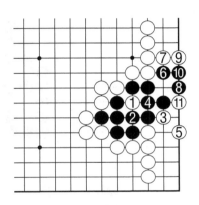

第171题正解图：白1点，黑2立，白3跳，重要，黑4粘，白5后，黑死。

第171题变化图：黑2如粘，白3尖，大同小异，黑仍不活。

第172题失败图：白3先打，急躁，黑4粘，白5虎不可省，黑6、8做眼，白只能9、11扑劫，失败。

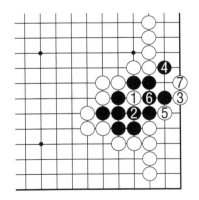

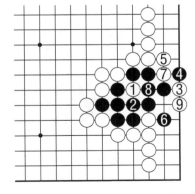

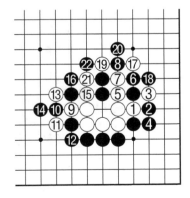

第172题正解图：白1打，谁都会走，关键是能否走出白3顶，黑4如扳，白5再打，黑6提，白7爬，大功告成，黑死。

第172题变化图：白3顶时，黑4如打，白5立，破眼妙着，黑6扳，白7打、9长，黑仍不活。

第173题失败图：白1先冲，条件不成熟，黑2挡，白3断，黑4接，白5再冲时，黑6退，以下手数虽多，但至22，黑吃白倒扑，白失败。

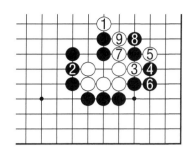

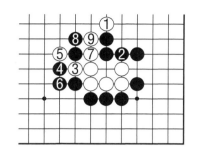

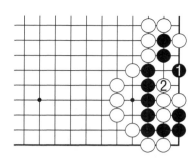

第173题正解图：这是有名的古题，白1顶是唯一的出逃之策，黑2粘，白3冲、5断，黑6防双吃，白7、9冲出，逃跑成功。

第173题变化图：白1顶时，黑2粘，则白3冲、5断，同样可7、9冲出。

第174题失败图：黑1虎，一厢情愿，白2成聚杀，黑失败。

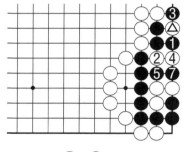

⑥＝△

第174题正解图：黑1打，重要，白2打，黑3提，白4打吃，黑5打，白接不回去，黑7提三子是先手，活棋。

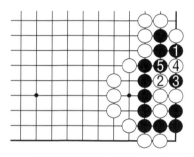

第174题变化图：黑1打时，白2如欲聚杀，则黑3扑、5吃胀牯牛。

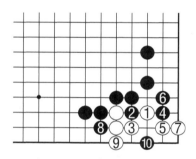

第175题失败图：白1跳，不到位，黑2冲、4夹、6退，白7扩大眼位，黑8贴，白9立，黑10点，白不活。

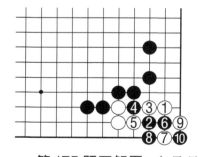

第175题正解图：白虽只有两子，却有极强的生命力，白1大跳，要着，黑2飞，白3、5跨断，黑6贴，白7妙，黑8打，白9做成劫活，正解。

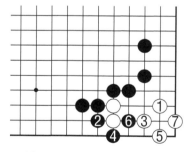

第175题参考图：黑2如挡，白3尖，应对巧妙，黑4扳时，白5虎是要点，黑6吃两子，白7成净活。

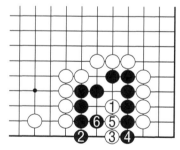

第176题失败图：白1直接点，错误，黑2立，白3再点，黑4挡，白5粘，黑6顶，双活，白失败。

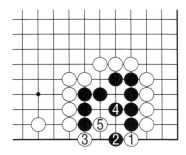

第176题正解图：不要想得太复杂，白1、3两扳，黑4做眼，白5点，黑顿死。

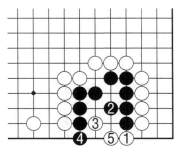

第176题变化图：白1扳，黑2做眼，则白3点、5连，黑还是不活。

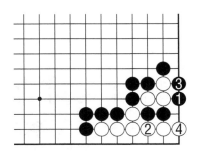

第177题失败图：黑1打吃是初级错误，白2打、4立，眼位够了，黑失败。

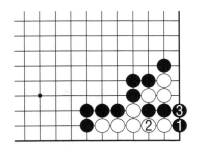

第177题正解图：黑1扳，正确，白2只能粘，黑3粘，白两边不入气，顿死。

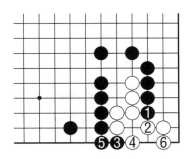

第178题失败图1：黑1贴，简单，白2挡，眼位丰富，黑3、5扳粘，白6做眼，活了，黑失败。

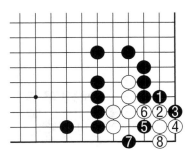

第178题失败图2：黑1立，冷静，白2挡，黑3扳，白4也只能挡，黑5不可点，这样，白6粘后，黑7再尖时，白可8立做眼，黑渡不回去，失败。

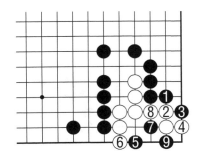

第178题正解图：黑5点，白6仍无奈，黑7、9聚杀。

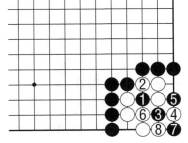

第179题失败图1：黑1挖，不是要点，白2打，黑3扳，白4扳，黑5是手筋，但白6、8吃接不归，黑无功。

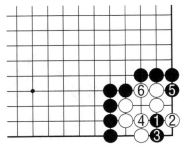

第179题失败图2：黑1靠也是花拳绣腿，白2扳、4打，此后，黑5、白6见合，白仍活，黑失败。

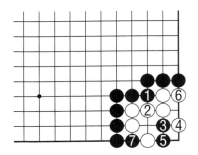

第179题正解图： 黑1以静制动，高明，白2粘无奈，黑3点，白4扳，黑5立，白6做眼，黑7打，白死。

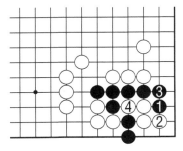

第180题失败图： 黑1扳，利敌之策，白2挡是先手，再4断，黑欲哭无泪。

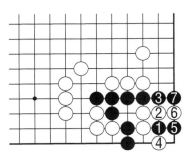

第180题正解图： 黑1夹，只此一手，白2冲，黑3贴，白4打，黑5多送一子是关键，白6打，黑7紧气，长气杀有眼，对杀黑胜。

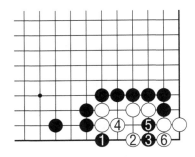

第181题失败图1： 黑1扳，白2占据要点，黑3靠，白4弯，好手，黑5断，白6打，活了，黑失败。

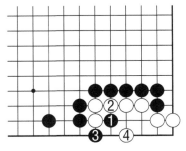

第181题失败图2： 黑1只是帮白补棋，白2粘，黑3渡，白4跳，活了，黑失败。

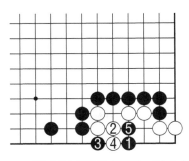

第181题正解图： 黑1犀利，白2弯，抵抗，黑3托，好手，白4打，黑5断，解决问题。

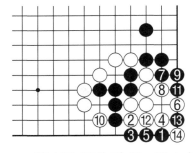

第182题失败图： 黑1大飞，差了一路，白2贴，黑3扳时，白4虎，有弹性，黑5连回，白6虎，黑7拐，必然，白8做眼，至白12，黑13只好扑劫，黑失败。

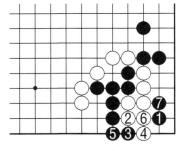

第182题正解图： 黑1是不可放过的要点，白2贴，黑3、5扳粘，白6粘，无奈，黑7紧气，对杀黑胜。

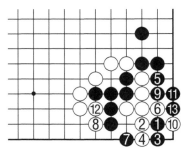

第182题变化图： 黑1点时，白2挡，则黑3立是关键，白4还得挡，黑5、7、9连续紧气，白10吃，黑11立，白12紧气，黑13打，对杀白仍差一气。

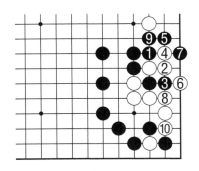

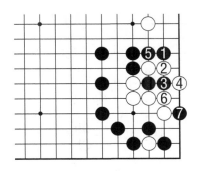

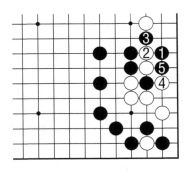

第183题失败图： 黑1打，初级水平，白2立，黑3长时，白4拐，黑5、7后，9粘，白10做眼，活了，黑失败。

第183题正解图： 黑1跳，要点，白2挡，黑3弃子，白4打，黑5先手粘牢，白6提，黑7托，白眼被破，不活。

第183题变化图： 黑1跳，白2冲，于事无补，黑3、5滚打，白仍不活。

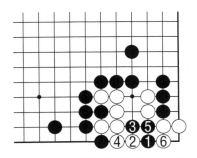

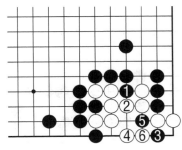

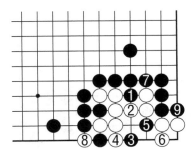

第184题失败图1： 黑1点，错误，白2尖顶，黑3打，白4粘，至白6做活，黑失败。

第184题失败图2： 黑3位置不对，白4尖，黑5断，白6吃，活棋。

第184题正解图： 黑1冲、3点，解决问题，白4挡，黑5断、7打是次序，白8无奈，黑9挡，白两边不入气，被杀。

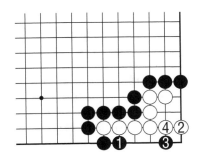

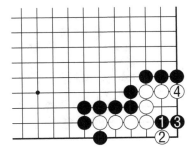

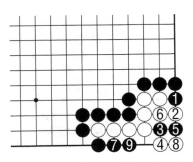

第185题失败图1： 黑1先爬，白2跳，眼形丰富，黑3点，白4粘，活了，黑失败。

第185题失败图2： 黑1靠，不得要领，白2扳，黑3立，白4挡即活，黑失败。

第185题正解图： 黑1拐、3点、5立，步步为营，白6只能粘，黑7爬，白不能在9位打吃，只好在8位提，黑9破眼，白死。

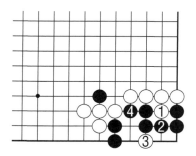

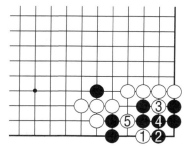

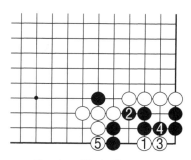

第186题失败图：白1先冲，没有起到缩小白眼位的作用，反而凑黑做活。

第186题正解图：白1顶，妙手，黑2打，白3冲，黑4只能接，白5挖，黑眼被卡，不活。

第186题变化图：白1顶时，黑2抵抗无济于事，白3爬，黑4粘，白5挡，黑仍不活。

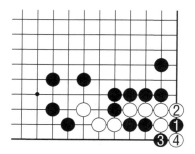

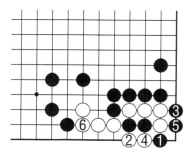

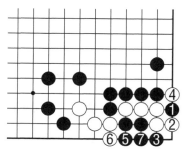

第187题失败图1：黑1夹，错误，白2挡，黑3打，成劫，黑失败。

第187题失败图2：黑1扳，更坏，白2打，黑3、5破眼，白6顶，又成一眼，活了，黑失败。

第187题正解图：黑1扳，白2只能挡，黑3打，白4提，无奈，黑5、7团成刀五，聚杀。

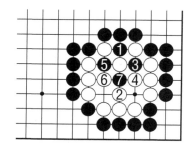

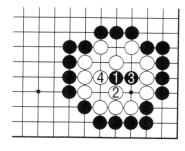

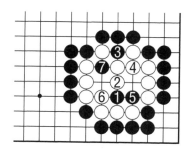

第188题失败图1：黑1打，急躁，白2占据要点，黑3、5与白4、6交换后，黑7提，成劫。

第188题失败图2：黑1点，失之毫厘，谬以千里，白2顶后，黑3、白4见合，黑失败。

第188题正解图：黑1点在三子正中处，白2顶，黑3双打，白4粘，黑5打，白6粘，黑7提，破眼，白死。

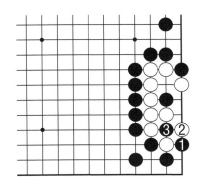

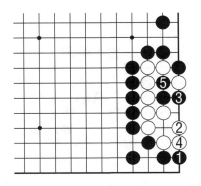

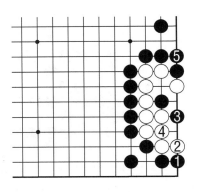

第189题失败图：黑1打，无谋，白2正好做劫，黑失败。

第189题正解图：黑1立，妙着，白2虎，黑3打，白4团眼，黑5提，白死。

第189题变化图：黑1立，白2如挡，则黑3扳，做倒扑，白4只能粘，黑5粘，白同样不活。

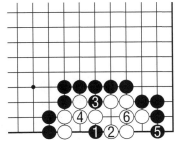

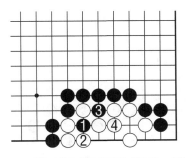

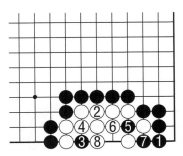

第190题失败图1：黑1点，错误，白2打，黑3打，白4粘，黑5立，白6粘活，黑失败。

第190题失败图2：黑1扑、3打，计算不周，白4粘，活了。

第190题正解图：黑1立，冷静，白2粘，黑3打、5扑，白6提，黑7打，成劫杀。

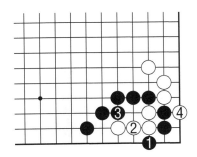

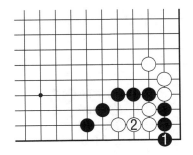

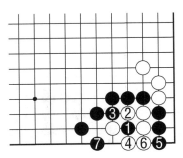

第191题失败图1：黑1扳，平凡，白2粘，长气，黑3紧气，已来不及，白4扳，黑气短，失败。

第191题失败图2：黑1单立，也不行，白2粘，长气，对杀黑仍不够气，可见白2是杀气要点。

第191题正解图：黑1挖，要着，白2吃，黑3挤，重要，白4做眼，黑5立是先手，白6团，黑7尖，白死。

85

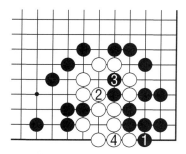

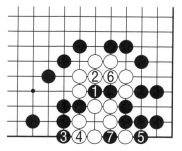

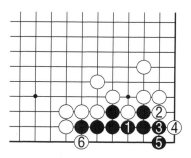

第192题失败图：黑1先打，无谋，白2打，黑3破眼，白4粘，活了，黑失败。

第192题正解图：黑1送吃，深谋远虑，白2打，黑3立，白4团眼，黑5打，白6只能提，黑7提，劫杀。

第193题失败图：黑1接，无谋，白2、4简单杀黑。

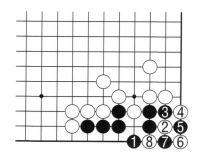

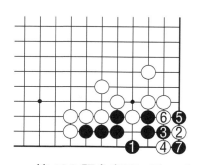

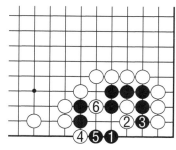

第193题正解图：黑1是做眼要着，白2靠，黑3冲、5扑紧要，白6提，黑7再扑，成劫活。

第193题参考图：黑1时，白2如飞，黑3顶，白4扳，做劫，黑5、7成先手劫，白不如正解图结果。

第194题失败图1：黑1跳，不是地方，白2立，黑3无奈，白4扳、6打，黑无两眼，失败。

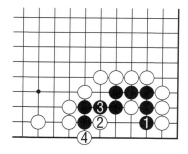

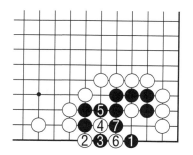

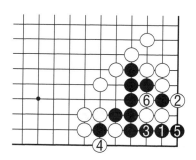

第194题失败图2：黑1立，白2夹、4渡，黑无处寻眼。

第194题正解图：黑1妙手，左右兼顾，白2扳，黑3挡，白4打，黑5粘，白6提，黑7吃接不归，巧活。

第195题失败图1：黑1是假手筋，白2打、4提，黑5立，白6提，黑死。

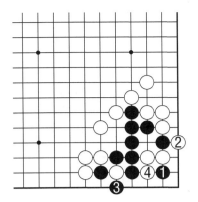

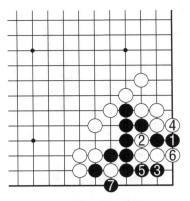

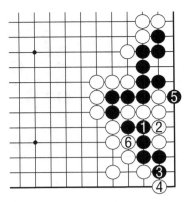

第195题失败图2：白2打时，黑3若提，则白4冲，黑仍无两眼。

第195题正解图：黑1送吃是弃子好手，白2断，必然，黑3夹，白4打，黑5反打，再7提，巧成两眼。

第196题失败图1：黑1俗手，白2粘，万事皆休，黑3爬、5扳，白6紧气，黑被杀。

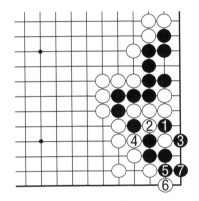

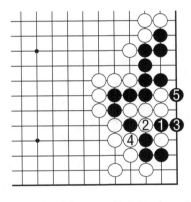

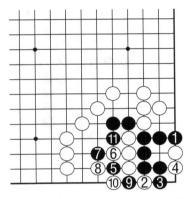

第196题失败图2：黑1挖，手筋，白2打，黑3提不好，白4提，黑只好5、7做活，仅活出一半，黑失败。

第196题正解图：白2打时，黑3立，白4只能提，黑5渡，成活。

第197题失败图1：黑1立，准备工作不充分，白2扳，黑3挡，白4破眼，黑5至11成为劫活，黑失败。

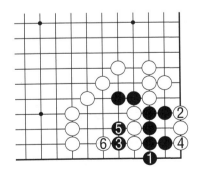

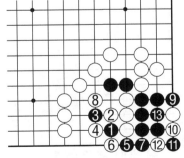

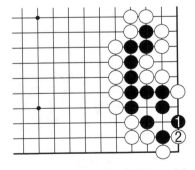

第197题失败图2：黑1单立，不好，白2爬回，黑3夹，白4破眼，黑5吃，白6弃三子，黑仅一眼，不活。

第197题正解图：黑1、3、5滚打，都是为7位立的先手做准备工作，白8只此一手，黑9挡，白10破眼，黑11扑，重要，白12提，黑13吃胀牯牛，巧妙做活。

第198题失败图1：黑1做眼是初学者的着法，白2扑，成劫，黑失败。

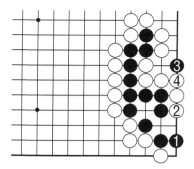

第198题失败图2：黑1立，忙于做眼，平庸，白2爬，黑3再点，白4粘，黑再无做活手段。

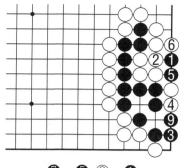

❼=❺ ⑧=❶

第198题正解图：黑1点，妙着，白2粘，黑3立，做眼，白4卡，黑5、7连扑，白8提，黑9打，白接不归，黑活。

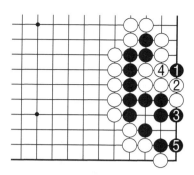

第198题变化图：黑1点时，白2粘，则黑3打是先手，白4粘，黑5轻松活出。

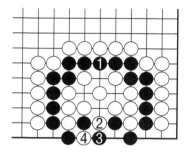

第199题失败图：黑1忙于连接，胆小，白2双吃，黑3只能做劫。

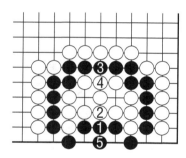

第199题正解图：两边同形走中央，黑1粘，白2只此一手，黑3粘，白4仍不得已，黑5做活。

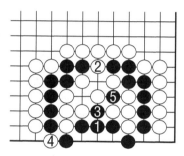

第199题变化图：黑1粘，白2如断打，则黑3双吃，白4提，黑5也提，还是活了。

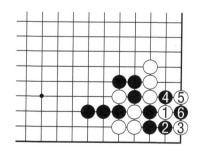

第200题失败图1：白1无谋，黑2挡，白3、5做劫，无奈，白失败。

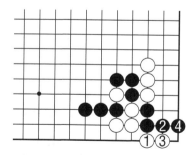

第200题失败图2：白1扳、3贴更坏，黑4立，对杀白气不够，失败。

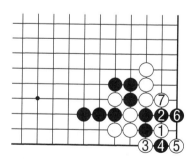

第200题正解图：白1夹，手筋，黑2冲，白3渡，黑4扑，白5提，黑6立，白7贴，黑死。

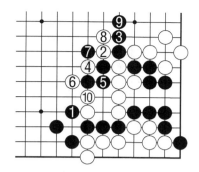

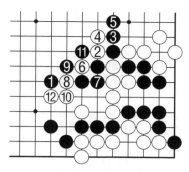

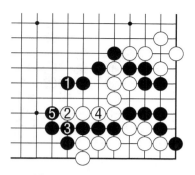

第201题失败图1：黑1扳，急躁，白2断打，黑3无奈，白4打，黑5粘，白6扳，严厉，黑7打，白8长是先手，黑9不得已，白10打吃，逃出去了。

第201题失败图2：黑1跳，不得要领，白2断打、4贴，黑5不得已，白6、8强硬，黑9、11提一子，白12拐，逃出。

第201题正解图：黑1并，冷着，白2刺，黑3粘，白4也须粘，黑5拐，白逃不出去，对杀黑长一气。

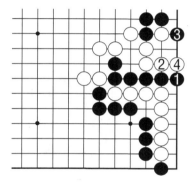

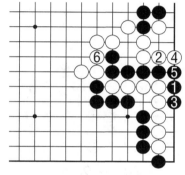

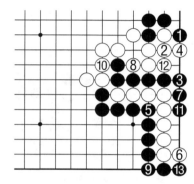

第202题失败图1：黑1单立，次序有误，白2挡，黑3打，白4阻渡，对杀黑明显不够气。

第202题失败图2：黑1直接紧气，白2贴，黑3爬，白4、6紧气，黑不够气。

第202题正解图：黑1打，正确，白2粘，必然，黑3立，长气要着，白4阻渡必然，黑5以下紧气，至13，快一气杀白。其中黑1功不可没。

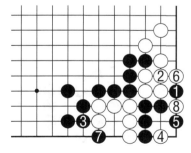

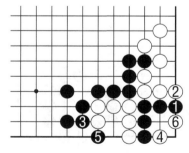

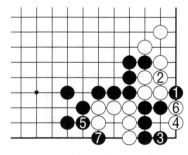

第203题失败图1：黑1打、3紧气，欲速则不达，白4点，黑5虎，白6打，黑7紧气，白8成劫，黑失败。

第203题失败图2：黑1不是要点，白2挡，黑3、5紧气时，白4、6快一气杀黑。

第203题正解图：黑1打、3弯是长气好手，白4点、6断，黑5挡、7扳，快一气杀白。

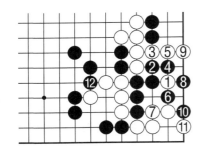

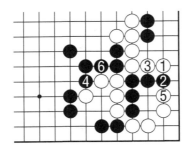

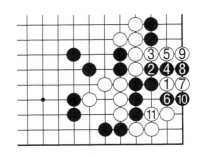

第204题失败图1：白1顶，妙手，黑2冲、4拐，白3挡、5贴，黑6打，白7不知道弃子，忙于紧气，被黑8提、10扳、12挤，成缓气劫。

第204题失败图2：白1缓，黑2立，长出一气，白3、5紧气，黑4、6快一气杀白。

第204题正解图：白7弃子重要，黑8、10虽吃白两子，但白11团，黑气短，对杀白胜。

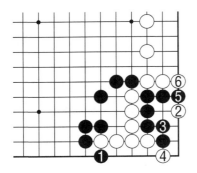

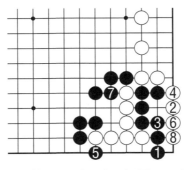

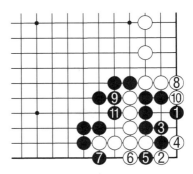

第205题失败图1：黑1扳，紧气，被白2透点，黑3粘，白4扳，黑5挡，白6挡，对杀黑不够气。

第205题失败图2：黑1立似是而非，白2透点仍然成立，黑3粘，无奈，白4退回，黑5、7紧气徒劳，白6、8吃黑。

第205题正解图：黑1极具弹性，白2扳，黑3做眼，白4破眼，黑5扑，至黑11，明显眼杀，黑胜。

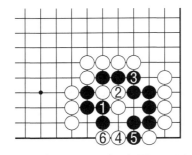

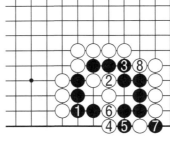

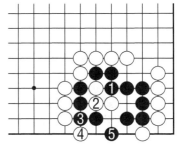

第206题失败图1：黑1打，方向错误，白2是先手，黑3粘，白4占据要点，黑5挡，白6退，黑眼位不足。

第206题失败图2：黑1单团，不好，白2打，黑3粘，白4点依然成立，黑5打，白6粘，黑7提，白8紧气，成金鸡独立，黑死。

第206题正解图：黑1、3是次序，白4扳，黑5虎，成双活。

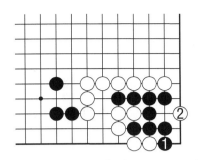

第207题失败图：黑1单打，初级错误，白2点，黑死。

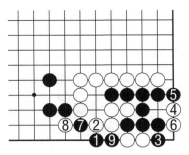

第207题正解图：黑1点，手筋，白2时，黑3吃，白4、6破眼，黑7挤，施苦肉计，白8打，黑9提同时打吃，活了。

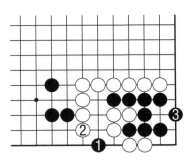

第207题变化图：黑1点时，白2如立，则黑3做虎眼，白仍无计杀黑。

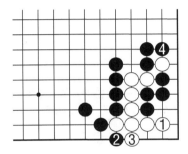

第208题失败图：白1长，眼位仍然不够，黑2扳、4打，白死。

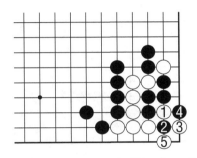

第208题正解图：白1是非常手段，黑2打，白3反打，黑4提，白5成劫，正解。

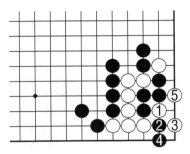

第208题变化图：白3打时，黑4若立，则白5打，仍是劫。

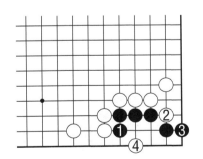

第209题失败图1：黑1挡，错着，白2挤，黑3立，白4点，黑不活。

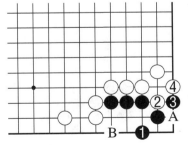

第209题失败图2：黑1虎也不活，白2挤，黑3打，白4做劫，黑失败。图中，黑3若在A位立，则白在B位尖，黑死。

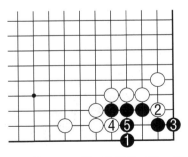

第209题正解图：黑1跳，眼形要点，白2挤，黑3立，白4拐，黑5粘，已成弯四，活棋。

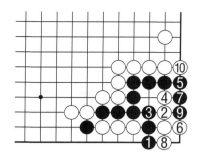

第210题失败图1：黑1立，白2刺，黑3无奈，白4夹，黑5须阻渡，白6是做眼要点，黑7则白8，至白10，眼杀黑。

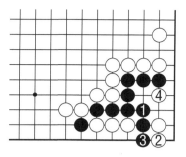

第210题失败图2：黑1粘，大同小异，白2立，黑3立，白4夹，黑死。

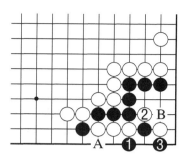

第210题正解图：黑1扳，只此一手，白2打，黑3做劫，此后，A、B见合，黑成劫活，正解。

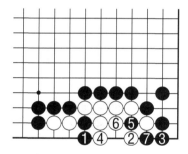

第211题失败图：黑1先立，错误，白2虎做眼，黑3立，白4打，黑5、7成劫，失败。

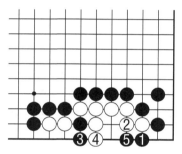

第211题正解图：黑1打，正确，白2粘，黑3弃子，重要，白4打，黑5长，白不入气，顿死。

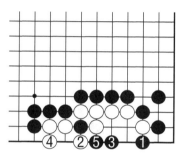

第211题变化图：黑1打，白2如提，黑3点，严厉，白4做眼，黑5卡，白仍不活。

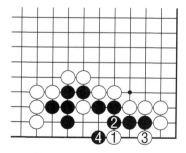

第212题失败图：白1点，错误，黑2粘，正好，白3扳，黑4打，活了。

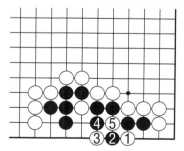

第212题正解图：白1是手筋，黑2打，白3反打，出人意料，黑4只好顶，白5提，劫杀。

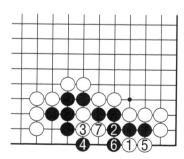

第212题变化图：白1时，黑2如粘，白3弃子，黑4打，白5连回，黑6打，白7再弃子，黑死。

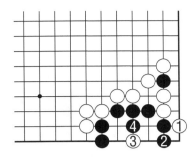

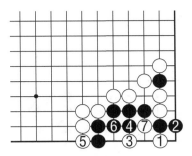

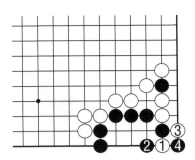

第213题失败图： 白1扳，错着，黑2立，白3点，黑4顶，活了，白失败。

第213题正解图： 白1夹，容易想到，黑2立，白3跳，需要有一定的水平，黑4顶，无奈，白5做倒扑，黑6粘，白7扑，劫杀。

第213题变化图： 白1夹，黑2如打，白3反打，简单成劫，还是劫杀。

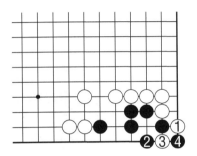

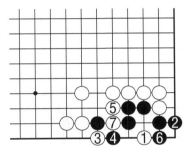

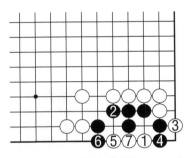

第214题失败图： 白1先扳，黑2虎，白3只好扑劫，黑4提，劫活，白失败。

第214题正解图： 白1点，妙手，黑2立，白3扳，黑4挡，白5冲是次序，黑6做眼，白7卡，黑死。

第214题变化图： 白1点，黑2如虎，白3扳，缩小黑眼位，黑4挡，白5点、7粘，黑仍不活。

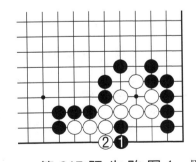

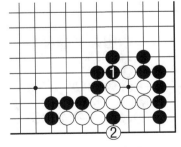

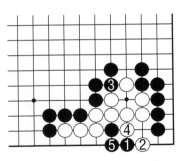

第215题失败图1： 黑1立，白2挡，直接活了，黑失败。

第215题失败图2： 黑1卡，简单，白2打，活了。

第215题正解图： 黑1尖、3卡是次序，白4打，黑5粘，聚杀。

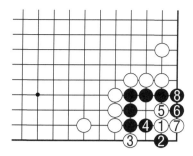

第216题失败图: 这是有名的"金柜角",白1点方,形之要点,黑2托,白3扳,错误,黑4顶,白5顶时,黑6可扳,白7拐,黑8粘,成双活。

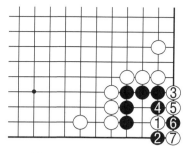

第216题正解图1: 白3扳,黑4顶,白5爬,黑6扑,白7提,劫杀。

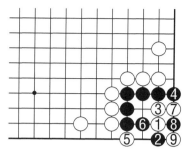

第216题变化图: 白3也可以顶,黑4立,白5扳,黑6顶,白7立,黑8扑,白9提,成劫杀。

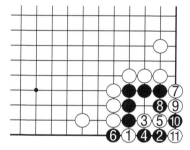

第216题正解图2: 白1扳也是一种杀法,黑2飞,白3扳,黑4打,白5反打重要,黑6提,白7、9后,黑10扑劫,白11提,还是劫杀。

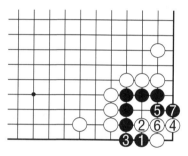

第217题失败图: 黑1弄巧成拙,白2打,黑3无奈,白4虎、6粘,眼杀,黑失败。

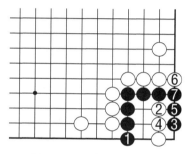

第217题正解图: 黑1立,正解,白2夹,黑3点是关键,白4粘,黑5爬、7接,双活。

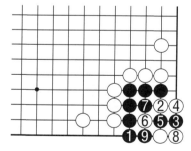

第217题变化图: 黑3点时,白4若挡,则黑5冲,白6打,黑7反打是要领,白8提,黑9再打,活了,白不如前图。

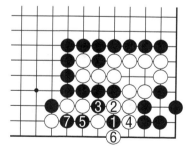

第218题失败图: 黑1跨,不好,白2冲断,黑3须断,白4冲打、6提,黑7吃白两子,但白大块活了,黑失败。

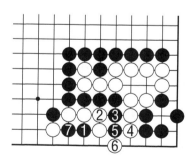

第218题正解图: 黑1嵌,突出奇兵,白2若粘,黑3、5连冲,白6渡,黑7打,白死。

94

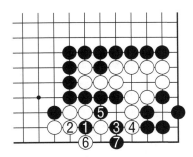

第218题变化图：黑1嵌时，白2打吃是正解，黑3夹，白4连不回去，黑5、7阻渡，白大块还是不活，但下边略有所得，白比前图结果好。

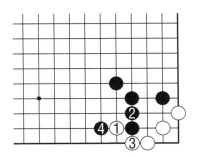

第219题失败图：白1似是而非，黑2粘，冷静，白3渡，黑4夹，白逃不出去，失败。

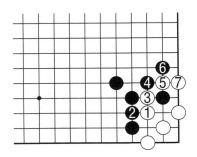

第219题正解图：白1刺，冲击黑薄弱处，黑2粘，白3冲、5断，黑6打，白7立，活出。

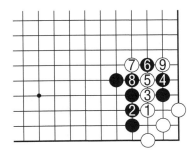

第219题变化图：白3冲时，黑4如退，则白5冲、7扳，黑8断，白9打，还是活了，而且活得更大。

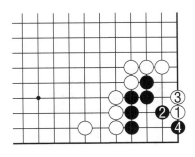

第220题失败图：白1大飞，正好帮了黑的忙，黑2尖顶，眼形丰富，白3退回，黑4挡，白无力杀黑。

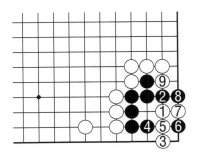

第220题正解图1：白1点，恰到好处，黑2挡，白3跳、5粘，黑6点，白7、9后眼杀。

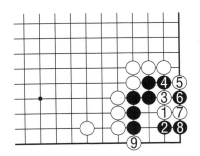

第220题变化图：白1点时，黑2靠，抵抗，白3、5渡回，黑6扑、8挡，则白9扳，黑无两眼，还是不活。

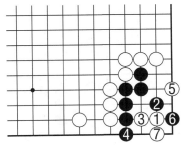

第220题正解图2：白1点时，黑2如尖顶，则白3顶，黑4立，白5飞，黑6扳，白7立，聚杀。

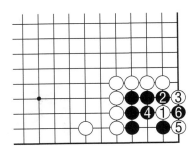

第221题失败图1：白1跳，急躁，黑2冲、4打，白5只有做劫，黑劫活，白失败。

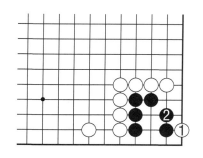

第221题失败图2：白1托，假手筋，黑2长，白无后续手段。

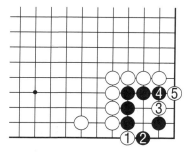

第221题正解图：白1扳、3跳是次序，黑4冲，白5渡，由于白1的作用，黑不入气，做不出两眼。

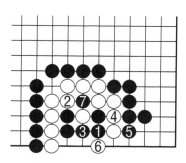

第222题失败图1：黑1先立，准备不足，白2接，黑3、5、7提一子无用，由于白2的作用，黑是卡眼，对杀白胜。

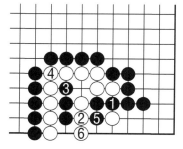

第222题失败图2：黑1接，无谋，白2夹，黑3破眼，白4粘，黑5冲，白6立，双活，黑失败。

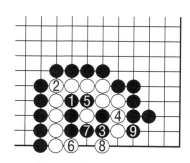

第222题正解图：黑1挤，巧手，白2粘，必然，黑3立，妙手，白4须接，黑5打，白6反打，黑7提，白8紧气，黑9也紧气，成眼杀。

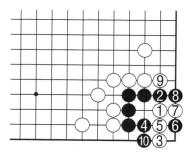

第223题失败图：白1点，错误，黑2挡，白3再跳，黑4弯，白5须粘，黑6点，白7做眼，黑8挡，长气杀有眼，白失败。

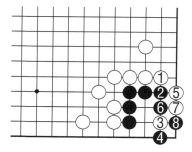

第223题正解图1：白1立，以静制动，黑2挡，白3点方，成金柜角，至黑8成劫，第216题已经讲过。

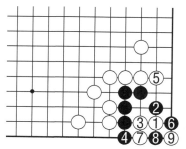

第223题正解图2：白1先点亦可，黑2尖顶，白3夹，黑4阻渡，白5再立，黑6扳，白7弯，黑8还是只能扑劫。

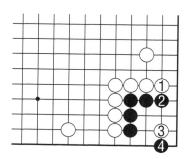

第224题失败图1：白1立、3点，错误，黑4托，本来是净杀的棋，走成劫杀，白失败。

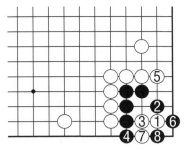

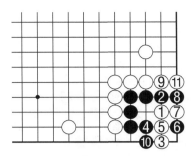

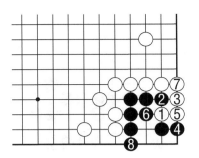

第224题失败图2: 白1点、3顶的着法也失败，至黑8扑劫，白失败。对比第223和第224两题，要学习一个经验——杀，虽是同样的棋形，但外气情况不同，杀法也应跟着变化。

第224题正解图: 黑较第223题少了一气，白1点，正确，至白11，有眼杀瞎。

第225题失败图1: 白1靠，手筋，黑2冲时，白3渡，错误，黑4立、6打，白7只能粘，黑8立，活了，白失败。

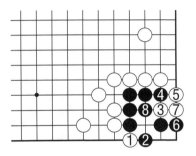

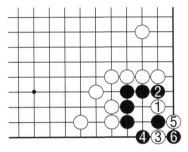

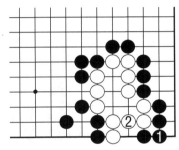

第225题失败图2: 白1扳，凑黑行棋，黑2打，白3靠，黑4再冲时，白5只能渡，黑6、8成活，白失败。

第225题正解图: 黑2冲时，白3夹是要领，黑4打，白5做劫。

第226题失败图1: 黑1接，缓手，白2粘，做成弯四，活了，黑失败。

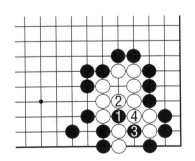

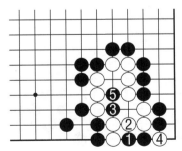

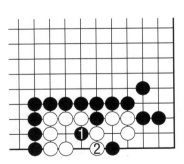

第226题失败图2: 黑1先断，次序错误，白2打，黑3则白4，白仍活，黑失败。

第226题正解图: 黑1顶，手筋，白2只能粘，黑3断打，白4无奈，黑5长，白死。

第227题失败图: 黑1断，送眼，白2挡，活了。

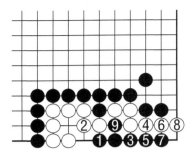

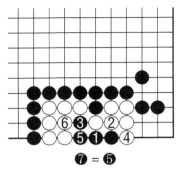

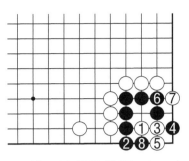

第227题正解图：黑1夹，妙手，白2粘，黑3、5、7连爬，然后9断，金鸡独立，白就这么死了。

第227题变化图：黑1夹，白2粘另一边也不行，黑3断，白4打，黑5粘，白6提，黑7再于5位打，白仍不活。

7＝5

第228题失败图：白1夹、3长，正常下法，但白5弯，前功尽弃，黑6团，白7扳，黑8后，成弯四，活棋。

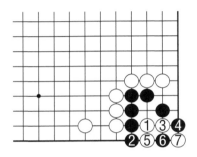

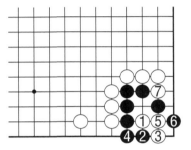

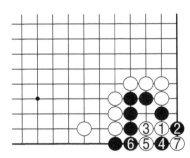

第228题正解图：白1、3、5为做劫要领，黑6只能扑劫，白7提，劫杀。

第228题变化图：白1夹时，黑2如扳，则白3打、5粘，黑6扳，白7挤，黑净死，所以，黑2不能扳。

第229题失败图1：白1夹，轻率，黑2扳，白3顶，黑4扳，白5打，黑6反打，白7提，成劫，白失败。

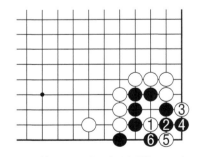

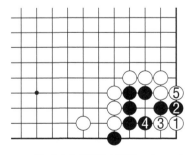

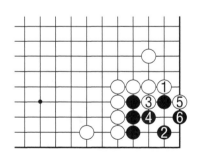

第229题失败图2：白1夹，黑2挡，白3扳，黑4打，白5扳，黑6扑，劫活，白失败。

第229题正解图：白1点，妙手，黑2挡，白3贴，黑4挡，白5打，轻松杀黑。

第230题失败图：白1直接挡，过于简单，黑2跳，已具弹性，白3冲，黑4挡，白5打，黑6做劫，白失败。

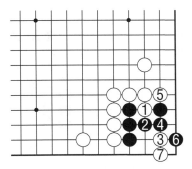

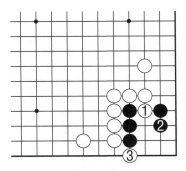

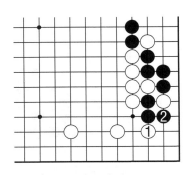

第230题正解图：白1冲、3点，犀利，黑4粘，白5挡，黑6扳，白7立，黑无两眼。

第230题变化图：白1冲，黑2如退，则白3扳，黑死。

第231题失败图：白1靠，黑2打，白无所得，失败。

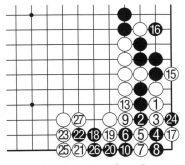

⑪ ⑭ = ⑤　⑫ = ⑦

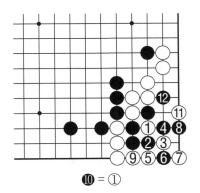

⑩ = ①

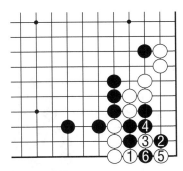

第231题正解图：白1、3连爬，重要，黑4扳，白5断又是手筋，黑6打，白7立，重要，黑8打，白9、11做成"大头鬼"，以下至27，快一气杀黑。

第232题失败图1：白1打给了黑喘息的机会，黑2打，白3扳，黑4提，白5扳，黑6扑是手筋，由于黑8立是先手，白9不得已，至黑12扳，对杀黑胜，白失败。

第232题失败图2：白1拐也不行，黑2跳是形，白3挖、5做劫，白失败。

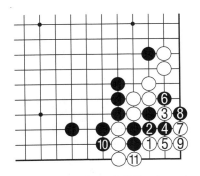

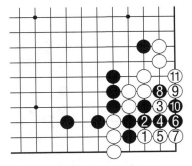

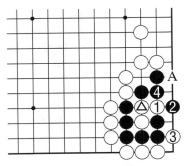

第232题正解图：白1夹，手筋，黑2粘，白3扳，紧凑，黑4挡，白5，7卡，然后9粘，黑10紧气，白11打，黑死。

第232题变化图：白5时，黑6如立，则白7立，黑8打，白9反打是要领，黑10提，白11退，黑仍被杀。

第233题失败图：白1先拐，条件不成熟，黑2打，白3打，黑4提后，A位和白△位见合，黑活，白失败。

99

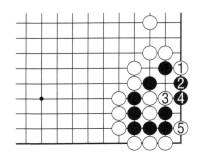

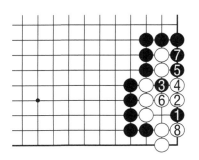

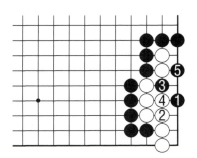

第233题正解图：白1扳是破眼关键，黑2打，白3拐，黑4吃，白5破眼，黑死。

第234题失败图：黑1点，位置不对，白2跳在三子正中，黑3断，白4打，黑5、7滚打，白8做眼，活了。

第234题正解图：黑1点在三子正中，白2只好粘，黑3断，白4打，黑5做劫杀白，正解。

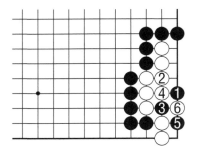

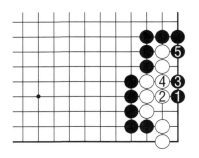

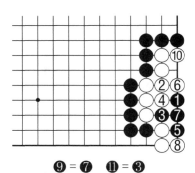

第234题变化图1：黑1点，白2粘，黑3断，白4打，黑5做劫，白6提，还是劫杀。

第234题变化图2：黑1点，白2如顶，则黑3爬，白4粘，黑5拐，白死。

❾＝❼　⓫＝❸

第234题参考图：黑5做劫时，白6如本图吃，如此，黑7粘，白8提，黑9点，白10做眼，黑11断，金鸡独立，白死，不可不慎。

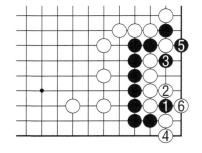

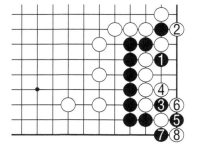

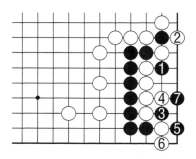

第235题失败图：黑1断，准备不足，白2打、4立，黑3、5只吃出一只假眼，黑失败。

第235题正解图：黑1打是必要的准备工作，然后3、5、7做劫，白8提，黑劫活。黑虽是两手劫，但总比死了好。

第235题参考图：黑5反打时，白6若立，则黑7做劫，由于白6的错误，变成一手劫，白不如前图。

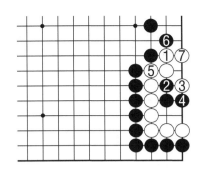

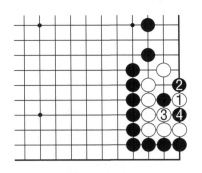

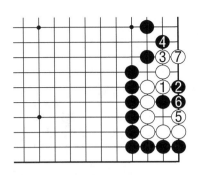

第236题失败图1：白1先爬，错误，黑2挤，好手，白3扳，黑4打，白5只能粘，黑6紧气，白7做眼，成劫活，白失败。

第236题失败图2：白1夹是假手筋，黑2打、4提，成劫活，白失败。

第236题正解图：白1团，冷静，黑2扳，白3爬，黑4挡，白5先拐，再7立，双活。

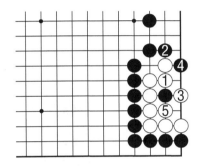

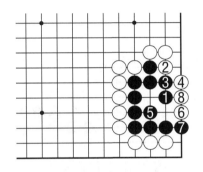

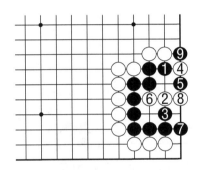

第236题变化图：白1团时，黑2如挡，则白3打、5提，活棋。

第237题失败图：黑1直接虎，慌张，白2拐，黑3挡，白4扳，黑眼位大大缩水，黑5做眼，白6点、8连，黑死。

第237题正解图：黑1挡，不必考虑得太复杂，白2点，黑3顶，白4扳，黑5挡，白6破眼，黑7立，白8立，黑9提，双活。

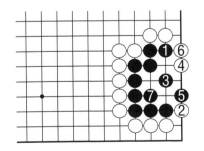

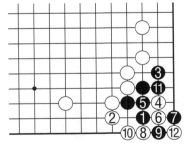

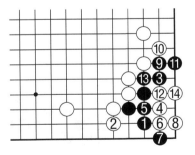

第237题变化图：黑1挡时，白2如扳，黑3双虎，弹性十足，白4点，黑5打，白6退回，黑7做眼，活得更大。

第238题失败图1：黑1虎，不当不正，白2立，冷静，黑3尖，白4点，黑5粘，无奈，白6贴，黑7夹虽是手筋，但至白12提成劫，黑失败。

第238题失败图2：白6贴时，黑7如扳，白8立是好手，黑9、11极力扩大眼位，白12挤、14立，做成一眼，有眼杀瞎，黑更失败。

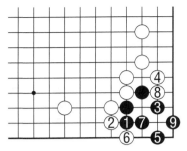

第238题正解图： 黑1立，冷静，白2挡，黑3虎，弹性好，白4尖，黑5跳，白6扳，黑7弯，白8卡，黑9成两眼，活棋。

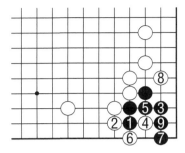

第238题变化图： 黑3虎时，白4如夹，黑5简单地粘即可，白6渡，黑7点是要点，白8尖，破眼，黑9打，活出。

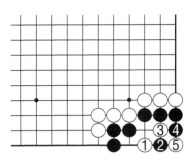

第239题失败图1： 白1点，不当不正，黑2靠，白3只能打，黑4反打，成劫，白失败。

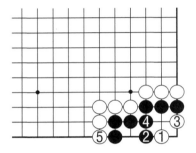

第239题失败图2： 白1也不在位置，黑2尖顶，白3做倒扑，黑4粘，白5后手双活，白更失败。

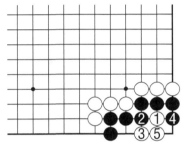

第239题正解图： 白1点，要着，黑2粘，白3扳、5团，成聚杀。

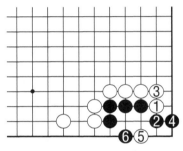

第240题失败图1： 白1扳、3粘，有力，黑4立时，白5如点，黑6尖顶，白无后续手段，失败。

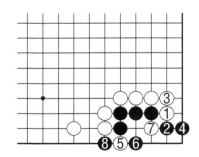

第240题失败图2： 白5扳、7断不是手筋，黑8提，活棋，白失败。

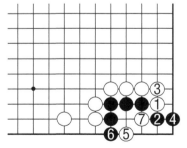

第240题正解图： 黑4立时，白5透点、7断，黑死。

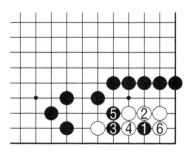

第241题失败图1： 黑1先点，忙中出错，白2粘，黑3靠时，白4冲，好手，黑5贴回，白6拐打，活了，黑失败。

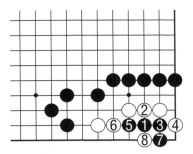

第241题失败图2: 白2粘时,黑3贴也不能杀白,白4扳,黑5爬,白6挡,黑7立,白8扑是手筋,白活了,黑失败。

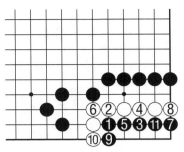

第241题正解图: 黑1靠、3点是次序,白4须粘,黑5连回,白6须粘,黑7跳点,白8挡,至黑11,黑意外活了,白自然死了。

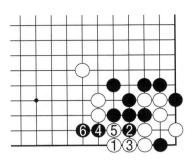

第242题失败图1: 白1飞,不到位,黑2冲、4扳,白5断,黑6长,角上白仅存一眼,不活,白失败。

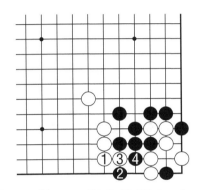

第242题失败图2: 白1立,也不到位,黑2跳,阻渡,白3冲,黑4挡,白死。

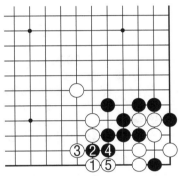

第242题正解图: 白1跳是常用的联络手筋,黑2挖,白从外边打是关键,黑4粘,白5连回,成功逃出。

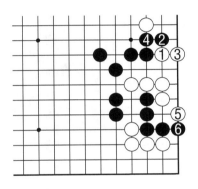

第243题失败图1: 白1托,黑2扳,白3立,黑4粘,白5尖,黑6挡,白做不出两只眼,白3仅一路之差,结果却大相径庭,须用心体会。

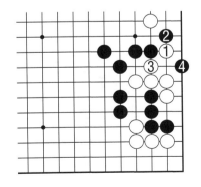

第243题失败图2: 白3虎也不对,黑4点,白死。

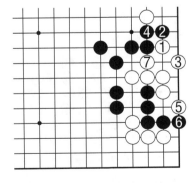

第243题正解图: 本题考验如何利用先手,白3是关键,然后白5尖,黑6挡,白7做眼,活了。

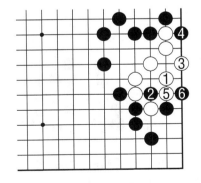

第244题失败图1: 白1忙于做眼,胆小,黑2打,白3再退缩,黑4、6两扳,白死。

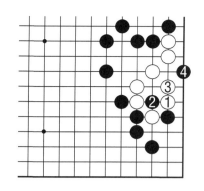

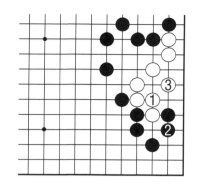

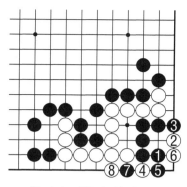

第244题失败图2：白1扳，俗手，黑2扑，白3退，黑4点眼，白仍不活。

第244题正解图：白1粘，冷静，黑2须退，白3做眼，轻松活出。

第245题失败图1：黑1弯并不能做活，白2点、4扳、6爬，黑7提，白8打，黑眼太小，成为不利的缓两气劫，黑失败。

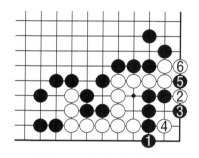

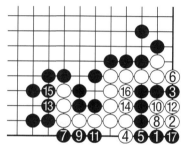

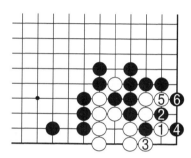

第245题失败图2：黑1立更坏，白2扳，至白6成劫，黑缓气太多，几乎等于净死。

第245题正解图：很明显，白无两眼，关键是黑在对杀中如何做成大眼，黑1尖，白2点，黑3立，白4立，黑5粘，成刀五，以下双方互相紧气，有眼杀无眼。

第246题失败图：白1打，黑2反打时，白3提，错着，黑4扳、6渡，成劫，白失败。

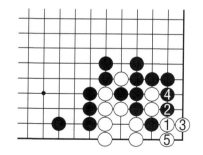

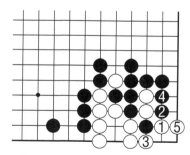

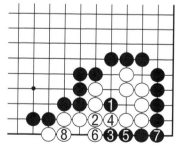

第246题正解图：黑2滚打时，白3立，黑4提，白5做眼，活了。

第246题参考图：失败图中，黑4如走本图中的滚打，则白5立，起死回生，黑走错。

第247题失败图：黑1点，是不易被发现的手筋，黑3如直接点，则白4接，黑5、7虽可连回，但白8粘，两眼瞪圆，黑失败。

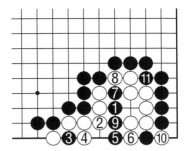

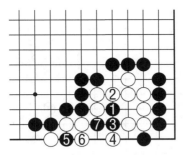

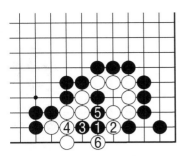

第247题正解图：白2粘时，黑3扑，紧要，白4提，黑5再点，白6须挡，黑7冲、9粘，金鸡独立，白死。

第247题变化图：黑1点时，白2如粘，则黑3冲、5扑是次序，白6提，黑7断，白仍不活。

第248题失败图：黑1跳点，正中要害，白2冲，黑3刺，白4粘，无奈，黑5不能急于粘，如此，白6扳，黑反被杀，白活了。

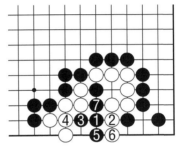

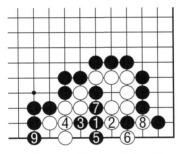

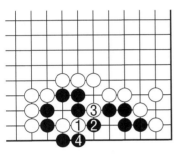

第248题正解图：白4粘时，黑5立，白6须挡，黑7粘，金鸡独立，白死。

第248题变化图：黑5立时，白6若打，则黑7还是粘，白8提，黑9立，快一气杀白。

第249题失败图：白1爬，无谋，黑2挡，白3扑，黑4打，活了。

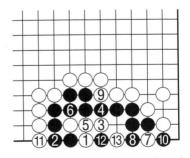

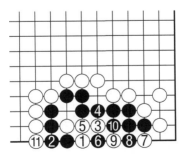

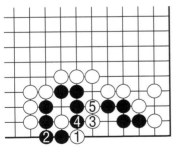

第249题正解图：白1打、3虎是次序，黑4粘，白5团成丁四，黑6还须粘，以下至13，眼杀，巧妙。

第249题变化图1：白5团时，黑6如先扑，则白7扳，破眼，黑8挡，无奈，白9提，黑10打时，白11打吃，黑接不归。

第249题变化图2：白3虎后，黑4若打，则白5冲，黑死。

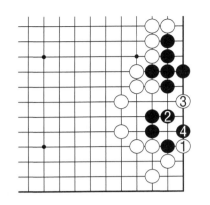 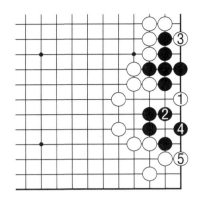 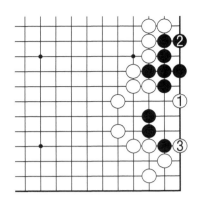

第 250 题失败图：白 1 先
扳，错误，黑 2 做眼，白 3 点
时，黑 4 可以做劫顽抗，白
失败。

第 250 题正解图：白 1 点，
正中要害，黑 2 做眼，白 3 扳、
5 立，白死。

第 250 题变化图：白 1 点
时，黑 2 做眼，则白 3 打，黑
仍不活。

中级篇

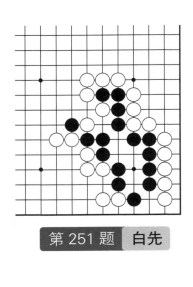

第 251 题　白先

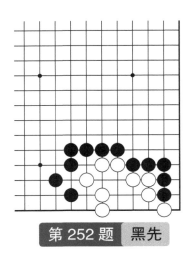

第 252 题　黑先

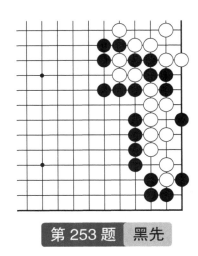

第 253 题　黑先

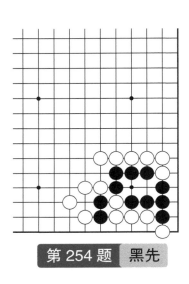

第 254 题　黑先

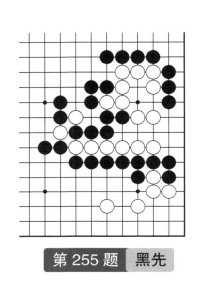

第 255 题　黑先

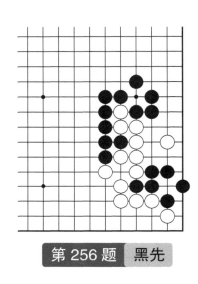

第 256 题　黑先

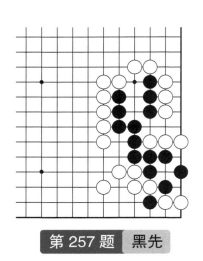

第 257 题　黑先

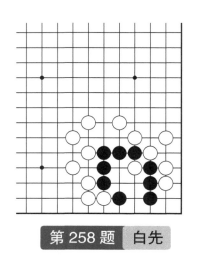

第 258 题　白先

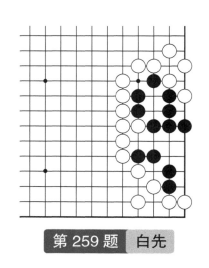

第 259 题　白先

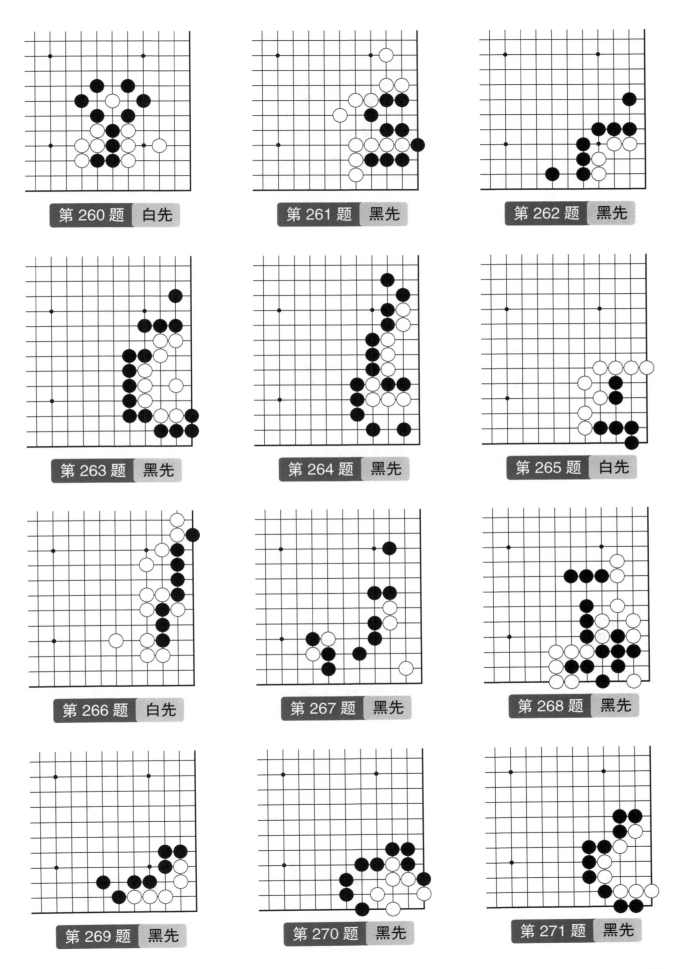

第 260 题　白先

第 261 题　黑先

第 262 题　黑先

第 263 题　黑先

第 264 题　黑先

第 265 题　白先

第 266 题　白先

第 267 题　黑先

第 268 题　黑先

第 269 题　黑先

第 270 题　黑先

第 271 题　黑先

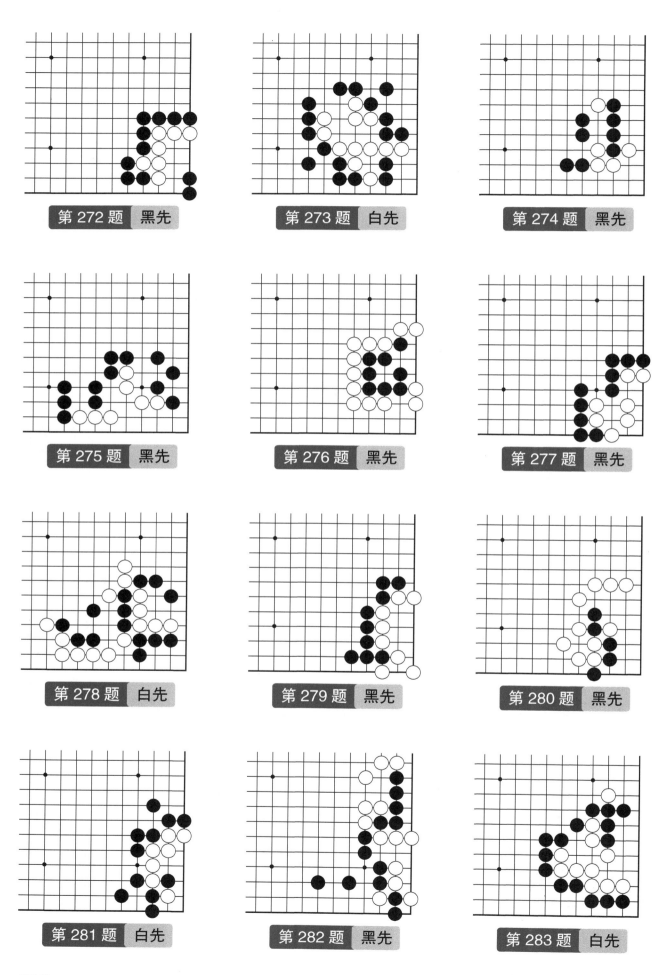

第 272 题　黑先

第 273 题　白先

第 274 题　黑先

第 275 题　黑先

第 276 题　黑先

第 277 题　黑先

第 278 题　白先

第 279 题　黑先

第 280 题　黑先

第 281 题　白先

第 282 题　黑先

第 283 题　白先

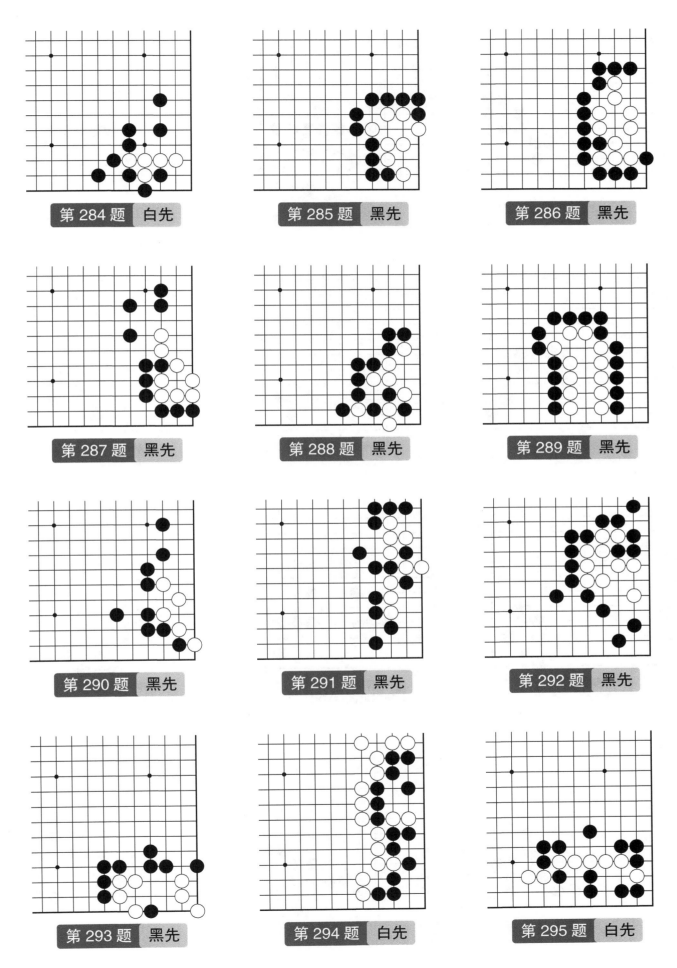

第 284 题　白先

第 285 题　黑先

第 286 题　黑先

第 287 题　黑先

第 288 题　黑先

第 289 题　黑先

第 290 题　黑先

第 291 题　黑先

第 292 题　黑先

第 293 题　黑先

第 294 题　白先

第 295 题　白先

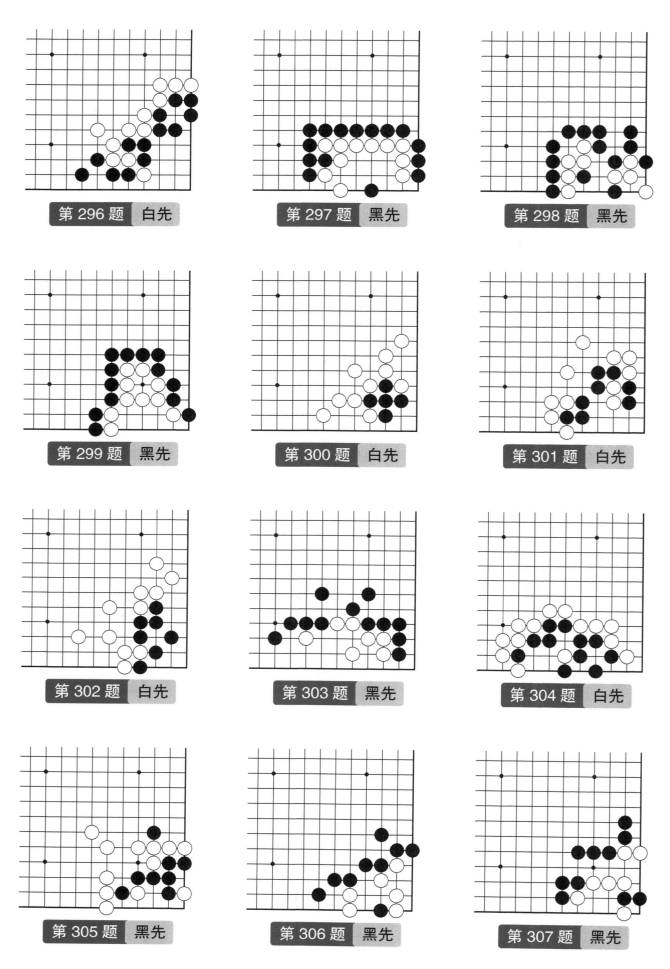

第 296 题　白先

第 297 题　黑先

第 298 题　黑先

第 299 题　黑先

第 300 题　白先

第 301 题　白先

第 302 题　白先

第 303 题　黑先

第 304 题　白先

第 305 题　黑先

第 306 题　黑先

第 307 题　黑先

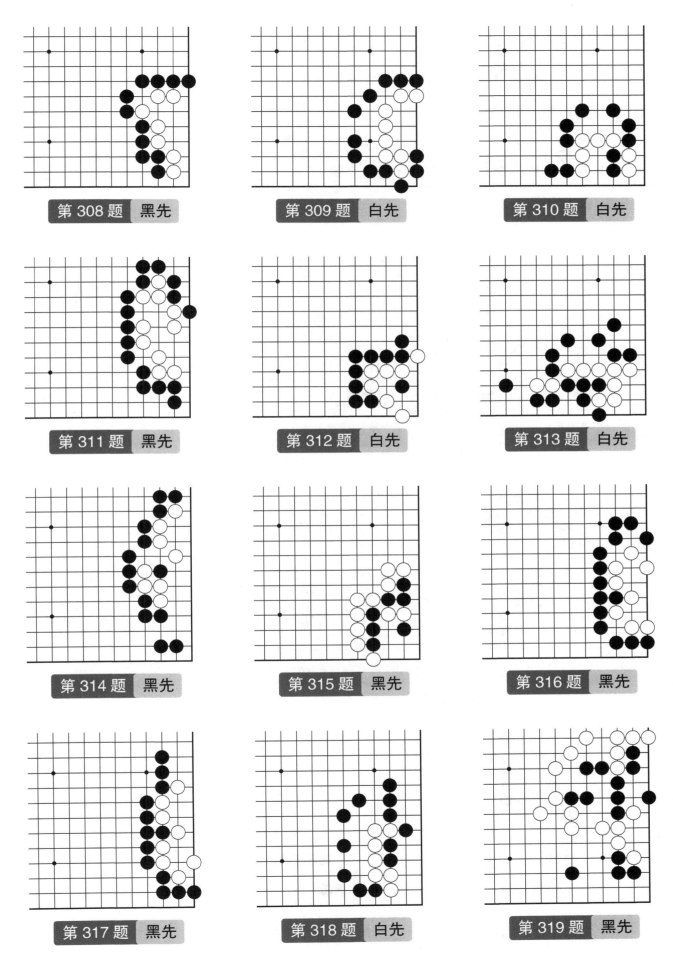

第308题　黑先

第309题　白先

第310题　白先

第311题　黑先

第312题　白先

第313题　白先

第314题　黑先

第315题　黑先

第316题　黑先

第317题　黑先

第318题　白先

第319题　黑先

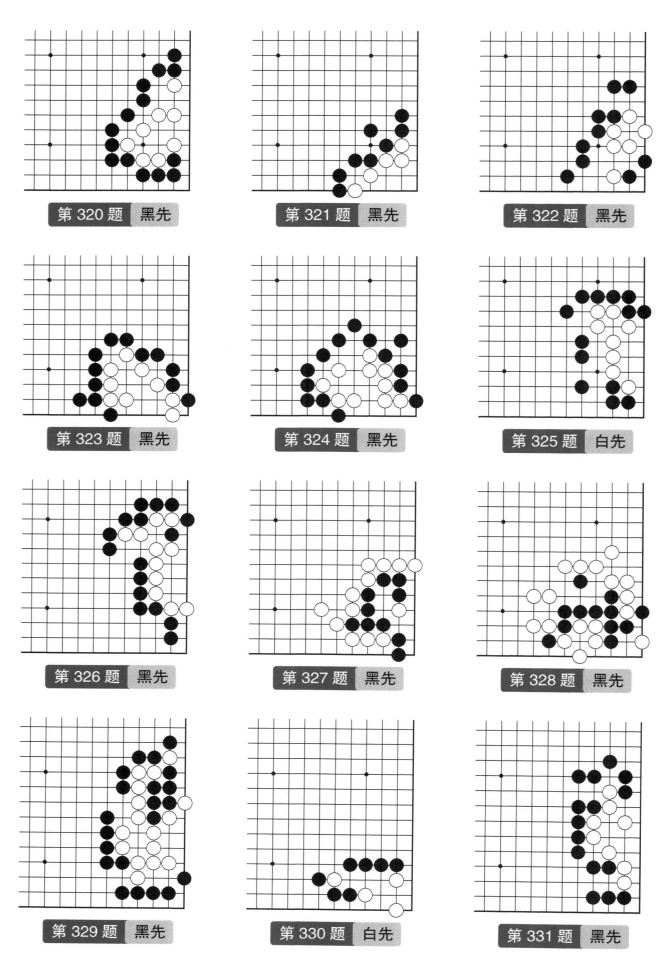

第 320 题　黑先

第 321 题　黑先

第 322 题　黑先

第 323 题　黑先

第 324 题　黑先

第 325 题　白先

第 326 题　黑先

第 327 题　黑先

第 328 题　黑先

第 329 题　黑先

第 330 题　白先

第 331 题　黑先

114

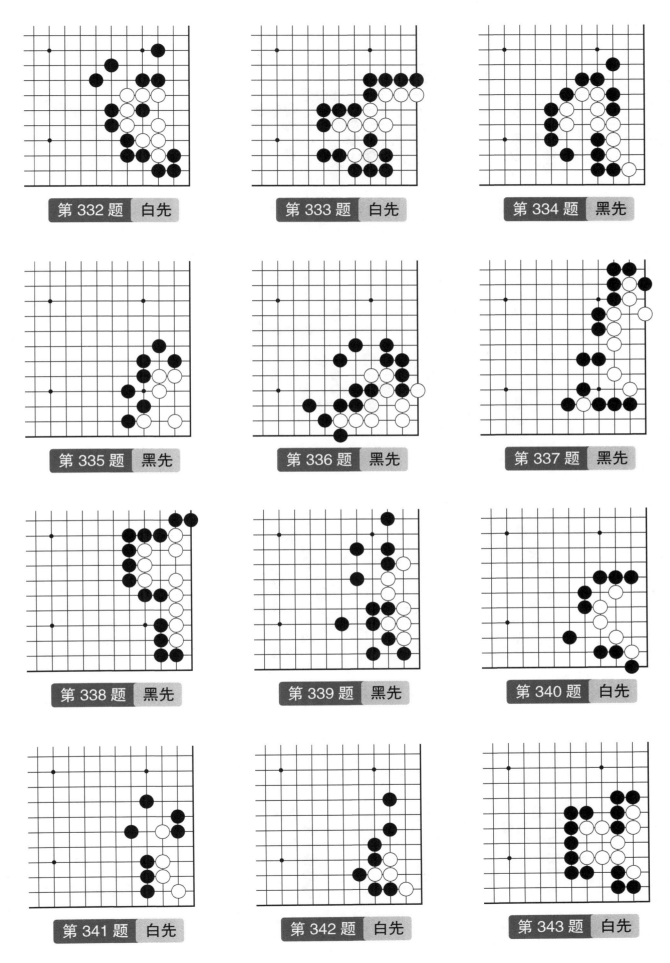

第 332 题 白先

第 333 题 白先

第 334 题 黑先

第 335 题 黑先

第 336 题 黑先

第 337 题 黑先

第 338 题 黑先

第 339 题 黑先

第 340 题 白先

第 341 题 白先

第 342 题 白先

第 343 题 白先

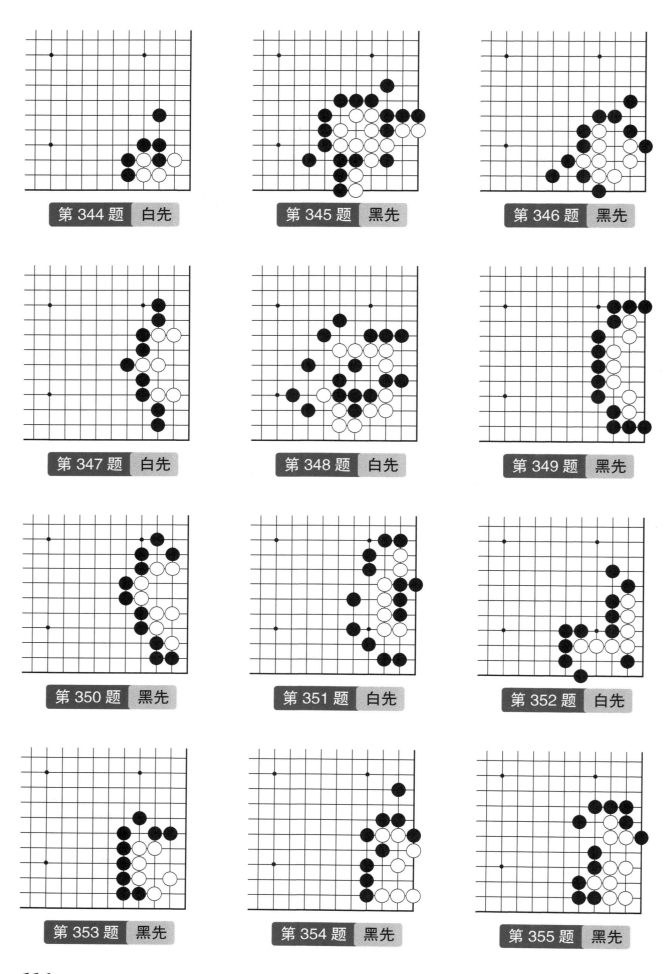

第 344 题　白先

第 345 题　黑先

第 346 题　黑先

第 347 题　白先

第 348 题　白先

第 349 题　黑先

第 350 题　黑先

第 351 题　白先

第 352 题　白先

第 353 题　黑先

第 354 题　黑先

第 355 题　黑先

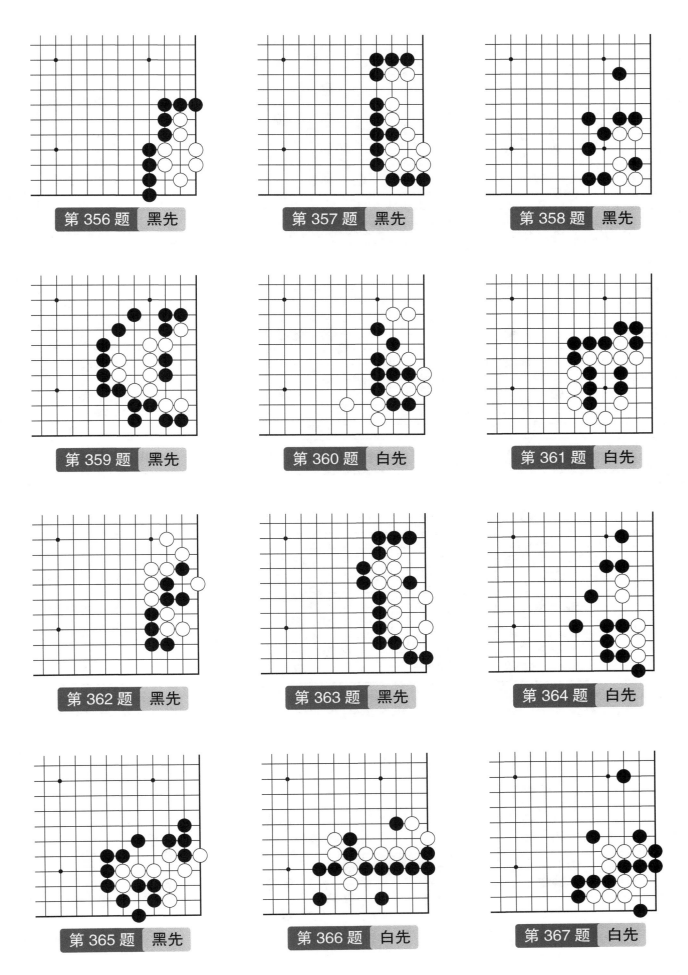

第356题 黑先

第357题 黑先

第358题 黑先

第359题 黑先

第360题 白先

第361题 白先

第362题 黑先

第363题 黑先

第364题 白先

第365题 黑先

第366题 白先

第367题 白先

117

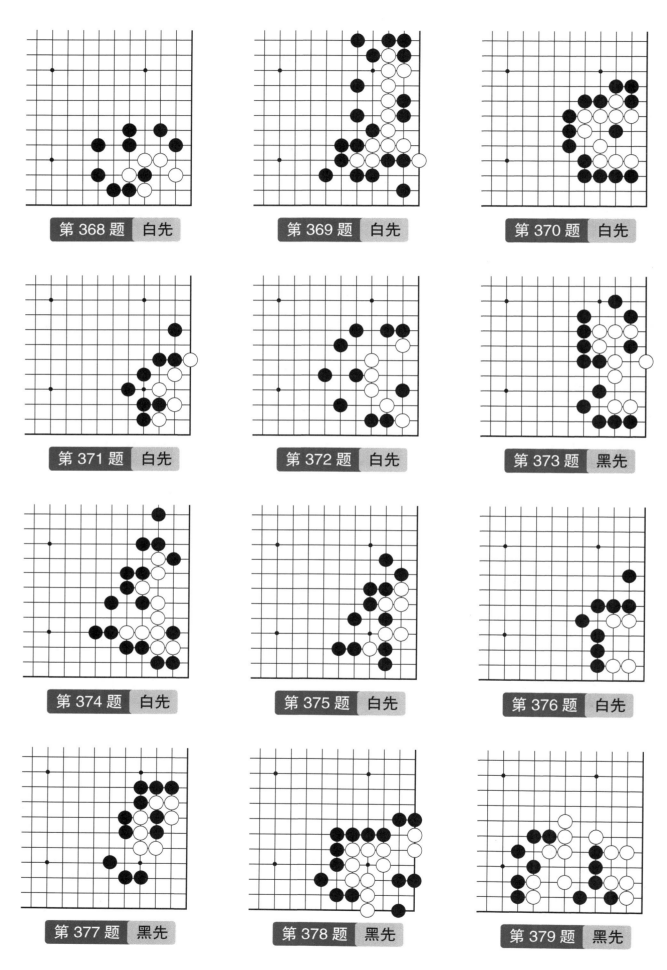

第 368 题　白先

第 369 题　白先

第 370 题　白先

第 371 题　白先

第 372 题　白先

第 373 题　黑先

第 374 题　白先

第 375 题　白先

第 376 题　白先

第 377 题　黑先

第 378 题　黑先

第 379 题　黑先

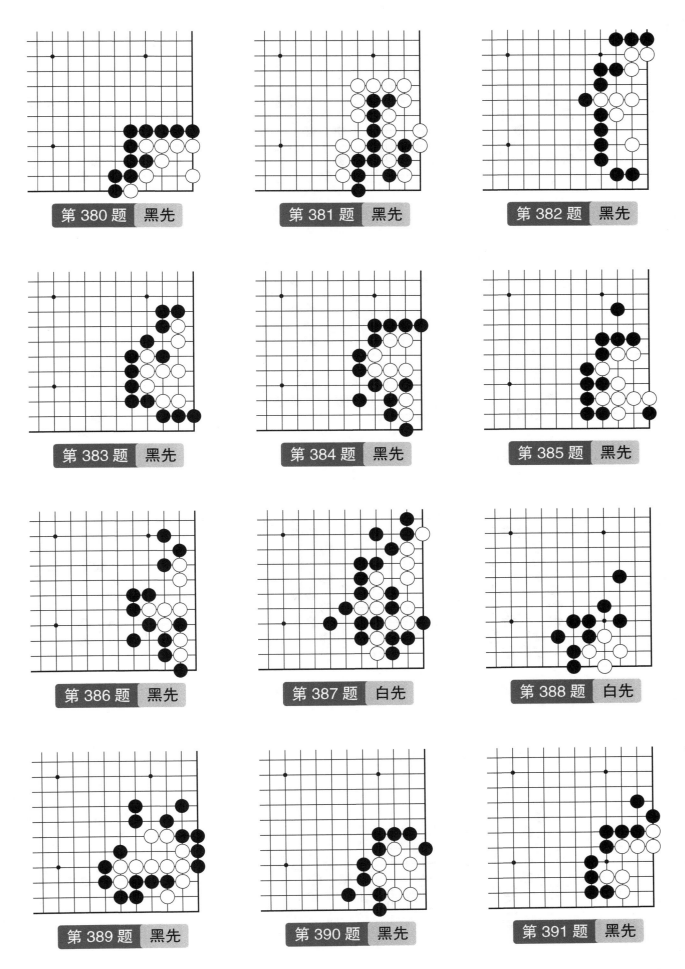

第 380 题　黑先

第 381 题　黑先

第 382 题　黑先

第 383 题　黑先

第 384 题　黑先

第 385 题　黑先

第 386 题　黑先

第 387 题　白先

第 388 题　白先

第 389 题　黑先

第 390 题　黑先

第 391 题　黑先

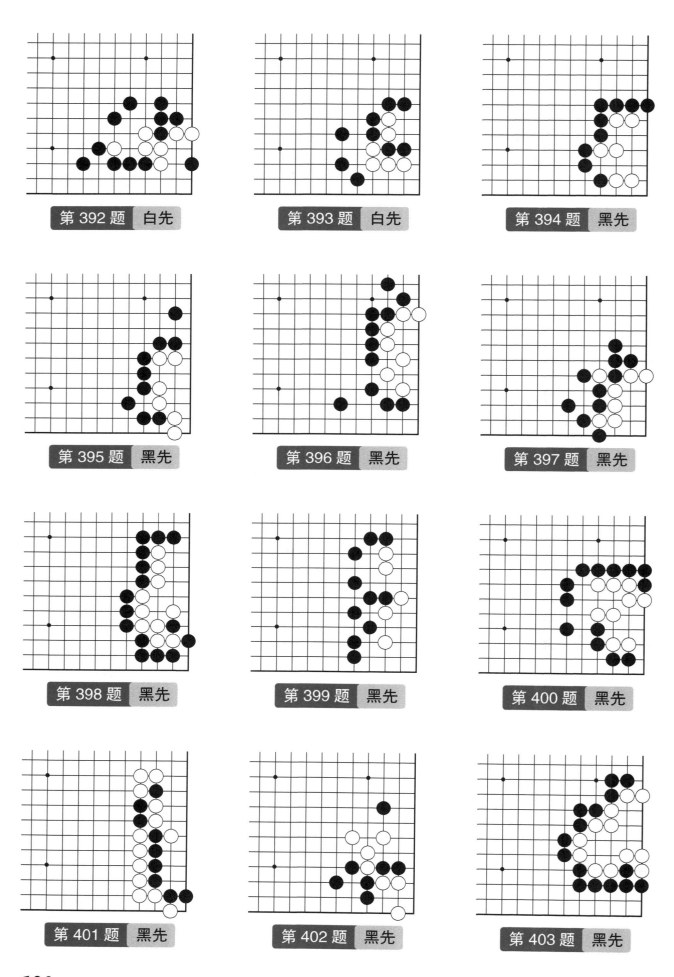

第 392 题　白先

第 393 题　白先

第 394 题　黑先

第 395 题　黑先

第 396 题　黑先

第 397 题　黑先

第 398 题　黑先

第 399 题　黑先

第 400 题　黑先

第 401 题　黑先

第 402 题　黑先

第 403 题　黑先

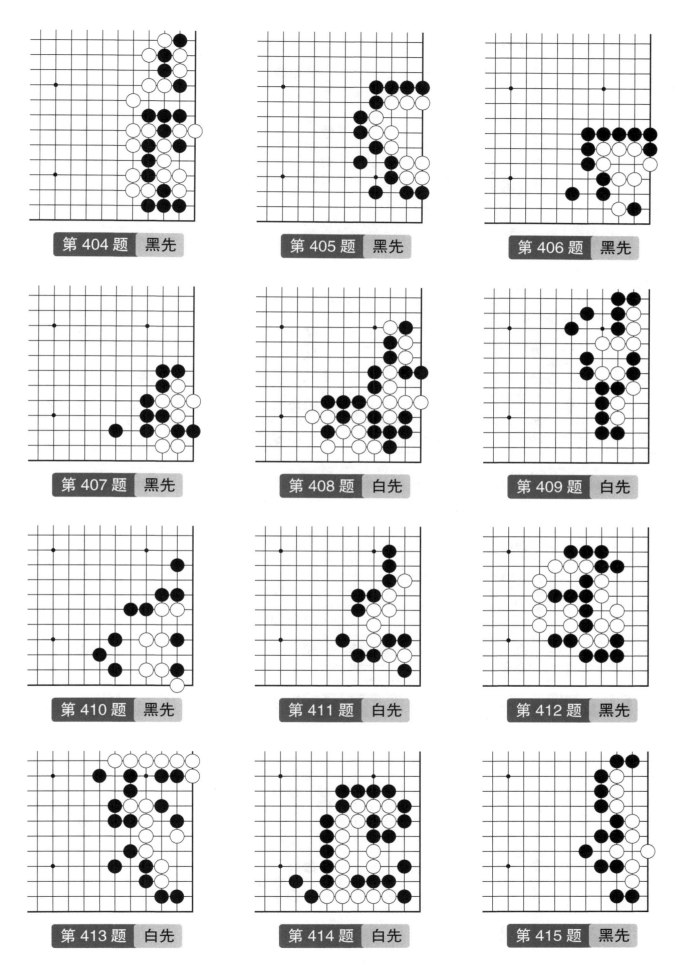

第 404 题　黑先

第 405 题　黑先

第 406 题　黑先

第 407 题　黑先

第 408 题　白先

第 409 题　白先

第 410 题　黑先

第 411 题　白先

第 412 题　黑先

第 413 题　白先

第 414 题　白先

第 415 题　黑先

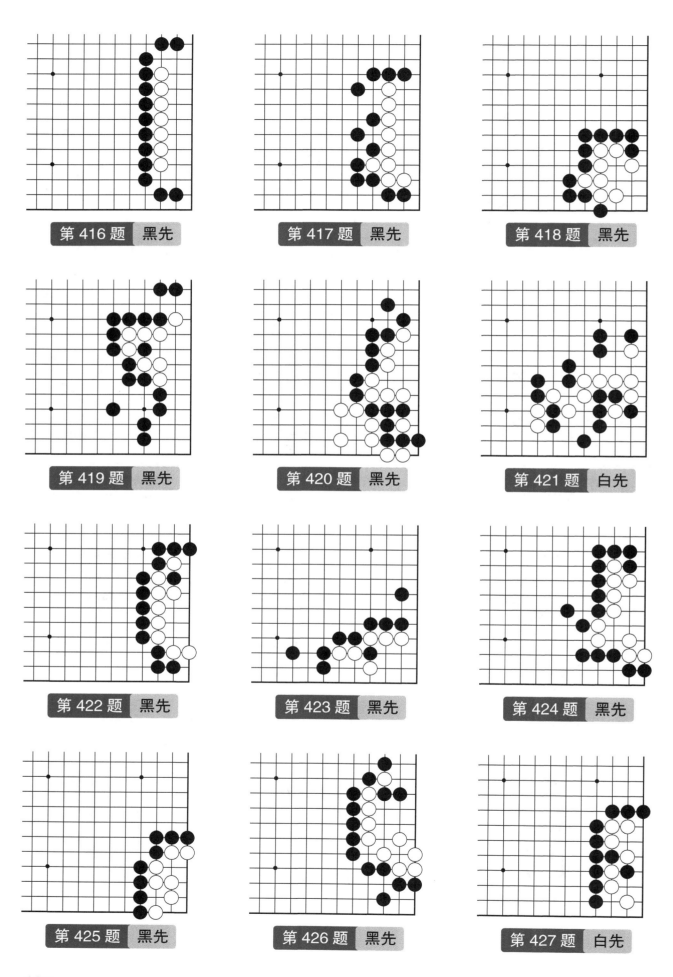

第 416 题　黑先

第 417 题　黑先

第 418 题　黑先

第 419 题　黑先

第 420 题　黑先

第 421 题　白先

第 422 题　黑先

第 423 题　黑先

第 424 题　黑先

第 425 题　黑先

第 426 题　黑先

第 427 题　白先

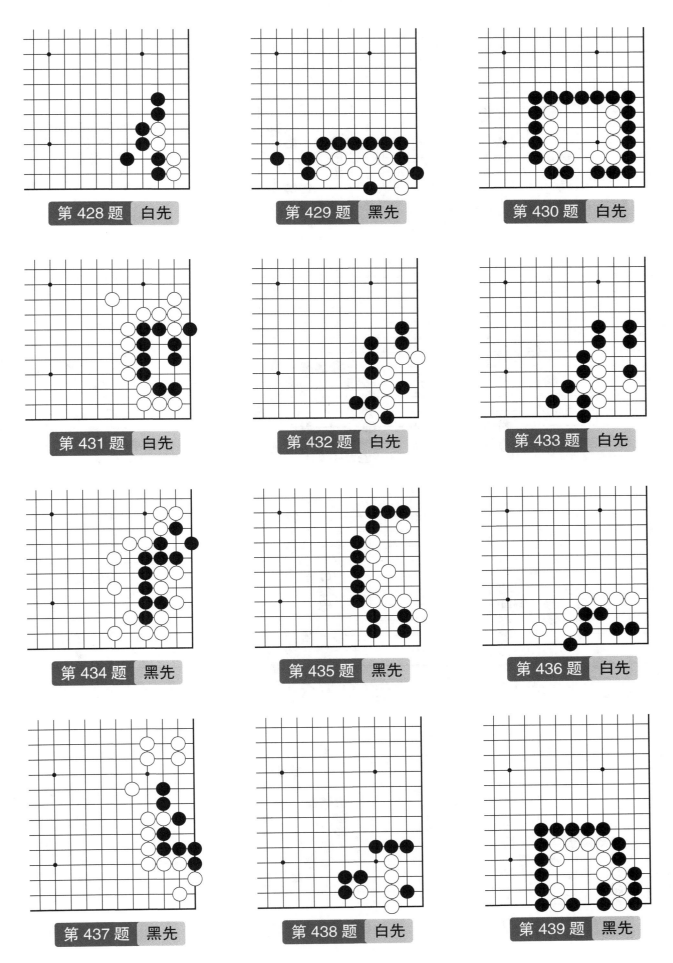

第 428 题　白先

第 429 题　黑先

第 430 题　白先

第 431 题　白先

第 432 题　白先

第 433 题　白先

第 434 题　黑先

第 435 题　黑先

第 436 题　白先

第 437 题　黑先

第 438 题　白先

第 439 题　黑先

123

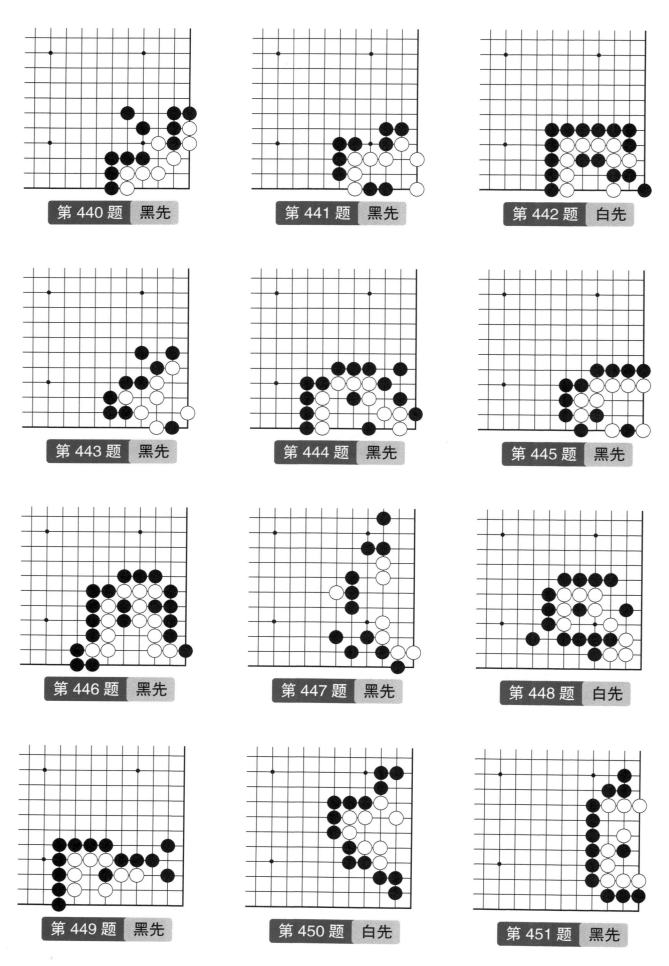

第 440 题　黑先

第 441 题　黑先

第 442 题　白先

第 443 题　黑先

第 444 题　黑先

第 445 题　黑先

第 446 题　黑先

第 447 题　黑先

第 448 题　白先

第 449 题　黑先

第 450 题　白先

第 451 题　黑先

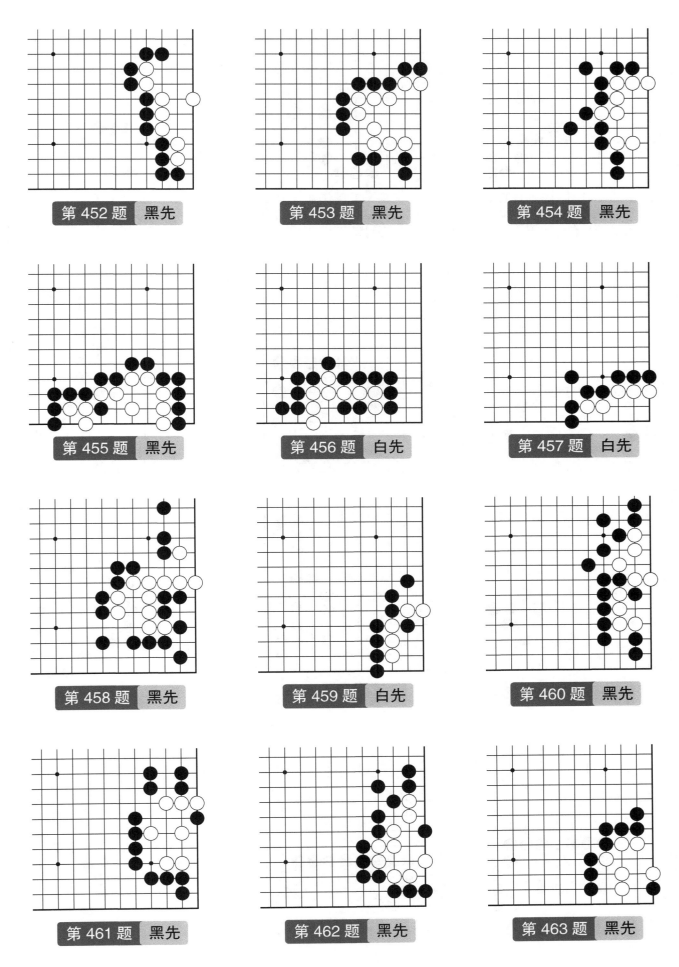

第452题 黑先

第453题 黑先

第454题 黑先

第455题 黑先

第456题 白先

第457题 白先

第458题 黑先

第459题 白先

第460题 黑先

第461题 黑先

第462题 黑先

第463题 黑先

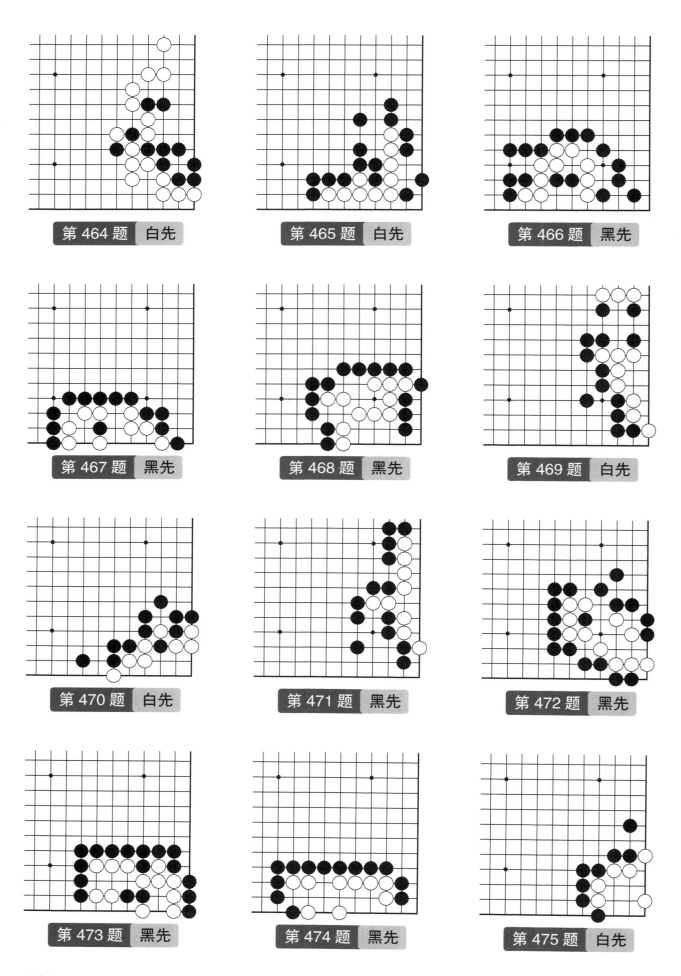

第 464 题　白先

第 465 题　白先

第 466 题　黑先

第 467 题　黑先

第 468 题　黑先

第 469 题　白先

第 470 题　白先

第 471 题　黑先

第 472 题　黑先

第 473 题　黑先

第 474 题　黑先

第 475 题　白先

126

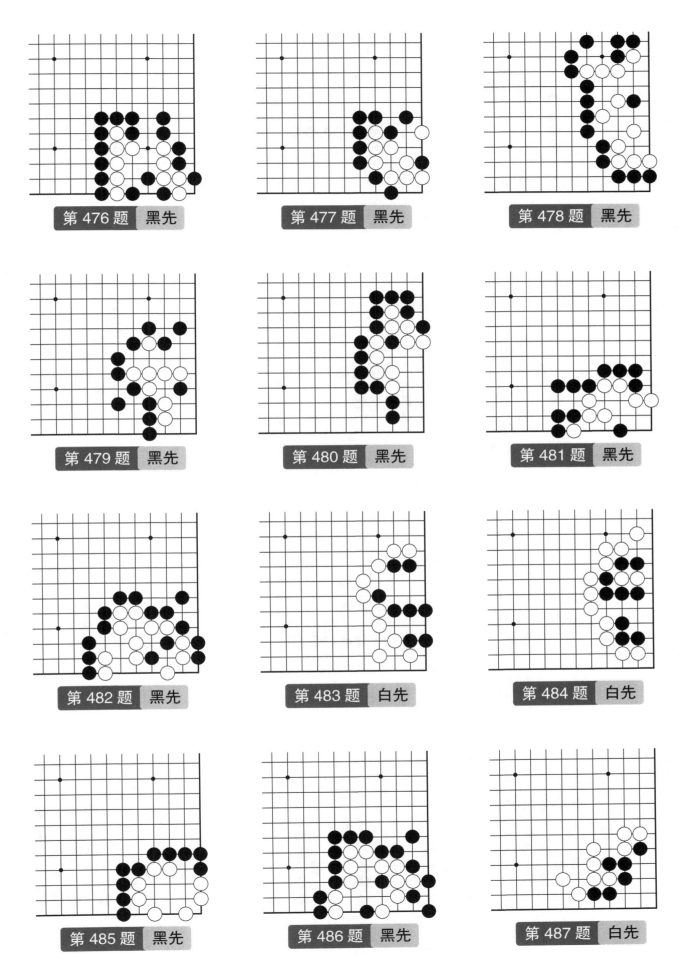

第 476 题　黑先

第 477 题　黑先

第 478 题　黑先

第 479 题　黑先

第 480 题　黑先

第 481 题　黑先

第 482 题　黑先

第 483 题　白先

第 484 题　白先

第 485 题　黑先

第 486 题　黑先

第 487 题　白先

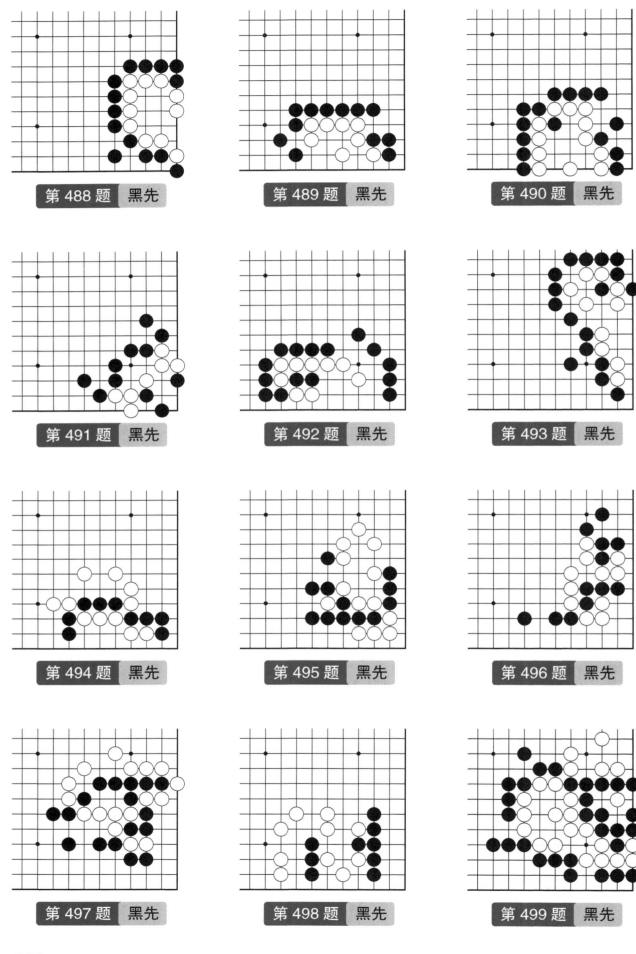

第488题　黑先

第489题　黑先

第490题　黑先

第491题　黑先

第492题　黑先

第493题　黑先

第494题　黑先

第495题　黑先

第496题　黑先

第497题　黑先

第498题　黑先

第499题　黑先

128

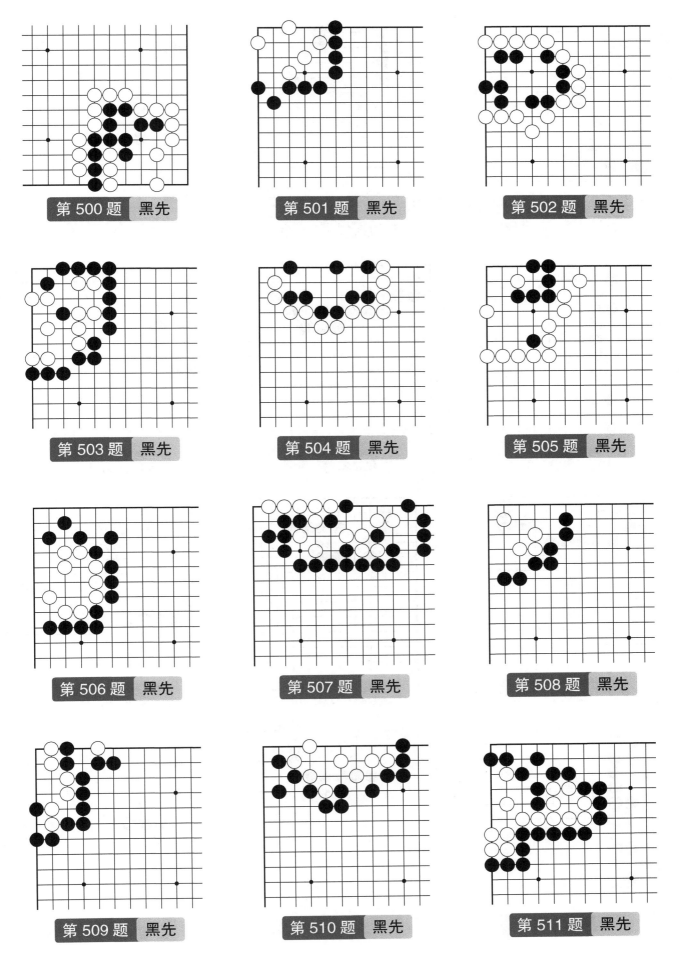

第 500 题　黑先

第 501 题　黑先

第 502 题　黑先

第 503 题　黑先

第 504 题　黑先

第 505 题　黑先

第 506 题　黑先

第 507 题　黑先

第 508 题　黑先

第 509 题　黑先

第 510 题　黑先

第 511 题　黑先

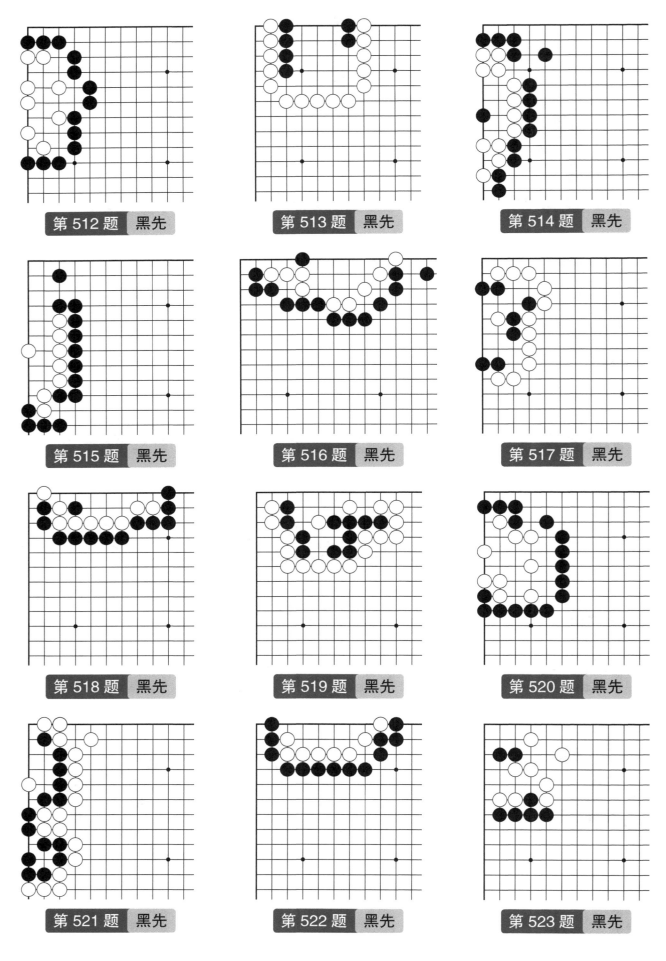

第512题　黑先

第513题　黑先

第514题　黑先

第515题　黑先

第516题　黑先

第517题　黑先

第518题　黑先

第519题　黑先

第520题　黑先

第521题　黑先

第522题　黑先

第523题　黑先

130

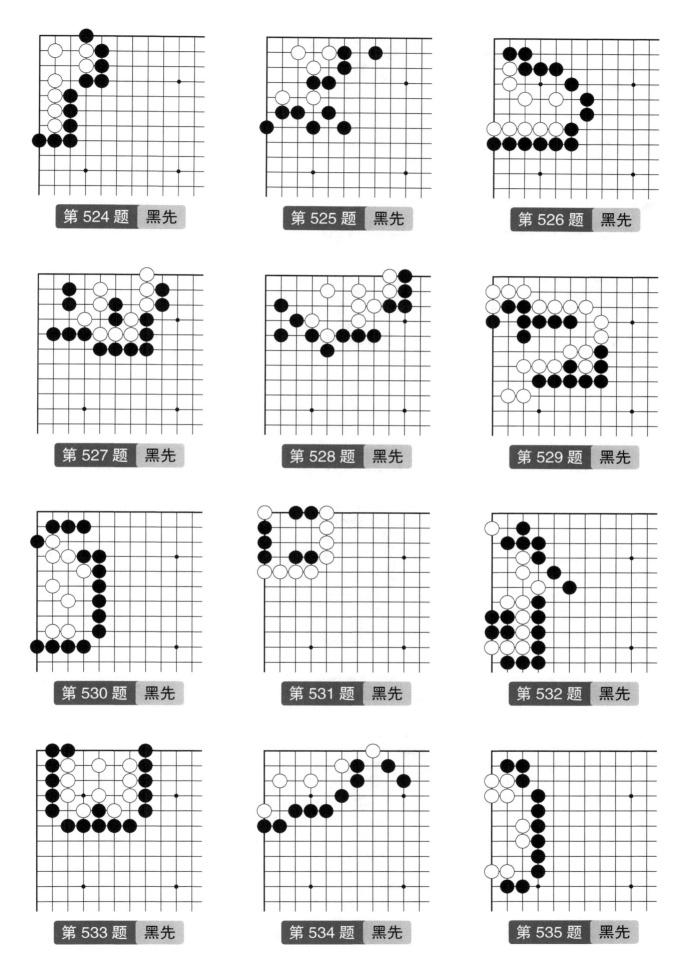

第 524 题　黑先

第 525 题　黑先

第 526 题　黑先

第 527 题　黑先

第 528 题　黑先

第 529 题　黑先

第 530 题　黑先

第 531 题　黑先

第 532 题　黑先

第 533 题　黑先

第 534 题　黑先

第 535 题　黑先

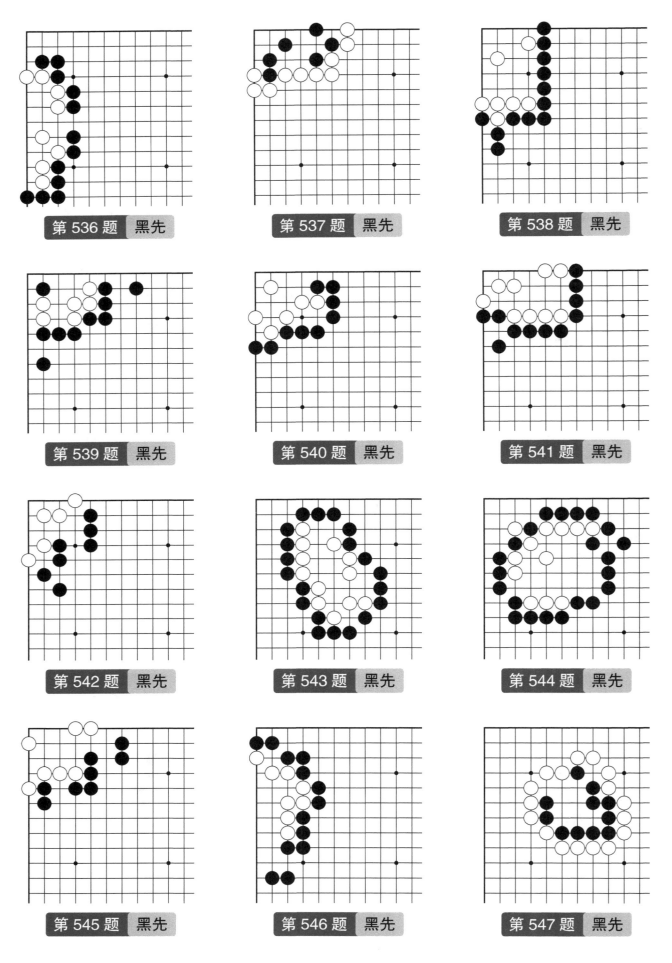

第 536 题　黑先

第 537 题　黑先

第 538 题　黑先

第 539 题　黑先

第 540 题　黑先

第 541 题　黑先

第 542 题　黑先

第 543 题　黑先

第 544 题　黑先

第 545 题　黑先

第 546 题　黑先

第 547 题　黑先

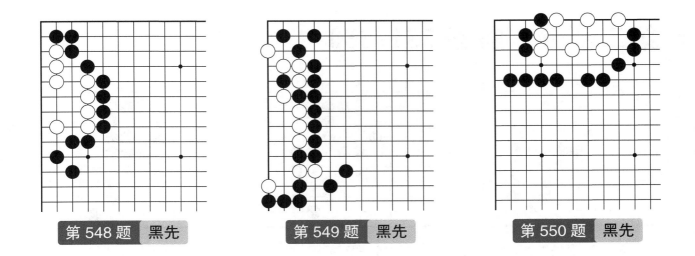

第 548 题 黑先　　　第 549 题 黑先　　　第 550 题 黑先

第二部分　解答 251~550

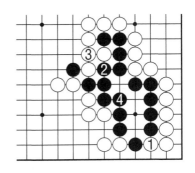

第251题失败图：白1先挤，急躁，黑2打，白3无奈，黑4做眼，白失败。

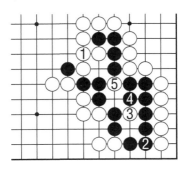

第251题正解图：白1粘，冷静，黑2团眼，白3是破眼要点，黑4团后，白5扑，黑成卡眼，不活。

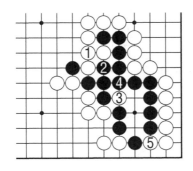

第251题变化图：白1粘时，黑2如粘，则白3打、5挤，黑还是不活。

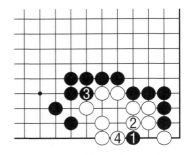

第252题失败图：黑1先点，失败，白2团是愚形好手，黑3挤，白4团眼，活了，黑失败。

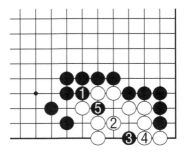

第252题正解图：黑1挤是关键，白2做眼，黑3点、5扑，白死。

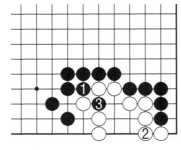

第252题变化图：黑1挤时，白2如粘，则黑3扑，白死得更快。

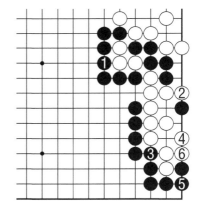

第253题失败图1：黑1单提，以静待动，白2立，黑3先挤，准备工作不足，白4做眼，黑5粘，白6团，活了，黑失败。

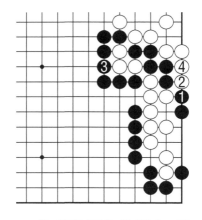

第253题失败图2：黑1连，初级错误，但往往容易疏忽，白2倒扑，黑3只好提，白4连回，黑失败。

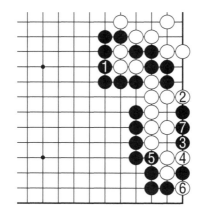

第253题正解图：黑1提，白2立，扩大眼位，黑3点，白4挡，无奈，黑5挤打，白6只能提，黑7粘，聚杀，白死。

134

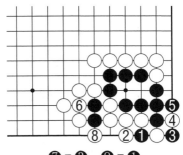

⑦＝③ ⑨＝①

第254题失败图：黑1先扑，次序错误，白2提，黑3只好扑劫，白4提，黑5打，白6、8提两子，黑9提，打劫活，失败。

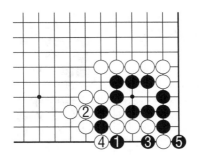

第254题正解图：黑1扳、3扑，起死回生，白4提，黑5提一子，巧活。

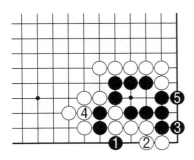

第254题变化图：黑1扳时，白2如粘，则黑3立，白4还须打，黑5立，还是活了。

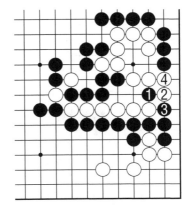

第255题失败图：黑1先挖，条件不成熟，白2打，黑3挤时，白4粘，两眼瞪圆，黑失败。

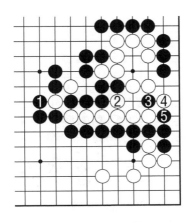

第255题正解图：黑1冷静，白2做眼，黑3挖，手筋，白4打，黑5卡，白死。

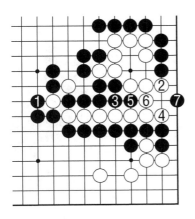

第255题变化图1：黑1提，白2如立，则黑3、5破眼，白6挡，黑7点，白仍不活。

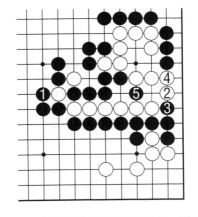

第255题变化图2：黑1时，白2倒虎，看起来可行，但黑3挤，白4团，黑5挖，白仍不活。

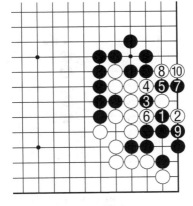

第256题失败图：黑1、3次序错误，白2扳、4打，黑5反打时，白6提，黑7立，求渡，白8断，手筋，黑9打，白10反打，倒扑，黑死。

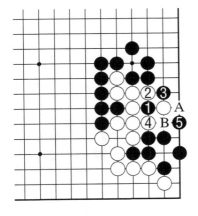

第256题正解图：黑1挖是联络的手筋，白2打，黑3断又是手筋，白4提，黑5尖后，A、B见合，成功活出。

135

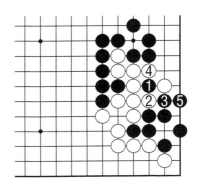

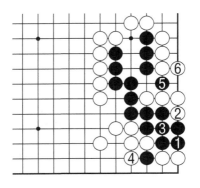

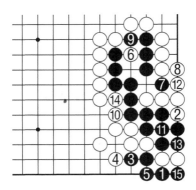

第256题变化图：黑1挖，白2如从另一边打，则黑3断，白4须提，黑5做眼，白无法杀黑。

第257题失败图：黑1团错误，白2打，灭眼，黑3粘，无奈，白4打，黑5挖，白6立，黑死。

第257题正解图：黑1扳，思路正确，白只能2位破眼，黑3、5做倒脱靴，绝妙，白6挖，欲吃黑接不归，黑7是长气的好手，白8只得立，至黑15，黑成净活。

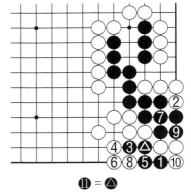

⑪ = ▲

第257题变化图：白6如立，也不成立，黑7粘、9打，白10提时，黑可11吃倒脱靴，白更不行。

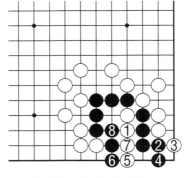

第258题失败图1：白1破眼，只此一手，黑2拐时，白3扳，上当，黑4立，好手，白5点、7连，黑8粘，杀白四子，自然活了，白失败。

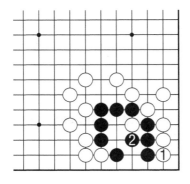

第258题失败图2：白1挡，太悠闲，黑2从容做眼，白失败。

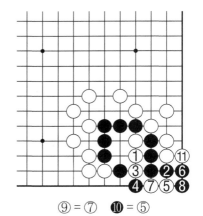

⑨ = ⑦　⑩ = ⑤

第258题正解图：白1破眼，黑2拐，欲扩大眼位，白3立，冷着，黑4渡，白5夹，妙手，黑6立，白7扑，至11，倒扑杀黑。

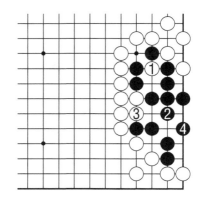

第259题失败图：白1先扑，错失良机，黑2做眼，白3冲，黑4做成两眼，白失败。

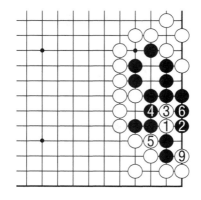

⑦ = ①　❽ = ③

第259题正解图：白1嵌，犀利，黑2打，白3弃子，黑4追吃，白5挤，正是时候，黑6提，白7扑、9冲，黑死。

136

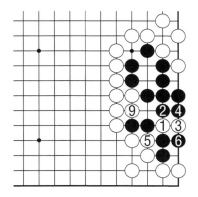

⑦=①　❽=③

第259题变化图：白1嵌，黑2如打，则白3立，黑4追吃，白5挤、7扑、9冲，黑仍不活。

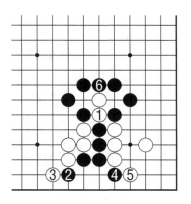

第260题失败图：白1断，黑2扳，白3挡，平庸，黑4再扳，白5挡，黑6紧气，杀白两子，白失败。

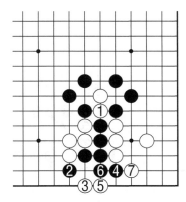

第260题正解图：这是有名的"黄莺扑蝶"，黑2扳时，白3点是关键，黑4再扳，白5并，黑6粘，白7挡，黑死。

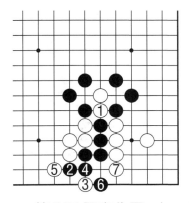

第260题变化图：白3点时，黑4如粘，则白5扳、7立，仍快一气杀黑。

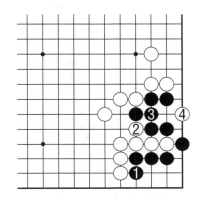

第261题失败图1：黑1挡，不得要领，白2卡，黑3粘，白4点，黑死。

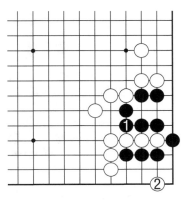

第261题失败图2：黑1团，可成一眼，但白2飞，黑难觅另一只眼。

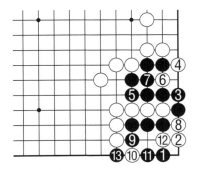

第261题正解图：黑1跳，正解，白2点，黑3粘，重要，白4扳，黑5团眼，白6打，黑7做成一只铁眼，至黑13，活棋。

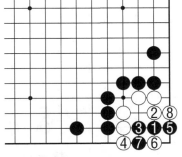

第262题失败图：黑1点方，正在形上，白2顶，黑3求渡，白4立，无奈，黑5立，白6点，黑7吃则上当，白8挡，活了。

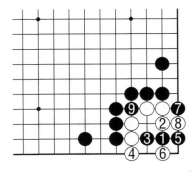

第262题正解图：白6点时，黑7扳，好手，白8阻渡，黑9打，白死。

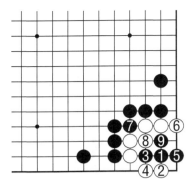

第262题变化图：黑3顶时，若白4阻渡，则黑5仍立，白6立，黑7卡，白仍不活。

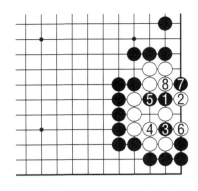

第263题失败图：黑1靠，假手筋，白2扳，顽强，黑3、5连打虽强，白6提可以应付，黑7再打，白8反打，重要，成劫杀，黑失败。

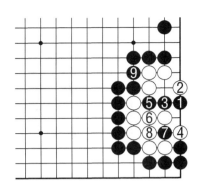

第263题正解图：黑1点，正中要害，白2如尖，黑3冲，重要，白4虎，黑5断、7扑是要领，白8提，黑9粘，成金鸡独立，白被杀。

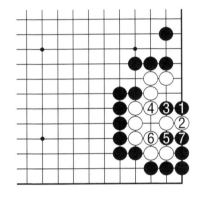

第263题变化图：黑1点时，白2挡也无济于事，黑3冲，妙手，白4粘，无奈，黑5打、7粘，白仍无两眼。

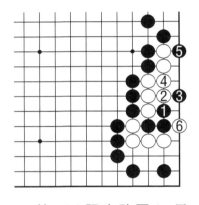

第264题失败图1：黑1拐，错误，白2挡，黑3打，白4粘，黑5扳，白6打，活了，黑失败。

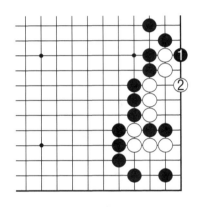

第264题失败图2：黑1扳，白2虎，简单成活，黑失败。

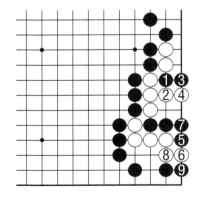

第264题正解图：黑1断，手筋，白2打，黑3立，白4追吃，黑5、7扳粘，再9紧气，白死。

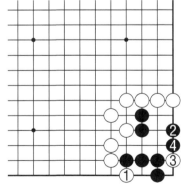

第265题失败图1：白1破眼，急躁，黑2跳，正在形上，白3点，黑4并，活出。

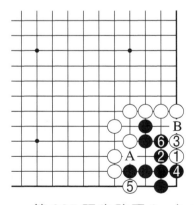

第265题失败图2：白1点，假手筋，黑2、4做眼后，白5扳，破眼，黑6吃，A、B两点见合，成活。

138

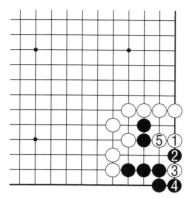

第265题正解图：白1跳，正着，黑2尖顶，白3扑是关键，黑4提，白5双，黑死。

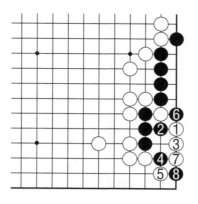

第266题失败图：白1尖，手筋，黑2打，白3退，黑4扳，白5挡，黑6提，白7不可随手打，若如此，黑8扑，白三子被吃，黑活。

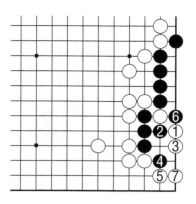

第266题正解图：黑6提时，白7立，黑成卡眼，不活。

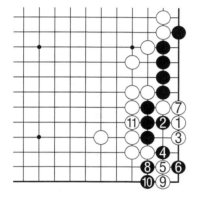

第266题变化图：白5挡时，黑6若扳，则白7粘，黑8打，白9立，黑10追吃，白11打，黑接不归。

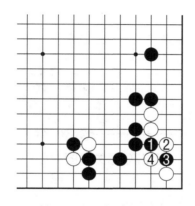

第267题失败图：黑1拐，平庸，白2渡，黑3挖不成立，白4打，轻松活出，黑失败。

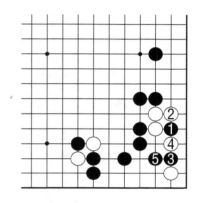

第267题正解图：黑1夹，绝妙手筋，白2拐，黑3靠，白4打，黑5退，白死。

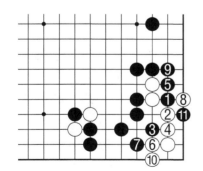

第267题变化图：黑1夹时，白2如扳，则黑3尖是手筋，白4爬，黑5拉回，白6以下至10欲在角上谋求两眼，只不过是一厢情愿，黑11扑，白死。

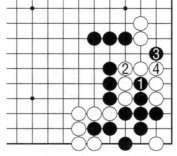

第268题失败图：黑1打，妙味全失，白2粘，黑3再点，白4粘，黑自掘坟墓。

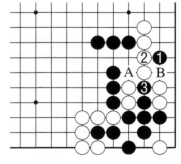

第268题正解图：黑1点，犀利，白2粘，黑3打后，A、B见合，巧妙联络，成功逃出。

139

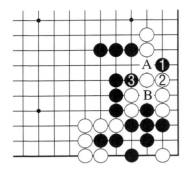

第268题变化图： 黑1点，白2如挡，则黑3打，A、B见合。

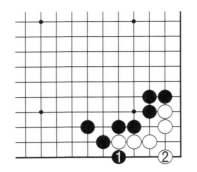

第269题失败图： 黑1急于缩小眼位，未击中要害，白2虎，活了，黑失败。

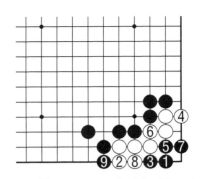

第269题正解图： 黑1点在要害，白2扩大眼位，黑3长，破眼，白4立，黑5挤是先手，白6粘，无奈，黑7立，眼杀。

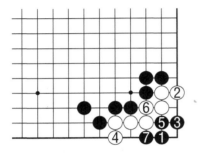

第269题变化图： 黑1点时，白2立，黑3尖，白4做眼，黑5挤，白6团，黑7拐，白还是不活。

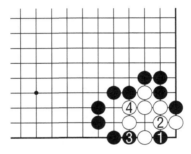

第270题失败图： 黑1点，白2吃，黑3吃，忽略了白4做劫的手段，失败。

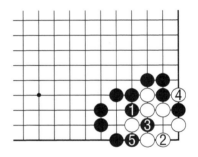

第270题正解图： 黑1挤是要点，白2做眼，黑3扑是常用的破眼手筋，白4提，黑5卡，白死。

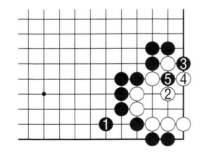

第271题失败图1： 黑1虎，胆小，白2虎，已具弹性，黑3打，白4做劫，黑失败。

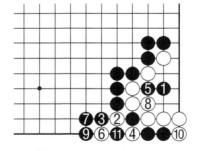

第271题失败图2： 黑1点，不痛不痒，白2打、4提，黑5断，白6、8是次序，黑9打，白10提，黑11提，成劫，黑失败。

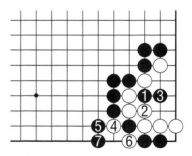

第271题正解图： 黑1打、3立，白4打，黑5反打，必然，白6提，黑7立，白死。

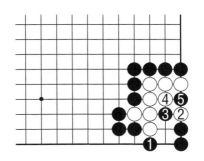

第272题失败图1: 黑1扳,白2顶时,黑3切不可随手打,若如此,白4反打成劫。

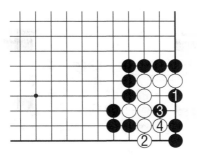

第272题失败图2: 黑1跳,凑白步调,白2立,黑3只好如此,白4挤,巧成双活,黑失败。

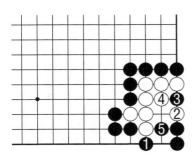

第272题正解图: 黑1扳,白2如顶,则黑3挖、5顶,白死。

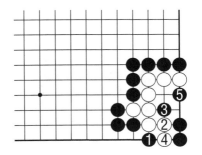

第272题变化图: 黑1扳时,白2如顶,则黑3嵌,妙手,白4打,黑5做成打二还一的形,白仍不活。

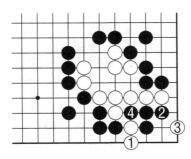

第273题失败图: 白1立,弃子,黑2求渡,白3点,自作聪明,黑4断,白死。

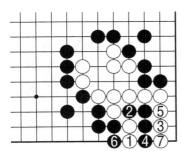

第273题正解图: 白1立,弃子,黑2断,白3夹,黑4打,只此一手,白5仍是先手,再7立,弃子争先,是巧妙做眼的佳例。

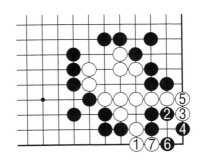

第273变化图: 白1立时,黑2若求渡,则白3、5扳粘,黑4、6做眼,白7挤,黑成卡眼,白活。

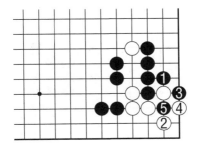

第274题失败图: 黑1挡,过于平凡,白2虎,黑3打,白4做劫,黑失败。

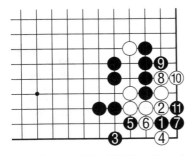

第274题正解图: 黑1点,单刀直入,白2粘,黑3跳是手筋,白4夹,黑5虎,白6只好打,黑7立、破眼,白8、10无用,黑11拐,白死。

141

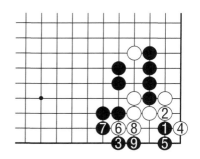

第274题变化图：黑3跳时，白4若扳，则黑5立，白6、8挖粘，黑9挺进，白还是不活。

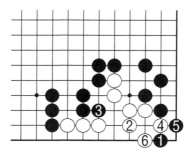

第275题失败图1：黑1似是而非，白2是愚形好手，黑3冲，白4、6做劫，黑失败。

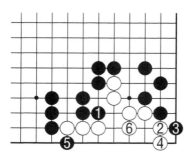

第275题失败图2：黑1先冲，错误，白2扳、4立，占据要津，黑5扳时，白6弯，两眼活出。

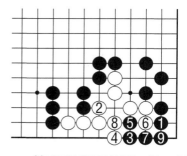

第275题正解图：黑1长，占据要津，白2虎，黑3飞，恰到好处，白4尖顶，黑5顶，白6冲、8打，黑9粘，白死。

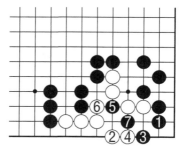

第275题变化图1：黑1长时，白2令人困惑，黑3尖，以柔克刚，白4顶，黑5嵌是手筋，白6打，黑7卡，白仍不活。

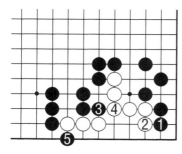

第275题变化图2：黑1长时，白2若挡，黑3简单地冲即可，白4无奈，黑5扳，白眼位不足。

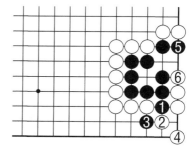

第276题失败图：黑1冲，白2挡时，黑3断似乎是手筋，但白4尖，妙手，黑5立，白6破眼，黑死。

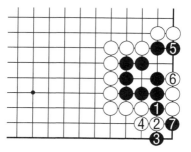

第276题正解图：黑1冲，当然，白2扳，黑3夹是关键，白4粘，无奈，黑5立，白6破眼，黑7扑，成劫。

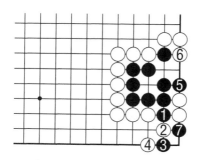

第276题变化图：黑3夹时，白4若打，则黑5打，白6须破眼，黑7提，反成净活。

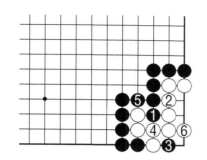

第277题失败图：黑1冲，无谋，白2粘，黑3再扑，为时已晚，白4粘，净活，黑失败。

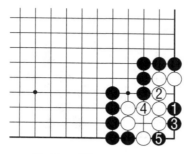

第277题正解图：黑1点在筋上，白2防倒扑，只好粘，黑3爬，白4团眼，黑5扑，劫杀。

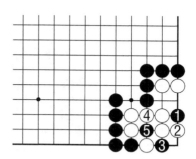

第277题变化图：黑1点时，白2若打，则黑3扑是手筋，白4只能做劫，黑5提，劫杀。

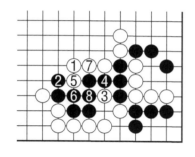

第278题失败图1：白1跳封，操之过急，黑2长，白3、5追击，黑6可逃，白7打，黑8粘，白已封不住了，失败。

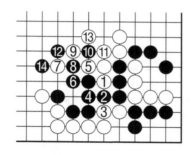

第278题失败图2：白1冲，正确，但白3打，急躁，黑4粘，情况发生了根本变化，白5挡时，黑6可以拐，白7以下试图封锁，但至白13，黑14打吃一子，成功逃出，白失败。

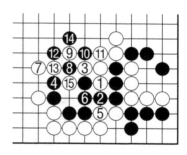

第278题正解图1：白1、3、5是次序，黑6粘，白7跳封是关键，黑8、10、12反抗，白13卡，黑14提，白15吃，乌龟不出头，黑全灭。

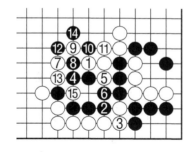

第278题正解图2：白1亦可先挡，黑2打，白3粘，黑4逃，白5、7是次序，至15，黑接不归。

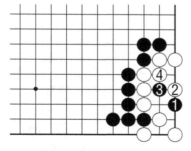

第279题失败图1：黑1点，一路之差，给了白2靠的腾挪之机，黑3打，白4反打成劫，黑失败。

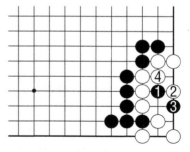

第279题失败图2：黑1大同小异，白2夹，黑3打，还原成前图，失败。

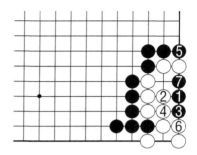

第279题正解图: 黑1点在三子正中,白2顶,黑3长,白4只能粘,黑5做倒扑,白6打,黑7聚杀。

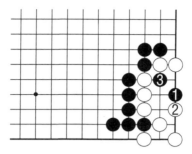

第279题变化图: 黑1点,白2若顶,则黑3断,轻松杀白。

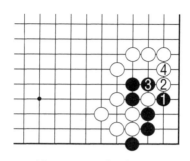

第280题失败图1: 黑1打,正好凑白2扳,黑3提,白4粘,黑成卡眼,净死。

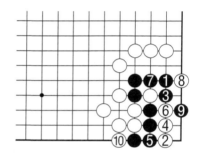

第280题失败图2: 黑1跳,要点,白2点也是手筋,黑3不可随手打,若如此,至10,黑眼被灭。

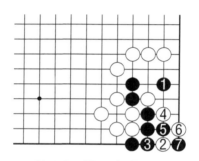

第280题正解图: 白2点时,黑3粘,白4夹,黑5冲吃,白6打,黑7提,成劫活。

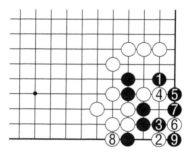

第280题变化图: 白2点时,黑3压也可,白4立,黑5、7、9仍然成劫。

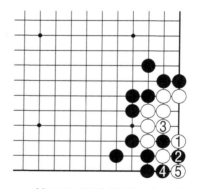

第281题失败图: 白1打,头脑简单,黑2扑,白3、5成劫,白失败。

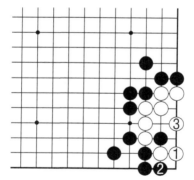

第281题正解图: 白1立,眼位要点,黑2破眼,白3尖虎,两眼瞪圆。

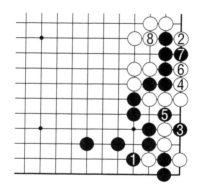

第282题失败图: 黑1简单打吃,白2扳,紧气,黑3再夹为时已晚,对杀黑差一气。

144

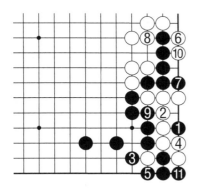

第282题正解图：黑1夹，手筋，白2粘，黑3、5提一子，白6以下紧气，至黑11，正好差一气，对杀黑胜。

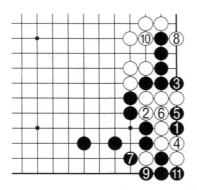

第282题变化图：黑1夹，白2如挤，黑3紧气即可，白4打，黑5弃子，至黑11，白还是差一气。

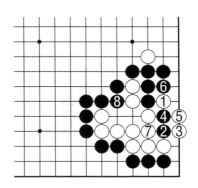

第283题失败图：白1扳，黑2夹，妙手，白3扳，黑4弃子破眼，白5吃，黑6是先手，再8打，白死。

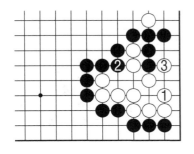

第283题正解图：白1团眼，黑若想杀白，只好2打，白3虎，轻松活出。

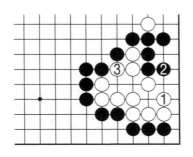

第283题变化图：白1团时，黑2如立，白3简单成活。

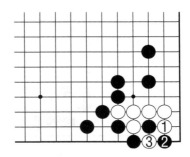

第284题失败图1：白1单打，不懂手筋，给了黑2做劫的机会，白3提，成劫杀，白失败。

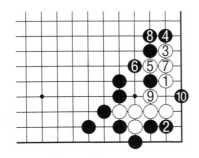

第284题失败图2：白1托，黑2破眼，白3以下难以做出两眼，失败。

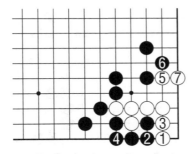

第284题正解图：白1点是手筋，黑2粘无奈，白3打、5托，黑6挡，白7立，活出。

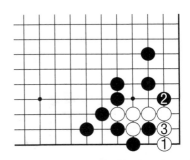

第284题变化图：白1点时，黑2若尖，白3打，黑接不归，白还是活了。

145

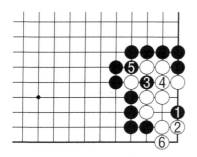

第285题失败图：黑1点，聪明过头，白2挡，黑3、5虽破眼成功，但白6又成一眼，黑失败。

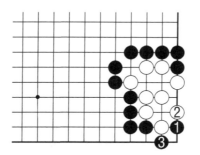

第285题正解图：很简单，黑1夹，白2只能挡，黑3打，劫杀。

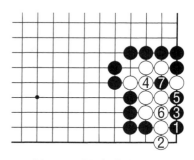

第285题变化图：黑1夹时，白2若立，则黑3长，白4团，黑5、7仍成劫。

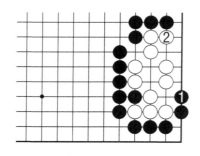

第286题失败图：黑1直接长，失败，白2挡，简单成活。

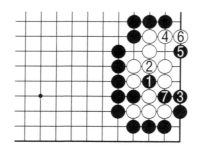

第286题正解图：黑1扑，关键之着，白2如提，黑3长、5点，白6挡，黑7打，白死。

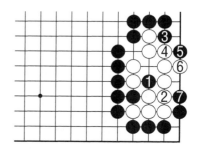

第286题变化图：黑1扑，白2若粘，则黑3拐、5扳、7长，白仍不活。

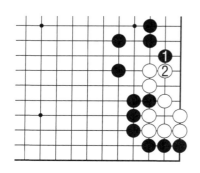

第287题失败图：黑1单尖，无谋，白2挡，轻松活出。

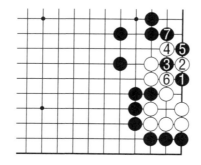

第287题正解图：黑1点，锐利，白2如靠，黑3、5、7成劫。

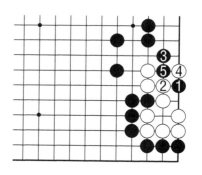

第287题变化图：黑1点时，白2若粘，则黑3尖、5断打，简单杀白。

146

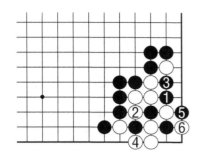

第288题失败图：黑1打，看似严厉，白2、4提后，6扑，成劫。

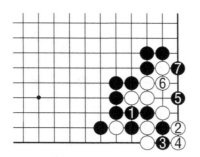

第288题正解图：黑1粘，冷静，白2打，黑3弃子，重要，白4提，黑5点、7扳，白死。

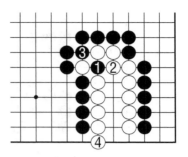

第289题失败图：黑1先扑，次序有误，白2提，黑3卡，白4立，直四活棋，黑失败。

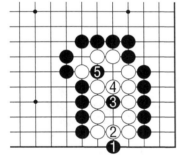

第289题正解图：黑1点，正中要害，白2无奈，黑3再点，白4也只能做眼，黑5扑，白死。

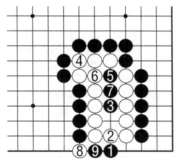

第289题变化图：黑3点时，白4若团，则黑5打、7粘，至9扑，白仍无两眼。

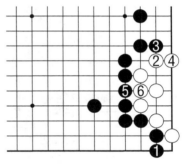

第290题失败图：黑1立，错误，白2尖，眼位丰富，黑3挡，白4立，黑5刺，白6粘，活了，黑失败。

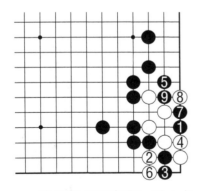

第290题正解图：黑1点，正确，白2打、4粘，黑5尖，白6打，黑7、9卡眼，白死。

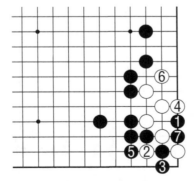

第290题变化图：黑3立时，白4若挡，则黑5打，白6尖时，黑7卡，白仍不活。

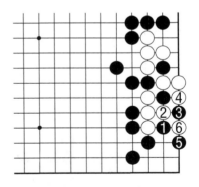

第291题失败图：黑1扳，过于简单，白2打，黑3、5只有做劫，白6提，成劫活，黑失败。

147

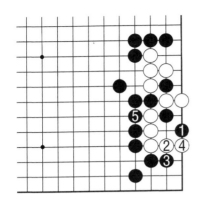

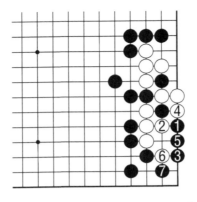

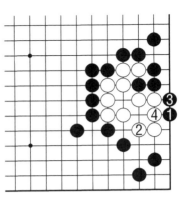

第291题正解图: 黑1尖, 妙手, 白2弯, 抵抗, 黑3挡, 白4立, 黑5紧气, 白两边不入气, 不活。

第291题变化图: 黑1尖时, 白2若打, 则黑3跳是关键, 白4提, 黑5粘, 白6挖, 黑7打, 白是卡眼, 不活。

第292题失败图1: 黑1点不是要点, 白2虎, 眼形丰富, 黑3退回, 白4团眼, 黑失败。

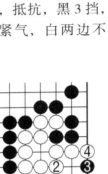

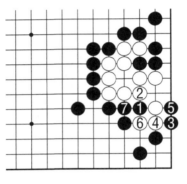

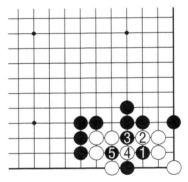

第292题失败图2: 黑1尖是要点, 但黑3点弄巧成拙, 白4挡, 黑5只能退, 白6仍是先手, 然后8打、10挤, 黑11无奈, 白12冲出, 至18, 黑全无计策, 失败。

第292题正解图: 黑1尖时, 白2只能粘, 黑3尖是破眼好手, 白4毫无用处, 黑5长, 白6打, 黑7粘, 白死。

第293题失败图1: 黑1无谋, 白2冲、4扑, 黑5提, 成劫, 黑失败。

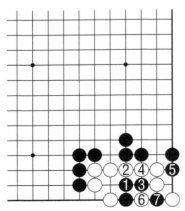

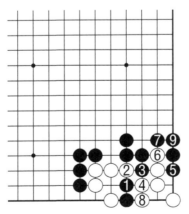

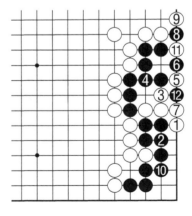

第293题失败图2: 黑1弃子是关键, 白2冲, 黑3拐, 错误, 白4粘牢, 黑5破眼, 白6扑, 黑7提, 成劫活, 黑失败。

第293题正解图: 白2冲时, 黑3也冲, 白4断, 黑5、7、9紧气, 白无法团眼, 净死。

第294题失败图: 白1打, 白白浪费了宝贵的先手, 至黑12提, 成连环劫, 白死。

148

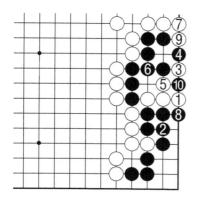

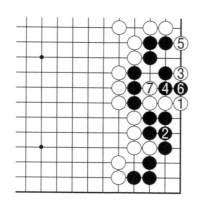

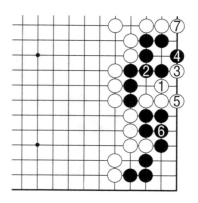

第294题正解图1：白1立是长气的手筋，黑2无奈，白3托，黑4打，白5做倒扑，黑6只能粘，白7、9紧气，黑10提，成劫。

第294题变化图：白3托时，黑4若顶，白5扳、7打是次序，黑成接不归。

第294题正解图2：白1先做倒扑，再3扳、5立，亦可行，黑6粘时，白7立，还是劫杀。

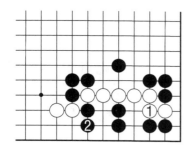

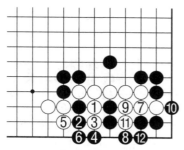

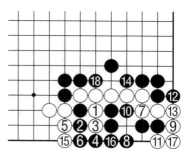

第295题失败图1：白1粘，无谋，黑2立，白死。

第295题失败图2：白1、3、5冲打，黑6粘时，白7再回手粘是次序，黑8倒虎是形，白9如直接冲，则黑10渡、12粘，白死。

第295题失败图3：白9扳也不行，如此，黑10做成眼形，白11以下奋力紧气，无奈有眼杀瞎，至黑18，白死。

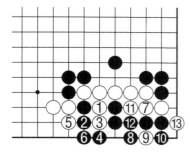

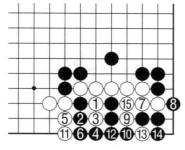

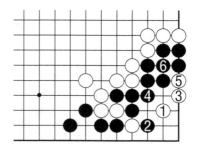

第295题正解图：黑8倒虎是形，白9点、11冲，黑12无奈，白13扳，黑死。

第295题变化图：黑8若渡，则白9挖，黑10打，无奈，白11打、13扑，黑14提，白15打，黑接不归。

第296题失败图：白1点方似是而非，黑2打即可，白3再尖为时已晚，黑4粘是正应，白5打，黑6粘，白无功而返。

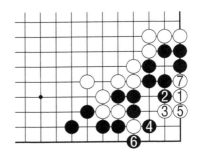

第296题正解图：白1点是绝妙手筋，黑2挡别无选择，白3扳，黑4只能吃，白5粘更妙，黑6只好提，白7成接不归。

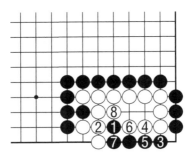

第297题失败图：黑1刺，锐利，白2只好粘，黑3渡，不好，白4、6均是先手，再8打，黑接不归，白活。

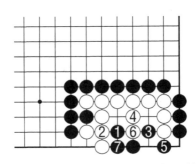

第297题正解图：白2粘时，黑3尖顶，白4防黑聚杀，黑5渡，白6挤，黑7粘，白死。

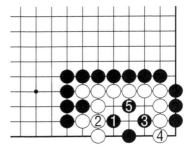

第297题变化图：黑3尖顶时，白4如立，则黑5做成聚杀。

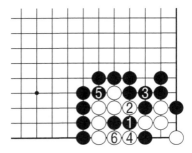

第298题失败图：黑3粘，错误，白4扑，黑5打，白6提，活了，黑失败。

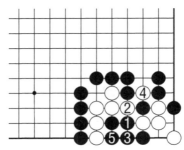

第298题正解图：黑1扳、3粘，白4只能提，黑5团，聚杀。

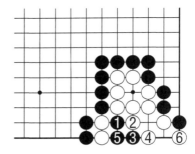

第299题失败图：黑1打，随手，白2打，黑3虽可扳，但白4、6做劫，黑失败。

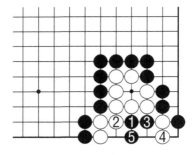

第299题正解图：黑1点，正中要害，白2如粘，黑3打、5立，成金鸡独立，白死。

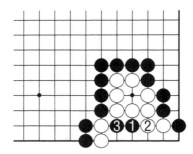

第299题变化图：黑1点，白2若粘，则黑3吃，白仍不活。

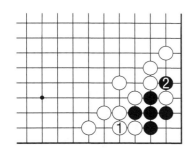

第300题失败图：白1粘，错误，黑2打，简单成活，白失败。

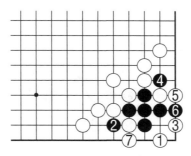

第300题正解图：白1透点，正确，黑2打，白3尖，手筋，黑4打，白5立是次序，黑6必然，白7立，黑死。

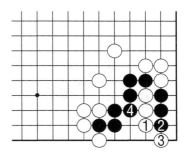

第301题失败图：白1立，黑2占据要点，白不够气，黑活。

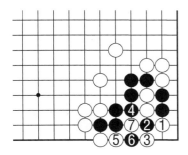

第301题正解图：白1扳，巧手，黑2打，白3反打，妙手，黑4只此一手，白5求渡，黑6只好扑劫。

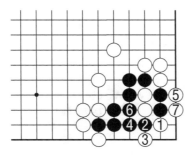

第301题变化图：白3反打时，黑4若粘，则白5、7渡过，黑仍不活。

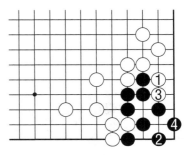

第302题失败图：白1扳，平庸，黑2虎，眼形丰富，白3挤，黑4做成两眼，白失败。

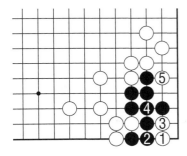

第302题正解图：白1点，黑2只好粘，白3打，黑4无奈，白5扳，黑死。

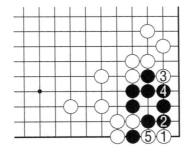

第302题变化图：白1点，黑2若团，则白3扳，黑4还得团，白5提，黑仍无两眼。

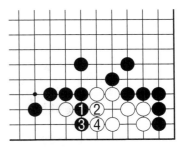

第303题失败图1：黑1、3连冲，无谋，白2、4正好做成两眼，黑失败。

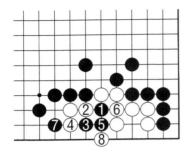

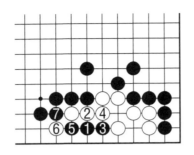

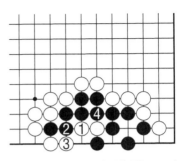

第 303 题失败图 2：黑 1
扳，鲁莽，白 2 断，黑 3 扳，
白 4 冲，黑 5、7 徒劳，白 8
打，轻松成活，黑失败。

第 303 题正解图：黑 1 跳，
恰到好处，白 2 冲断，黑 3 卡，
白 4 粘，黑 5 爬回，白 6 扳，
徒劳，黑 7 断，白死。

第 304 题失败图 1：白 1
爬，黑 2 粘时，白 3 位渡，黑 4
打，白两子接不归，黑活了。

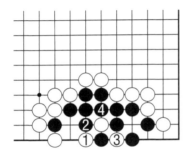

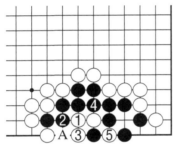

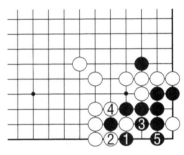

第 304 题失败图 2：白 1
打，随手，黑 2 反打，白 3 提，
黑 4 打，白接不归。

第 304 题正解图：白 1 爬，
黑 2 只能粘，白 3 打，黑 4 只
好反打，白 5 提，黑苦于 A 位
不能入气，只能打劫求活。

第 305 题失败图 1：黑 1
打，错误，白 2 卡打，黑 3 只
好提，白 4 打，黑 5 做眼，成
劫活，黑失败。

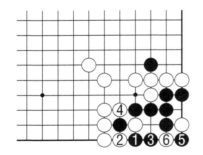

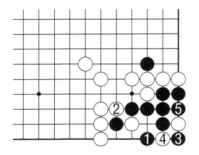

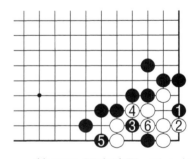

第 305 题失败图 2：黑 3
并也来不及，白 4 提，黑 5 扑，
白 6 提，还是劫活。

第 305 题正解图：黑 1 是
做眼要点，白 2 断打，黑 3 扑是
关键，白 4 提，黑 5 吃胀牯牛。

第 306 题失败图：黑 1 点，
不到位，白 2 立，已成一眼，
黑 3 扳，白 4 断，黑 5 紧气，
白 6 打，活出。

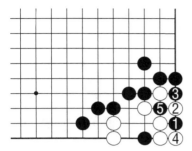

第306题正解图:黑1托,突出奇兵,白2打,黑3反打,白4若提,黑5提,成劫杀。

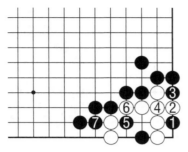

第306题变化图:黑1托时,白2打,黑3打,若白4粘,则黑5扳,白6断,无济于事,金鸡独立,白死。

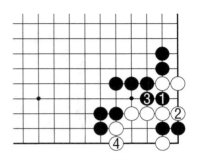

第307题失败图1:黑1错误,白2立,黑3粘,白4立,黑无计破眼,失败。

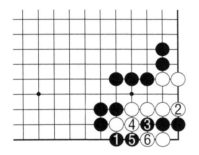

第307题失败图2:黑1扳,无关痛痒,白2立仍是要点,黑3、5渡不回去,白6倒扑,活了,黑失败。

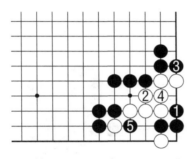

第307题正解图:黑1拐,破眼,白2抵抗,黑3是先手,白4无奈,黑5打,白死。

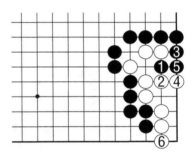

第308题失败图:黑1夹,正好凑白2立,黑3、5渡回,白6立,活了。

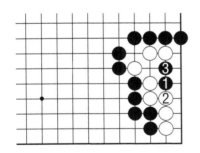

第308题正解图:黑1夹,手筋,白2粘,黑3顶,白死。

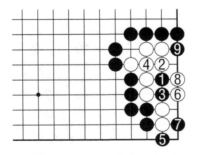

第308题变化图:黑1夹时,白2若挡,则黑3打,白4粘,黑5、7两扳,白仍不活。

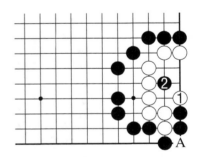

第309题失败图1:白1打,无谋,黑2点,破眼,由于白在A位提两子黑可以打二还一,白还是做不成两眼。

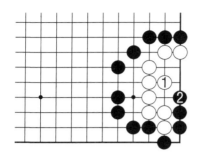

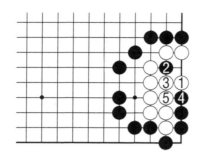

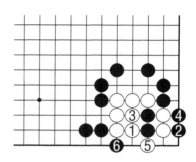

第309题失败图2：白1虎，不在形上，黑2长，白就这么简单死了。

第309题正解图：白1跳，正在形上，黑2点，白3粘，黑4破眼，白5打，黑接不归。

第310题失败图1：白1紧气，忽略了黑2夹的手筋，白3打，黑4反打，白5只能提，黑6扳，白死。

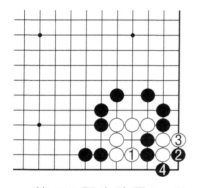

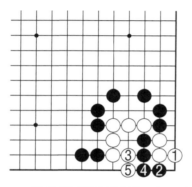

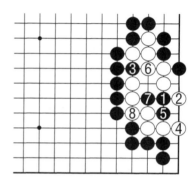

第310题失败图2：黑2夹时，白3如打，则黑4反打，成劫，白失败。

第310题正解图：白1弯是不易发觉的好手，黑2扳，白3顶，黑4粘，白5贴紧气即可，黑无计杀白。

第311题失败图1：黑1直接顶，少了一个次序，白2扳，黑3破眼时，白4立，黑5破眼，白6再回手粘，黑7挤，白8粘，双活，黑失败。

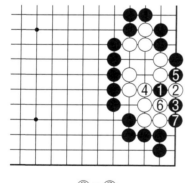

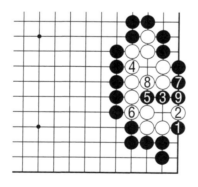

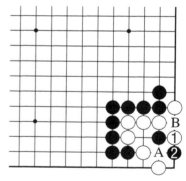

⑧＝②

第311题失败图2：白2扳时，黑3打也不行，白4、6后，黑7渡，白8提，成劫，黑失败。

第311题正解图：黑1扳，正确，白2打，黑3鼻顶是手筋，白4做眼，黑5挤，白6只好粘，黑7、9渡，白死。

第312题失败图：白1扳，无谋，黑2打后，A、B见合，白失败。

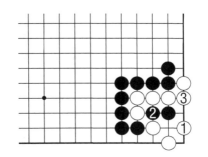

第312题正解图： 白1做眼，占据要津，黑2打，白3粘，黑无计可施。

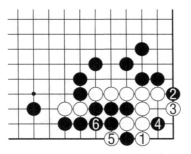

第313题失败图： 白1打，初级错误，黑2扳，白3挡，黑4点，白死。

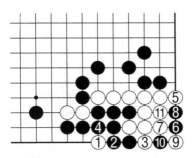

第313题正解图： 白1点、3打是次序，黑4粘，白5立，黑6点，白7顶即可，黑8破眼，白9扑、11打，吃胀牯牛，活棋。

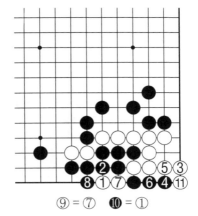

⑨＝⑦　❿＝①

第313题变化图： 白1点，黑2如粘，则白3跳，黑4点，白5粘，黑6连，白7、9两扑，再11打，黑接不归。

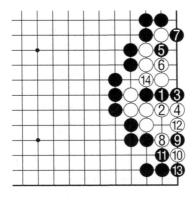

第314题失败图1： 黑1无谋，白2挡，黑3立，白4再立，黑5打，白6反打后，8扳，黑9托是破眼手筋，白10至14成劫，黑失败。

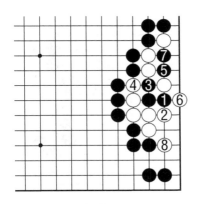

第314题失败图2： 黑1扳，妙，白2挡，必然，黑3断，由于2位是白子，至白8扳，白成净活。

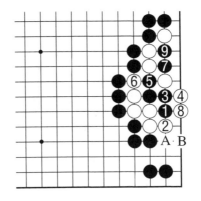

第314题正解图： 黑1扳，白2挡时，黑3粘，弃子，白4扳，黑5断，白6打，黑7反打，白8提，黑9再打，以后白A则黑B，白死。

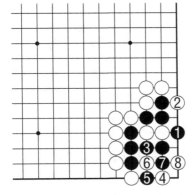

第315题失败图： 黑1打，随手，白2先手破眼，再4跳，黑5只好扑，白6提，黑7打，白8扳，成劫，黑失败。

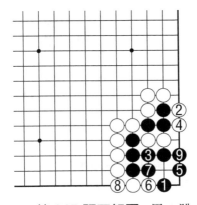

第315题正解图： 黑1跳，正解，可利用黑3的先手，在5位做成两眼。

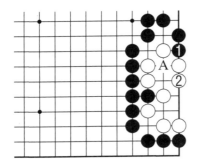

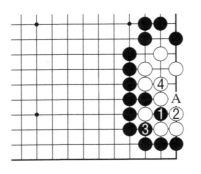

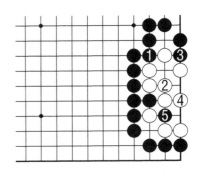

第316题失败图1： 黑1挤，位置不对，白2并，黑无法在A位破眼，白活了，黑失败。

第316题失败图2： 黑1扑、3打，过于急躁，白4团眼，黑不能在A位扑，白活了，黑失败。

第316题正解图： 黑1挤，正着，白2团眼，黑3卡，白4立，黑5扑，轻松杀白。

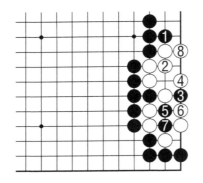

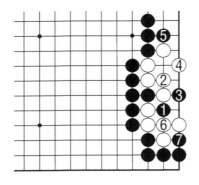

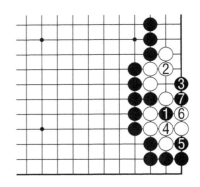

第317题失败图： 黑1挡，失机，白2粘，黑3夹是手筋，但白4打、6提、8做眼，黑的收获不过是吃白两子而已，失败。

第317题正解图： 黑1断，犀利，白2粘，黑3扳，妙手，白4做眼，黑5追杀，白6粘，黑7吃倒扑，白死。

第317题变化图： 白2粘另一边，则黑3点，白4打，黑5反打，白6提，黑7吃，白接不归。

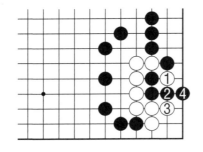

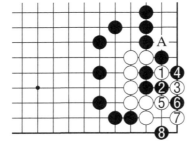

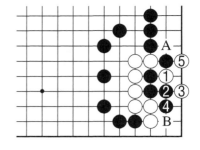

第318题失败图： 白1打，正确，但白3反打有误，黑4立，白无论如何也做不出两只眼了。

第318题正解图： 白1、3、5连续搂打，是不易察觉的手筋，黑6提，白7打，黑8如破眼，则由于黑有A位的弱点，白成为劫活。

第318题变化图： 黑4若长，则白5打以后，A、B见合，仍是劫。

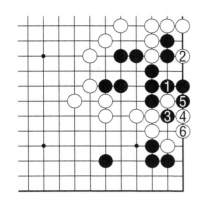

第319题失败图: 黑1挡,忽略了白2夹的妙手,黑3打,白4、6反打卡眼,黑意外地不活。

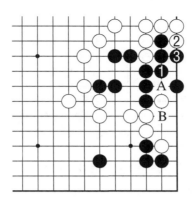

第319题正解图: 黑1冷静,白2冲,黑3挡,白只有先在B位粘,才能在A位卡眼,黑巧妙活出。

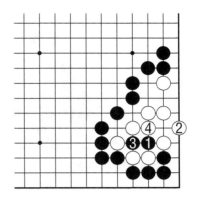

第320题失败图: 黑1打,贪小利,白2倒虎,黑3提,白4团眼,弃子成活,黑失败。

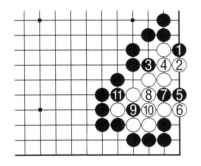

第320题正解图: 黑1扳,虽然简单,却有效,白2打,黑3冲、5点,白6挡,黑7弃子后,9扑、11打,白死。

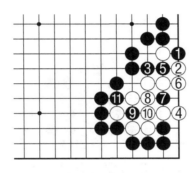

第320题变化图: 黑3冲时,白4若立,则黑5打、7点,仍9扑、11打,白仍不活。

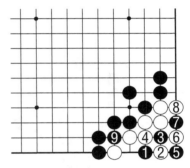

第321题失败图1: 黑1点,次序错误,白2靠,反抗,黑3打,白4反打,再6扑,紧要,至黑9成劫,黑失败。

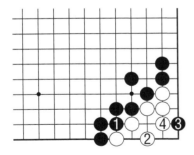

第321题失败图2: 黑1打,平庸,白2虎,黑3点,白4做眼,还是劫,黑失败。

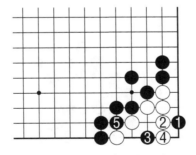

第321题正解图: 黑1、3两点,解决问题,虽然看起来简单,但次序要走对。

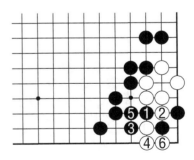

第322题失败图: 黑1挖,锐利,白2打时,黑3如打,白4立,黑5粘,白6打,活了,黑失败。

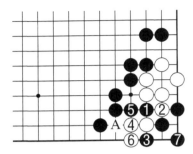

第 322 题正解图: 白 2 打，黑 3 反打，白 4 长，黑 5 粘，白 6 打，黑 7 做劫，此劫为两手劫，黑须打到 A 位，才能成为紧气劫。

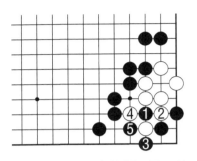

第 322 题变化图: 黑 1 挖、3 打，白 4 若提，黑 5 打，白简单就死了。

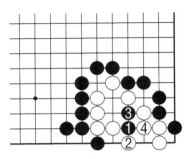

第 323 题失败图: 黑 1 顶，想过头了，白 2 托，黑 3 挤时，白 4 打，活了，黑失败。

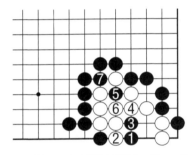

第 323 题正解图: 黑 1 点，严厉，白 2 是自然的一手，黑 3 贴，白 4 须粘，黑 5 扑、7 打，白死。

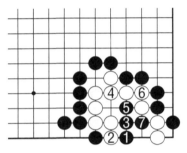

第 323 题变化图: 黑 3 贴时，白 4 若粘，则黑 5 挤，白 6 粘，黑 7 断，白还是不活。

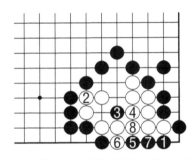

第 324 题失败图: 黑 1 扳，平庸，白 2 团，愚形好手，黑 3 点，白 4 粘，黑 5 再点，徒劳无功，白 8 打，黑接不归，失败。

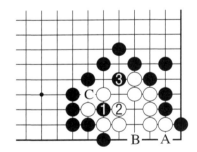

第 324 题正解图: 黑 1 扑，白 2 当然提，黑 3 扳后，A、B 见合，白死。过程中，黑 3 不可在 C 位打，如此，白在 3 位做眼就活了。

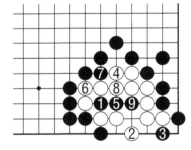

第 324 题变化图: 黑 1 扑，白 2 若倒虎做眼，则黑 3 扳，白 4 极力扩大眼位，黑 5 破眼，白 6 粘，黑 7 打、9 长，白仍不活。

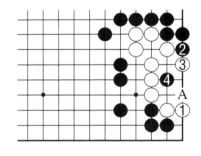

第 325 题失败图 1: 白 1 立，似乎眼位很大，但黑 2 拐、4 点，白顿死。白 1 在 A 位虎也大同小异，请自行验证。

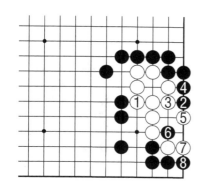

第325题失败图2：白1团，黑2点是手筋，白3团，黑4粘，白5挡，黑6断打，白7立，黑8追吃，白接不归。

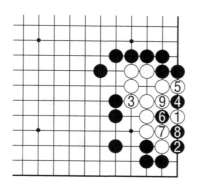

第325题正解图：两边同形走中央，白1跳，弹性十足，黑2打，白3团眼，黑4靠是手筋，白5断，必然，至白9，黑接不归，白活。

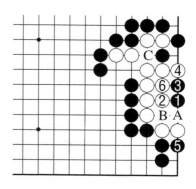

第326题失败图1：黑1点，差了一路，白2顶，黑3破眼，白4挡，黑5则白6，此后，黑如走A位，则白B提后，1位与C位见合，白活，黑失败。

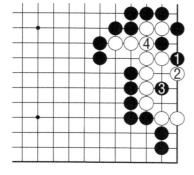

第326题失败图2：黑1扳、3点，白4打，黑接不归。

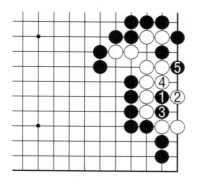

第326题正解图：黑1点，恰到好处，白2夹，黑3挤，白4打，黑5扳，白不活。

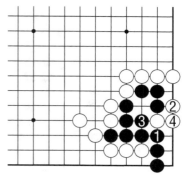

第327题失败图1：黑1粘，白2扳、4粘，黑死。

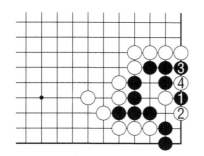

第327题失败图2：黑1扳也不行，白2打，黑3做劫，白4提，黑成劫活，失败。

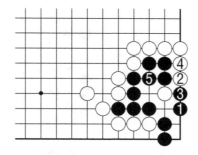

第327题正解图：黑1虎是要点，白2扳、4打，黑5粘，白无破眼手段，黑活。

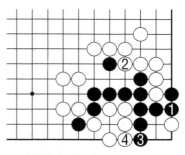

第328题失败图：黑1粘，不得要领，白2破眼，黑3立，白4粘，黑眼位不足，失败。

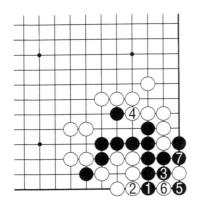

第328题正解图：黑1立是先手，白2只能粘，黑3是关键，白4破眼，黑5、7吃胀牯牛，活了。

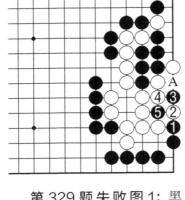

第329题失败图1：黑1爬，缓手，白2挡，黑3打，白4做劫，黑失败。过程中，白4不能在5位粘，若如此，黑在A位扑，白死。

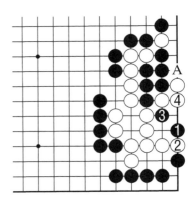

第329题失败图2：黑1点、3打，次序有误，白4粘，金鸡独立，黑在A位不入气，白活。

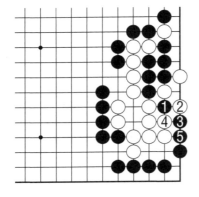

第329题正解图：黑1打，容易想到，关键是白试图做劫时，黑3卡打，白4提，黑5粘，白死。

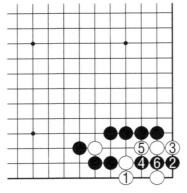

第330题失败图：白1立，错误，黑2点，严厉，白3挡，黑4、6是次序，白失败。

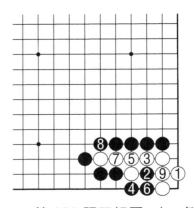

第330题正解图：白1倒虎，有弹性，黑2夹，白3冲，黑4只好从底下打，白5粘，黑6粘，白7接，黑8封挡，白9打，黑接不归。

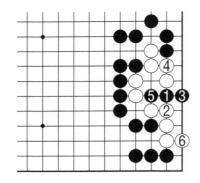

第331题失败图：黑1深入敌后，此际不宜，白2团，黑3立，白4再团，黑5挤，白6立，眼位充足，黑已无法杀白。

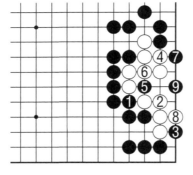

第331题正解图：黑1挤在要害处，白2粘，黑3扳，白4粘，黑5打、7扳、9点，白死。

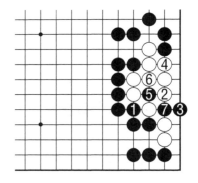

第331题变化图：黑1挤，白2若虎，黑3点，严厉，白4粘，黑5扑、7打，劫活。

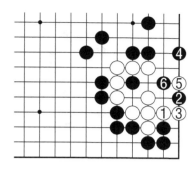

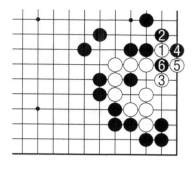

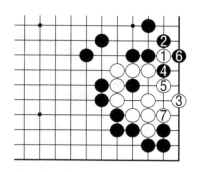

第332题失败图1：白1挡，错误，黑2点，严厉，白3挡，黑4跳是手筋，白5打，黑6反打，白眼被卡，死了。

第332题失败图2：白1扳，黑2挡时，白3如虎则随手，如此，黑4打，白5只有做劫，白失败。

第332题正解图1：白1扳，扩大眼位，正确，黑2挡，白3跳，占据形的要点，黑4打，白5打、7挡，两眼瞪圆。

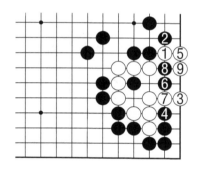

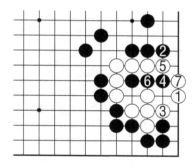

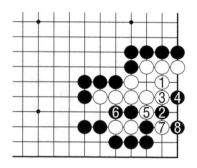

第332题变化图：白3跳时，黑4若冲，则白5立，黑6点，白7粘，黑8断，白9拐，还是活了。

第332题正解图2：白1直接跳也可以做活，黑2立，白3挡，以下至白7，双活，此结果白不如前两图。

第333题失败图1：白1忙于做眼，胆小如鼠，黑2尖，白3挡，黑4破眼，白5、7断打，黑8做劫反击，白失败。

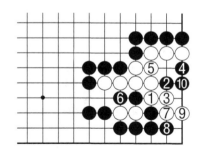

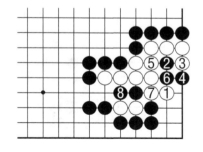

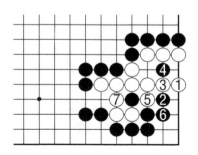

第333题失败图2：白1打，随便就把先手浪费掉了，黑2靠，突然袭击，白3挡，黑4做倒扑，白5不得已，黑6回手提两子，白死。

第333题失败图3：白1尖，不得要领，黑2点，白3拐，黑4打、6粘，白7徒劳，黑8提，白死。

第333题正解图：白1跳是形的要点，黑2刺，白3粘，黑4须破眼，白5打，黑6须补，白7提一子，活出。

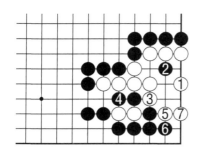

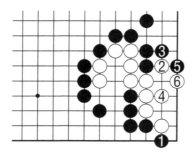

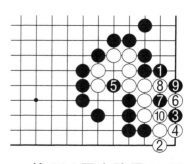

第333题变化图: 白1跳时，黑2直接点，白也有对策，白3是先手，再5扳、7立，活出。

第334题失败图1: 黑1扳，太过简单，白2扳，黑3挡，白4、6做劫，黑失败。

第334题失败图2: 黑1立，此际不宜，白2立，眼位充足，黑3飞，白4挡，黑5须破另一眼，白6、8、10吃黑接不归，自然活了。

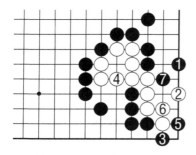

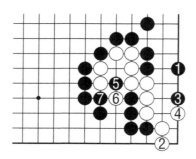

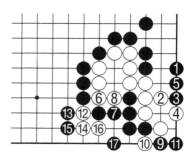

第334题正解图: 黑1跳，手筋，白2跳，抵抗，黑3扳，白4做一眼，黑5打、7虎，白死。

第334题变化图1: 黑1跳时，白2如立，则黑3跳，白4尖顶，黑5挖，白6打，黑7卡，白仍不活。

第334题变化图2: 黑1跳时，白2虎，抵抗，则黑3托，白4打，黑5粘即可，白6、8做眼，黑9破另一只眼，至黑17，白还是不活。

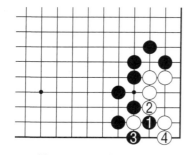

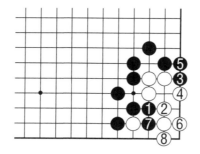

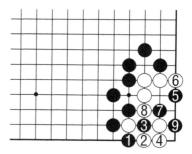

第335题失败图1: 黑1打，错误，白2反打，再4立，黑帮白活棋。

第335题失败图2: 黑1冲、3扳，莽撞，白4打、6弯，黑7打，白8轻松做出两眼。

第335题正解图: 黑1打，正确，白2挡，黑3提，白4粘，黑5点，正是时机，白6挡，黑7扳，锐利，白8断打，黑9扳，形成聚杀。

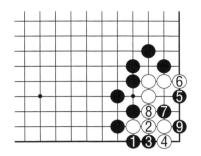

第335题变化图：黑1打时，白2如粘，则黑3挺进，白4挡，黑5、7、9仍是聚杀。

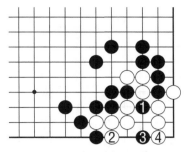

第336题失败图1：黑1直接扑，急躁，白2打，黑3点，白4挡，活了，黑失败。

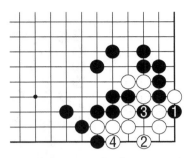

第336题失败图2：黑1扑也轻率，白2虎，黑无计杀白，黑3扑，白4即活。

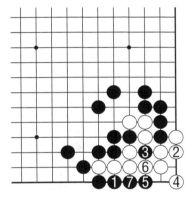

第336题正解图：黑1爬，缩小白眼位，白2粘，黑3扑，卡白眼，白4做眼，黑5点，妙手，由于气紧，白6只能提，黑7粘，白死。

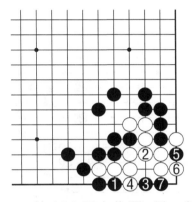

第336题变化图：黑1爬时，白2若粘，则黑3点正是时机，白4挡，黑5扑、7长，白仍不活。

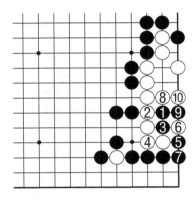

第337题失败图：黑1点，条件不成熟，白2粘，黑3挤，白4粘，黑5渡，白6、8、10成先手，活了，黑失败。

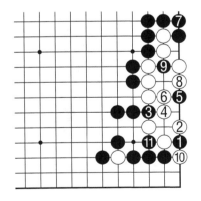

第337题正解图：黑1扳，还是从缩小眼位入手，白2打，黑3再冲是次序，白4挡，黑5点，白6须粘，黑7粘、9扑，破去一眼，白10提，黑11卡，白死。

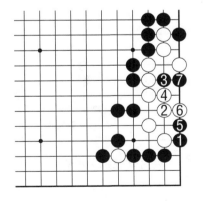

第337题变化图：黑1扳时，白2如虎，则黑3点，白4粘，黑5爬，白6须挡，黑7立，白眼顿失，还是不活。

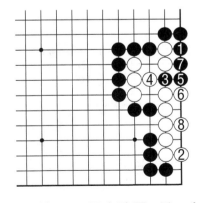

第338题失败图：黑1先拐，失机，白2立，眼位充足，黑3、5、7虽是手筋，但白8弃去数子，活了。

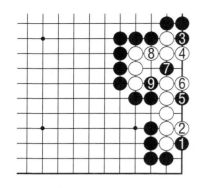

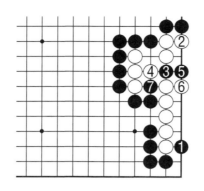

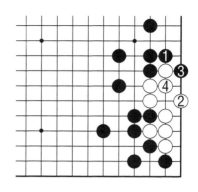

第338题正解图：黑1扳，正确，白2打，黑3再拐，白4挡，眼位已经缩小，黑5点，白6吃，黑7挖，妙手，白8粘，无奈，黑9冲，白死。

第338题变化图：黑1扳时，白2如弯，则黑3挖，及时，白4打，黑5立，紧要，白6追吃，黑7冲打，白死。

第339题失败图：黑1拐，平庸，白2虎，黑3打，白4粘，活出，黑失败。

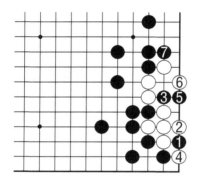

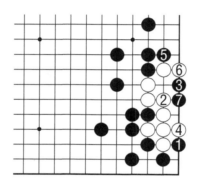

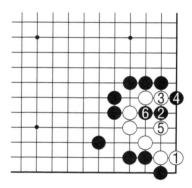

第339题正解图：黑1扳、3断，犀利，白4提，黑5立是破眼好手，白6则黑7，白死。

第339题变化图：黑1扳时，白2如粘，则黑3点是手筋，白4挡，黑5拐，白6立，黑7破眼，白死。

第340题失败图：白1立，呆板，黑2跳，锐利，白3冲，黑4渡，白5夹，黑6打，白死。

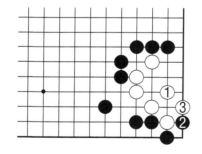

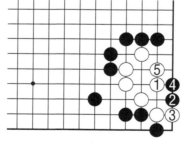

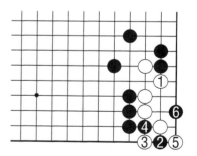

第340题正解图：很简单，白1虎，黑2打，白3做劫，劫活是正解。

第340题变化图：白1虎，黑2点欲净杀白，过贪，白3挡，黑4爬，白5长，黑无计杀白，白反净活。

第341题失败图：白1扳虎，错误，黑2扳，占据要津，白3、5虽吃一子，但黑6点，白无两眼。

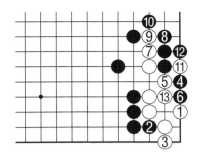

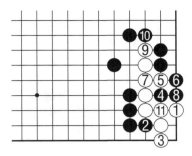

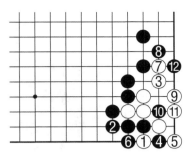

第341题正解图：白1虎，弹性十足，黑2挤，白3立，已具眼形，黑4尖，白5挤，好手，黑6顶，白7、9连冲，做好准备后，11扑、13打，黑接不归。

第341题变化图：白3立时，黑4靠，似乎很严厉，但白5、7挖粘，轻易化解，至11打，黑还是接不归。

第342题失败图：白1扳、3尖，过贪，黑4扑，严厉，白5提，黑6打，白不敢粘了，白7、9做眼，黑10、12是手筋，白成劫活，失败。

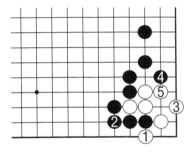

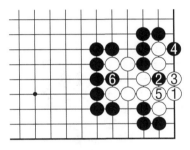

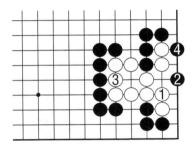

第342题正解图：非常简单，白1扳、3虎即可，黑4尖，白5挡，轻松活出。

第343题失败图1：白1虎，差了一路，黑2断，白3打，黑4是先手，再6冲，白死。

第343题失败图2：白1粘，不得要领，黑2点、4扳，简单杀白。

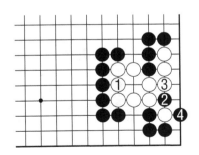

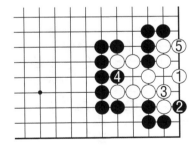

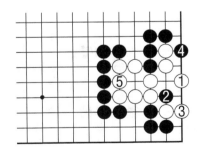

第343题失败图3：白1做眼，黑2、4打拔，轻松杀白。

第343题正解图：白1虎，三眼两做，正解，黑2打，白3粘，黑4冲，白5做眼，活出。

第343题变化图：白1虎，黑2若打，白3立，黑4扳，白5做眼，黑仍无法杀白。

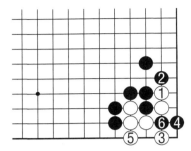

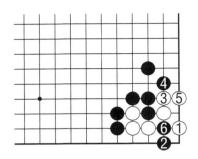

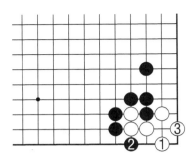

第344题失败图1：白1是初学者常犯的错误，即使是有一定水平的爱好者，也可能犯同样错误。黑2挡，白3再虎时，黑4点，白5做眼，由于白1与黑2的交换，白气紧，黑6断，成金鸡独立，白死。

第344题失败图2：白1虎，方向错误，黑2点，白3、5后，黑6断，还是金鸡独立。

第344题正解图：本题较为简单，白1、3就活了，方向不能走错。

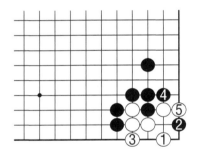

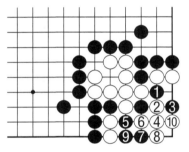

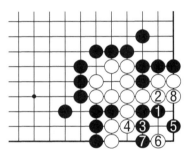

第344题变化图：白1虎，黑2若点，白3做眼即可，黑4则白5，还是活了。

第345题失败图1：黑1吃，无谋，白2反打，黑3则白4，黑5、7再吃倒扑，白8、10又巧成一眼，白活，黑失败。

第345题失败图2：黑1立也不好，白2粘，黑3再立，白4又粘，黑5做眼，白6点，黑7挡成双活，黑失败。

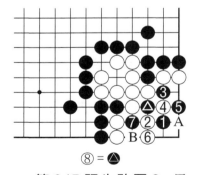

⑧＝▲

第345题失败图3：黑1尖，白2虎，黑3如打吃则急躁，白2、4提，黑5只好反打，白6立，黑7扑，白8粘后，A、B见合，白活。

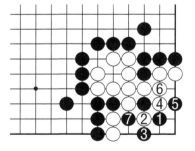

第345题正解图：黑1尖，要点，白2打，黑3反打，白4提，黑5扳，白6防倒扑，黑7吃另一边的倒扑，白死。

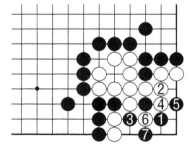

第345题变化图：黑1尖时，白2若粘，则黑3打，白4打，黑5扳，白6提，黑7打还是吃倒扑，白仍不活。

166

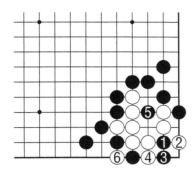

第346题失败图1：黑1挤，准备工作不充分，白2打，黑3立，白4可打，黑5挖时，白6先手提，活了，黑失败。

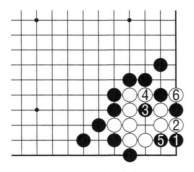

第346题失败图2：黑1点，同样是准备不足，白2挡，黑3挖，白4吃，黑5则白6，黑还是杀不死白。

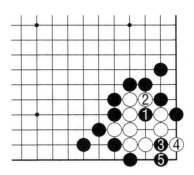

第346题正解图：黑1挖是不易发觉的紧气手筋，白2吃，必然，黑3挤，锐利，白4打，黑5成金鸡独立，巧妙杀白。

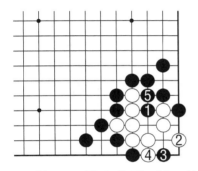

第346题变化图：黑1挖时，白如2虎，则黑3点、5粘，白仍不活。

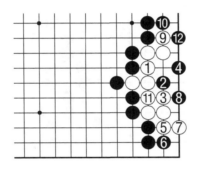

第347题失败图：白1忙着粘，不是要点，黑2靠、4尖，厉害，白5、7徒劳，黑8、10封锁，12破眼，白死。

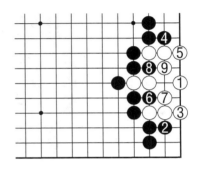

第347题正解图：白1正确，又是两边同形走中央，以下至白9一气呵成，活了。

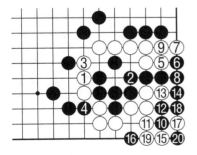

第348题失败图1：白1不懂手筋，一味蛮干，黑2以下至20成劫，白失败。

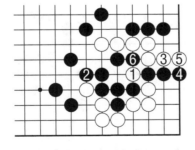

第348题失败图2：白3若不懂顶的手筋，而于本图贴，则黑4立，万事皆休，白5防渡，黑6吃，白死。

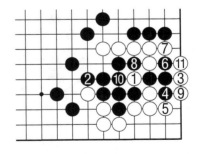

第348题正解图："棋从断处生"，用在此际正合适，白1断，黑2须连，白3顶，妙着，黑4、6不过是走过场，白5、7挡后，9、11渡过，转危为安。

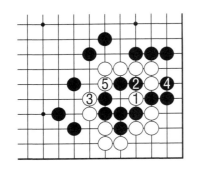

第348题变化图：黑2若吃，则白3、5吃倒扑，黑损失惨重。

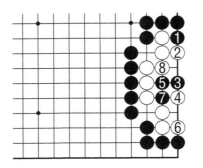

第349题失败图：黑1拐，缓手，白2挡，黑3点，白4尖顶，黑5长，白6做眼，黑7挤，晚了一步，白8打，活出，黑失败。

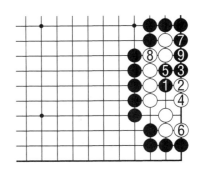

第349题正解图：黑1点，正中要害，白2夹，反抗，黑3打、5挤，白6做眼，黑7、9渡过，白死。

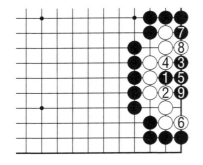

第349题变化图：黑1点，白2粘，死得更快，黑3、5扳粘，白6立，黑7、9聚杀。

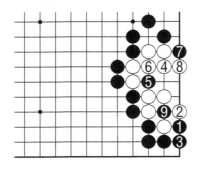

第350题失败图：黑1打，俗手，白2做劫，至白8挡，白成劫活，黑失败。

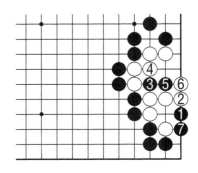

第350题正解图：黑1点是手筋，白2挡，黑3打、5立，白6拐吃，黑7退回，白死。

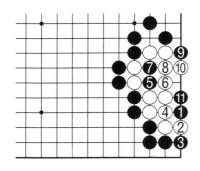

第350题变化图：黑1点，白2如挡，黑3、5两打，白6、8无奈，黑9扳，白死。

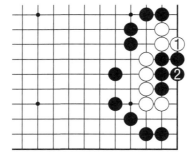

第351题失败图：白1随手，黑2团成刀五聚杀，白大意失荆州。

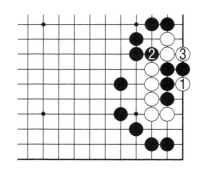

第351题正解图：白1妙手，黑2挤，白3打，白活。

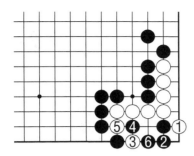

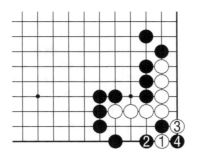

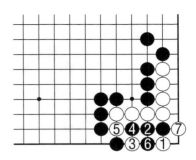

第352题失败图：白1扳，无谋，黑2立，白失去做劫的机会，白3靠，黑4打、6提，白无良策，失败。

第352题正解图：白1夹，唯此一手，黑2打，白3反打，黑4提成劫。

第352题变化图：白1夹，黑2如长，白3靠是手筋，黑4打，白5反打，黑6提，白7打，仍然是劫活。

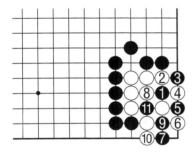

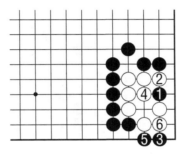

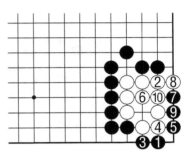

第353题失败图1：黑1先靠，次序错误，白2冲、4扑成立，黑5提，白6打，黑7点，白8打，黑9断打，白10挡，黑11提，成劫，黑失败。

第353题失败图2：白2冲时，黑3透点已来不及，白4打，黑5渡回，白6团眼，活了。

第353题失败图3：黑1透点，白2挡时，黑3急于渡，不行，白4团，黑5扳，白6做眼，黑7再点时，白8挡、10打，黑接不归。

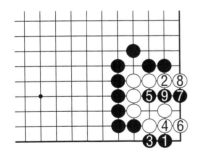

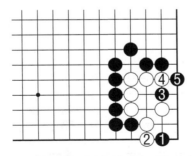

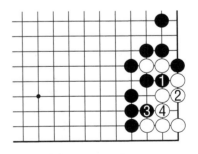

第353题正解图：黑1透点，手筋，白2挡，黑3退，白4团，黑5点眼，白6立，黑7再透点，白8挡，黑9接，还是没有两只眼。

第353题变化图：黑1透点，白2若挡，黑3靠成立，白4冲，黑5渡，白仍无两眼。

第354题失败图：黑1单吃，凑白成眼，白2粘，黑3冲，白4粘，轻松活出。

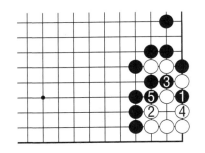

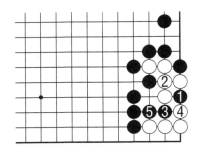

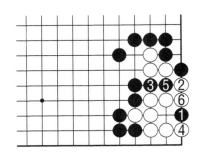

第354题正解图：黑1扑，妙手，白2虎，黑3提，白4提，成劫。

第354题变化图：黑1扑时，白2如粘，黑3挖打，白4无奈，黑5粘回，白死。

第355题失败图：黑1点，正中要害，须注意的是，白2挡时，黑3冲，错误，白4挡，黑5吃，白6粘，活了，黑失败。

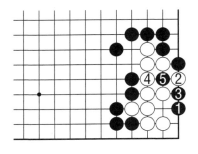

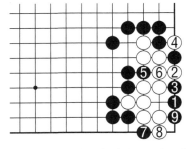

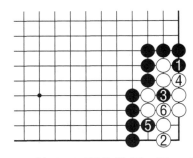

第355题正解图：白2挡时，黑3打，白4只好做劫，黑5提，劫杀。

第355题变化图：黑3打时，白4若提，则黑5冲，白6粘，黑7扳、9长，白无两眼。

第356题失败图：黑1破眼，白2立，黑3再扑，为时已晚，白4粘，黑5打，白6提，黑失败。

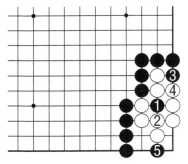

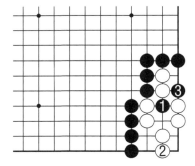

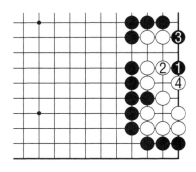

第356题正解图：黑1扑，直击要害，白2如提，黑3冲，白4只得接，黑5托，白死。

第356题变化图：黑1扑，白2如立，黑3再扑，白仍无两眼。

第357题失败图：黑1点，不到位，白2顶，黑3渡，白4打，轻松活出，黑失败。

170

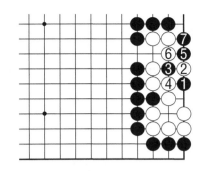

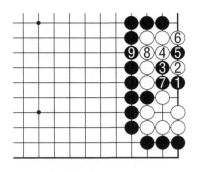

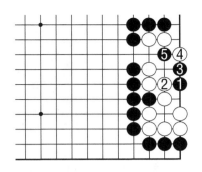

第357题正解图：黑1点，正确，白2靠，黑3打，白4粘，黑5提，白6打，黑7反打成劫。

第357题变化图1：黑3打时，如白4、6反击，则黑7、9连打，仍然是劫。

第357题变化图2：黑1点，白2如粘，则黑3长即可，白4尖顶，黑5打，白死。

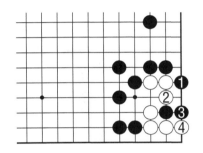

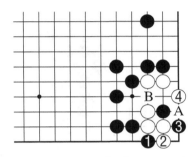

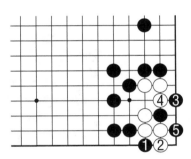

第358题失败图1：黑1扳，错误，白2打，黑3立，白4打，黑接不归，失败。

第358题失败图2：黑1扳，白2挡时，黑3先扳，次序错误，白4尖，占据要津，此后，A、B见合，白活，黑失败。

第358题正解图：黑1扳，简单而有效，白2挡，黑3尖，白4打，黑5做劫，劫杀。

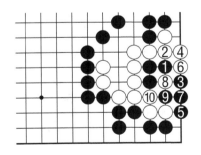

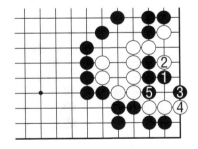

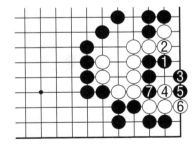

第359题失败图：黑1失之毫厘，谬以千里，白2粘，黑3尖，白4立，冷静，黑5渡，白6挤，黑7渡，白8扑，重要，黑9提，白10打，黑接不归，失败。

第359题正解图：这是有名的"方朔偷桃"的形，黑1是愚形好手，白2必然，黑3尖，求渡，白4挡，黑5断，白死。

第359题参考图：黑1弯，白2粘，黑3尖时，白如误在4位冲，黑5、7后，白死。

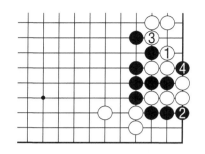

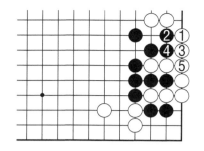

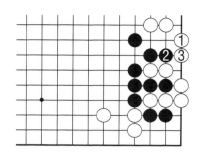

第360题失败图：白1拐，渡不回去，黑2简单地打，白3须补接不归，黑4提，白失败。

第360题正解图：白1尖是经常使用的渡过手筋，黑2则白3，黑4打，白5粘，安全联络。

第360题变化图：白1尖，黑2如打，白3可渡。

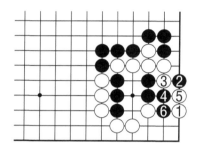

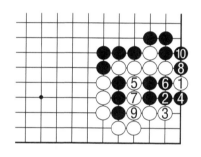

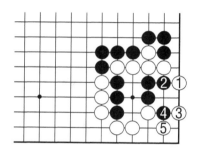

第361题失败图：白1跳，无谋，黑2跨是手筋，白3冲、5打，黑6反打，白死。

第361题正解图：白1尖，手筋，黑弯，白3挡，黑4立，白已经达到了紧气的目的，白5冲，黑6须吃，白7、9吃通。

第361题变化图1：白1尖时，黑2顶，白3跳渡，黑4挖，白5打，黑损失更多。

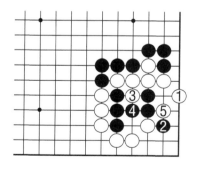

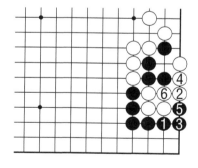

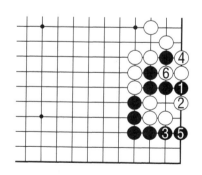

第361题变化图2：白1尖，黑2如扳，白3冲、5卡即可，黑不入气，全灭。

第362题失败图1：黑1单挡，不懂手筋，白2尖，占据要点，黑3立，白4粘，黑5则白6，黑死。

第362题失败图2：黑1立，仍未占到要点，白2尖，黑3、5紧气，白6捷足先登，黑失败。

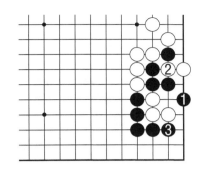

第362题正解图： 黑1尖是渡过的手筋，白2断打，黑3挡，安全联络。

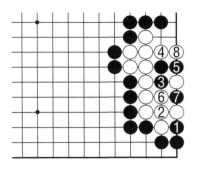

第363题失败图： 黑1打，利敌，白2粘，黑3冲，白4挡，黑5只能打，白6打，黑7提，白8吃胀牯牛，白活。

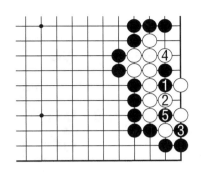

第363题正解图： 黑1冲，破眼，正确，白2挡，黑3打，破眼，白4吃，黑5提，劫杀。

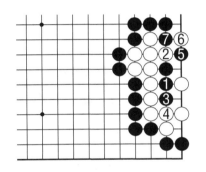

第363题变化图： 黑1冲，白2如挡，黑3再冲，白4粘，黑5扳是好手，白6打，黑7卡，白还是不活。

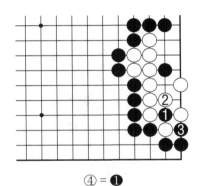

④＝❶

第363参考图： 黑1如扑，白2提，黑是在凑白眼位，白净活。

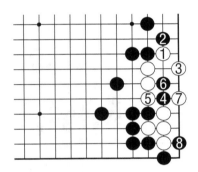

第364题失败图1： 白1扳，正确，但白3虎失误，黑4扳、6长，白7只有扳，黑8扳，白死。

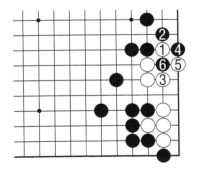

第364题失败图2： 白3虎也失误，黑4打，白5只有做劫，黑6提，劫杀，白失败。

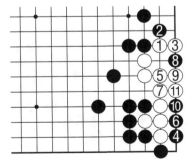

第364题正解图： 白1扳、3立，扩大眼位，明智，黑4扳，白5弯，冷静，黑6爬，白7粘，黑8点，白9、11吃黑接不归。

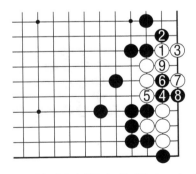

第364题变化图1： 白1扳、3立，黑4若扳，则白5断，黑6长，白7跳夹是手筋，黑8打，白9反打，巧妙成活。

173

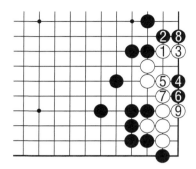

第364题变化图2: 黑4点也无济于事，白5顶，黑6爬，白7粘，黑8则白9，黑仍无法杀白。

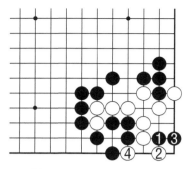

第365题失败图: 黑1夹，弄巧成拙，白2扳，黑3须破眼，白4扑，成劫，黑失败。

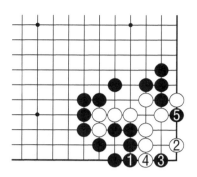

第365题正解图: 黑1团眼，冷静，白2跳，黑3点、5扑，白不活。

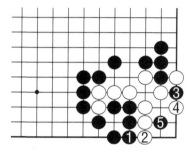

第365题变化图: 黑1团，白2如挡，黑3扑、5点是次序，白仍不活。

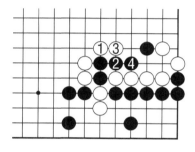

第366题失败图1: 白1、3无谋，黑4后，白无后续手段。

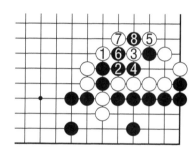

第366题失败图2: 白5如随手打，黑6冲，白7挡不住，黑8提，胜利大逃亡，白失败。

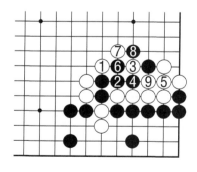

第366题正解图: 白1打、3夹，黑4冲，白5粘，黑6冲不出去，白7、9滚打，黑死。

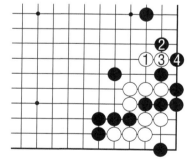

第367题失败图: 白1直接跳封，欲速则不达，黑2跳，白3冲，黑4渡，白无计可施。

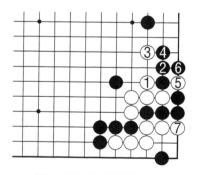

第367题正解图: 白1压正常应对，关键是白3跳夹，黑4逃，白5扑，紧要，黑6提，白7打，黑接不归，请自行验证。

174

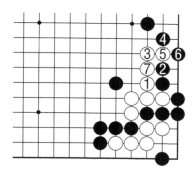

第367题变化图：白3跳夹时，黑4跳，企图联络，白5冲，反击，黑6渡，白7粘，黑连不回去，也请自行验证。

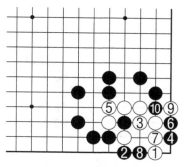

第368题失败图：白1跳，急躁，黑2打，白3提，黑4点，锐利，白5团眼，黑6、8、10卡眼，白死。

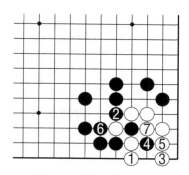

第368题正解图：白1立，冷静，黑2卡眼，白3跳是形，黑4扳，白5粘，沉着，待黑6提时，白7打，活了。

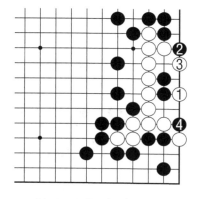

第369题失败图1：白1似乎是手筋，但黑2简单一扳，白顿感困惑，白3挡，黑4扑，白死。

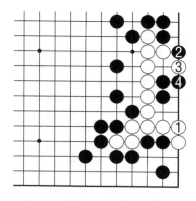

第369题失败图2：白1粘，错误，黑2扳、4打，聚杀。

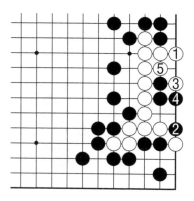

第369题正解图：白1立，冷静，黑2扑，白3托，黑4打，白5成劫活。

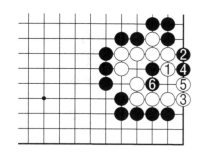

第370题失败图1：白1不是做眼的要点，黑2扳，白3再立时，黑4爬、6长，白顿死。

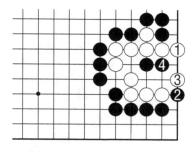

第370题失败图2：白1立错了地方，黑2扳，白3挡，无奈，黑4破眼，白死。

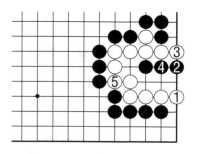

第370题正解图：白1立，冷静，黑2点，白3挡即可，黑4粘，白5粘，双活。

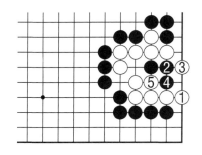

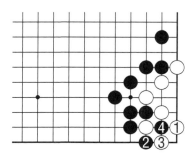

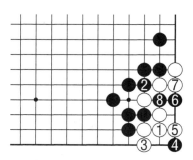

第370题变化图：白1立，黑2如夹，白3扳即可，黑4拐，白5挤虽然难看，却成双活。

第371题失败图1：白1虎，留下了黑2打的弱点，白3只好做劫，黑4提，白成劫活，失败。

第371题失败图2：白1粘，次序错误，黑2卡，白3立时，黑4点，白5挡，黑6、8成立，白死。

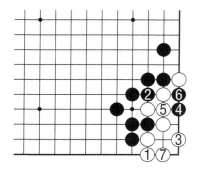

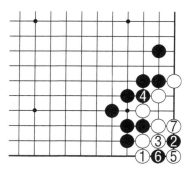

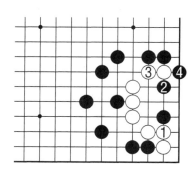

第371题正解图：白1立，保证做成一眼，黑2卡，白3虎，黑4点，白5粘后黑6与白7见合，黑已不能杀白。

第371题变化图：白1立，黑2如点，白3粘，黑4还须卡眼，白5、7吃胀牯牛，黑仍然不能杀白。

第372题失败图：白1粘，黑2夹、4渡，白速死。

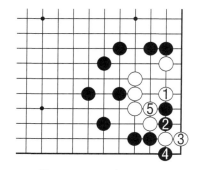

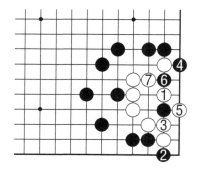

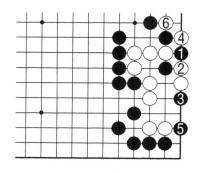

第372题正解图：白1靠，正确，充分利用了角上气的特殊性，黑2断，白3立，好手，黑4扳，白5紧气，金鸡独立，白活。

第372题变化图：白1靠时，黑2先扳也不行，白3粘，黑4扳，白5打，已具眼形，黑6打，白7反打，活棋。

第373题失败图：黑1渡，白2断，黑3打，白4提，黑5渡，白6打，黑已无法封住白，失败。

176

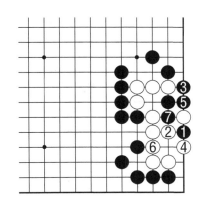

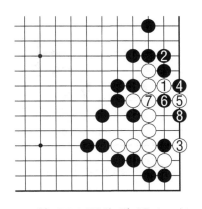

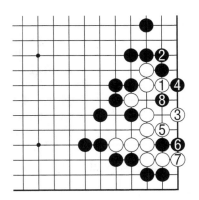

第373题正解图：黑1靠，需要有一定的功力，白2打，黑3扳是次序，白4提无用，黑5粘，白6团眼，黑7打，白死。

第374题失败图1：白1挡，正确，但白3打，错误，黑4、6、8提一子，白无处寻眼。

第374题失败图2：白3跳，黑4扳，白困惑，白5、7吃出一眼，但黑8扳起，白死。

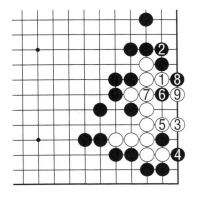

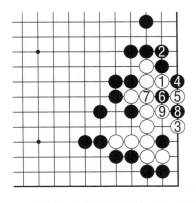

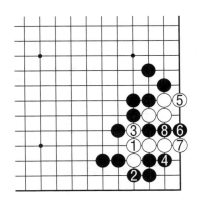

第374题正解图：白1挡、3跳，正确，黑4徒劳，白5打，已吃出一眼，黑6夹时，白7粘，冷静，黑8渡不回去，白9扑，留下一子，再成一眼。

第374题变化图：白3跳时，黑4如扳，反击，则白5打即可，黑6、8无益，白9吃接不归。

第375题失败图1：白1粘，不知所云，黑2挡，白3断，黑4贴，白5立，黑6点、8粘，聚杀。

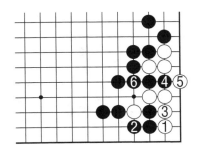

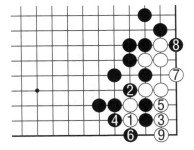

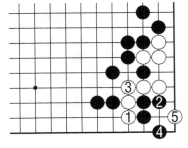

第375题失败图2：白1无谋，黑2拐过，白3成为后手，黑4冲、6粘，白顿死。

第375题正解图：白1立是弃子手筋，是为了得到3、5的先手，黑6提，白7尖，巧手，黑8破眼，白9立，活棋。

第375题变化图：白1立时，黑2若从里边动手，白也有对策，白3粘，黑4虎虽是手筋，但白5点，黑气明显不够，黑失败。

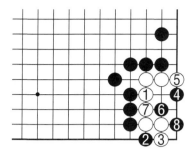

第376题失败图1: 白1弯,平凡,黑2扳、4点,白5只好挡,黑6是先手,再8虎,做成聚杀,白失败。

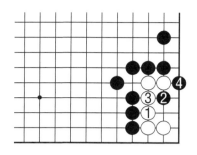

第376题失败图2: 白1更差,黑2、4简单地渡回,白死。

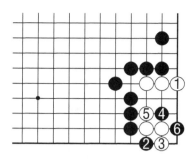

第376题失败图3: 白1立,位置错误,黑2扳、4靠、6扳,白死。

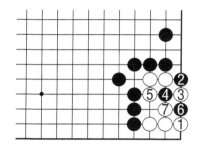

第376题正解图: 白1立,冷静,有此一手,黑2、4、6不成立,白7吃,黑接不归。

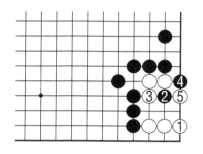

第376题变化图: 白1立后,黑2夹也徒劳,白3拐,黑4渡,白5扑,与前图结果无异。

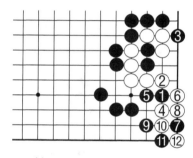

第377题失败图1: 黑1飞,过分,白2挡,黑3扳,白4夹、6渡正是时机,黑7点,破眼,白8粘、10冲、12提成劫,黑失败。

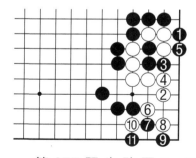

第377题失败图2: 黑1扳,无关痛痒,白2尖,要点,黑3、5虽吃白三子,但白6、8、10后,黑11只能做劫,失败。

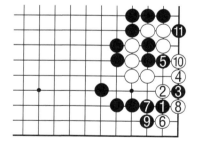

第377题正解图: 黑1跳,沉着,白2尖顶,黑3扳,白4必然,黑5拐破眼,白6夹,黑7粘,白8渡,黑9挡,角上白还是寻不出眼,白10打,黑11反打,白死。

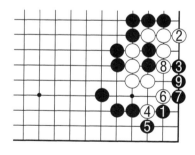

第377题变化图: 黑1跳,白2如立,黑3点,紧要,白4挖、6顶、8提,黑9粘,白死。

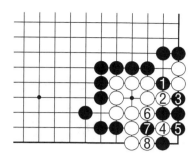

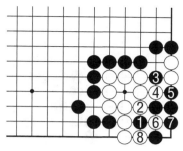

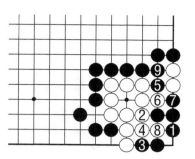

第378题失败图1：黑1、3急于吃白两子，小气，白4挖，手筋，黑5打，白6、8搂打，成劫，黑失败。

第378题失败图2：黑1虎，错误，白2挤，黑3挖时，白4打、6扑，黑7只能提，白8打，成劫活，黑失败。

第378题正解图：黑1做眼，妙手，白2抵抗，黑3必要，白4必然，黑5、7吃两子，白8打，黑9提，白死。

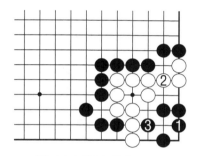

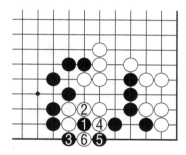

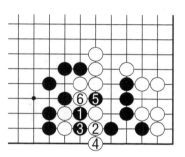

第378题变化图：黑1时，白2如粘，则黑3做成两眼，白自然死了。

第379题失败图1：黑1夹，假手筋，白2粘，黑3渡，白4打，黑5只能打劫渡过，失败。

第379题失败图2：黑1、3贪吃，白2、4抵抗，黑5挖，白6双打，黑死。

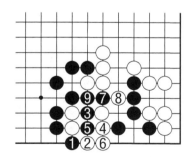

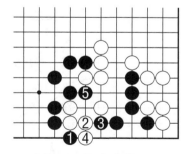

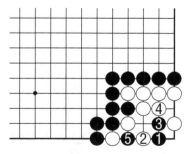

第379题正解图：黑1扳，以静待动，好手，白2如打，黑3、5吃两子，再7、9挖粘，擒白数子，成功联络。

第379题变化图：黑1扳，白2若弯，则黑3挤，求渡，白4挡，黑5冲，白死。

第380题失败图1：黑1点错位置，白2尖顶，黑3长，白4挡，黑5提成劫，黑失败。

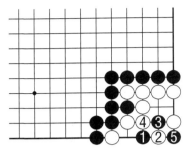

第380题失败图2：黑1
也不对，白2尖顶，黑3打，
白4反打，黑5提，仍成劫，
黑失败。

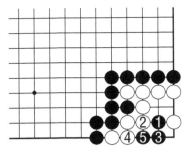

第380题正解图：黑1靠，
只此一手，白2粘，黑3立，白
4粘，黑5成金鸡独立，白死。

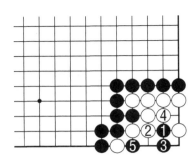

第380题变化图：黑3立
时，白4也不行，黑5提，白
仍被吃。

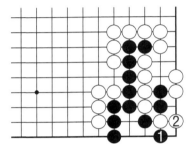

第381题失败图1：黑1
打，随手，白2立，万事皆休。

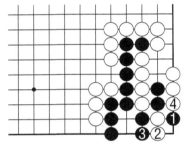

第381题失败图2：黑1
打，必然，黑若只知其一，不
知其二，在3位追吃，则白4
断打，黑死。

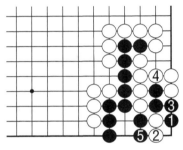

第381题正解图：黑3粘
是本题的关键，白4打，黑5
反打，成倒脱靴，活了。

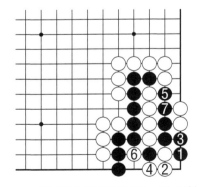

第381题变化图：黑3粘
时，白4若打，则黑5、7搂
打，白死。

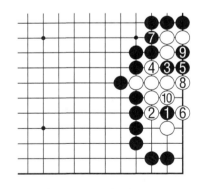

第382题失败图1：黑1
先跨，次序有误，白2冲，黑3
再挖，情况已发生变化，白4、
6是次序，黑7须吃，白8弃三
子，活了。

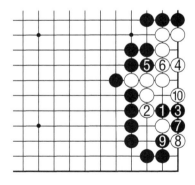

第382题失败图2：白2
冲时，黑3立，白4倒虎是手
筋，黑5则白6，至白10，又
成一眼，黑失败。

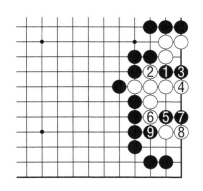

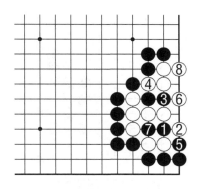

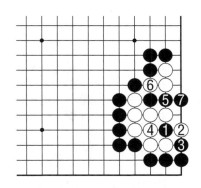

第382题正解图： 黑1挖，绝妙，白2打，黑3立，白4只能追吃，黑5、7后，9断，成金鸡独立，白死。

第383题失败图： 黑1夹，白2打时，黑3急躁，白4打、6提，黑7提，白8做活。

第383题正解图： 黑1、3是紧气手筋，然后5冲、7立，又是金鸡独立，白死。

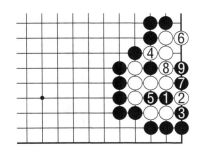

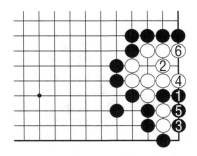

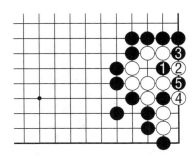

第383题变化图： 黑1、3时，白4如弃子，则黑5提，然后7、9破眼，白仍不活。

第384题失败图1： 黑1立，错误，白2冷静，黑3吃，白4、6做眼，活了。

第384题失败图2： 黑1夹虽然正确，但黑3没有跟上，白4提，黑5只有提，白成劫活，黑失败。

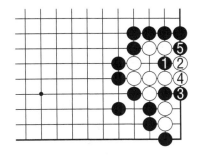

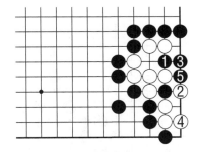

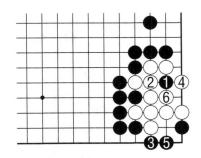

第384题正解图： 黑1、3是次序，是紧气的手筋，白4打吃，黑5吃接不归，巧妙。

第384题变化图： 黑1夹时，白2如提，则黑3立，白4做眼，黑5卡，白仍不能活。

第385题失败图： 黑1、3次序错误，白4打，黑5必然，白6提活。

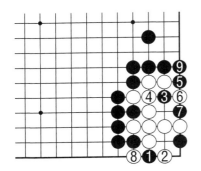

第385题正解图： 黑1扳是次序，白2挡，必然，黑3夹，白4无奈，黑5渡，白6扑，黑7提，白不入气，死了。

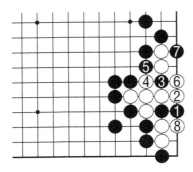

第386题失败图： 黑1立，手筋，白2打，黑3单挖，条件不成熟，白4打，黑5、7无用，白8提，活了。

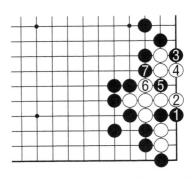

第386题正解图： 白2打时，黑3扳，紧要，白4挡，黑5挖，白死，此结果应归功于黑1的紧气作用。

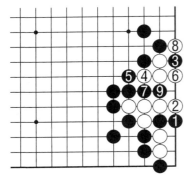

第386题变化图： 黑3扳时，白4若冲，则黑5挡，白6打，黑7、9连冲，白挡不住，还是不活。

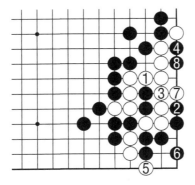

第387题失败图： 白1打，黑2、4破眼时，白5扳不成立，黑6尖虎，妙手，白7则黑8，白不活。

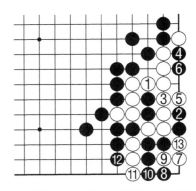

第387题正解图： 本题有一定难度，但只要动脑子，就能起死回生。白1冷静，黑2、4、6破眼，白7点是妙手，至13提，巧妙成活。

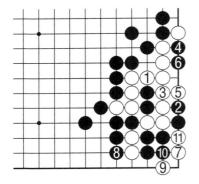

第387题变化图： 白7点时，黑8若打，则白9尖是手筋，黑10团，白11提，黑仍无计杀白。

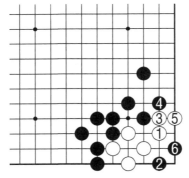

第388题失败图1： 白1尖，黑2占据了要点，白3、5后，黑6尖，白净死。

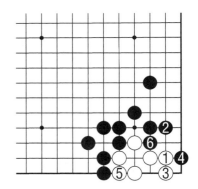

第388题失败图2： 白1不当不正，黑2立冷静，白3则黑4，白5团，黑6卡，白死。

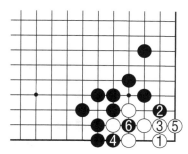

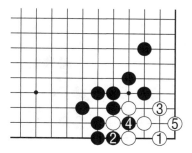

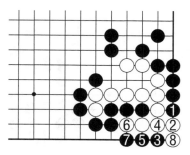

第388题正解图： 白1尖，绝妙，黑2尖，白3粘，黑4打，白5做眼，黑6提，白在如此狭小的地带成劫活，大为成功。

第388题变化图： 白1尖时，黑2、4直接打拔，则白3、5轻松做活，白更满意。

第389题失败图1： 黑1冲、3点，失败，白4粘至8吃，黑接不归，白活了，黑失败。

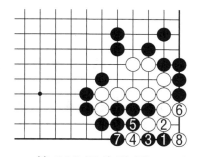

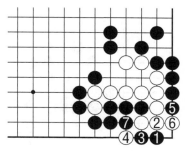

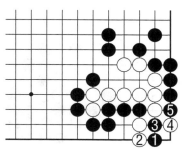

第389题失败图2： 黑1点，手筋，白2粘，黑3爬，白4挡，黑5若直接卡则急躁，白6、8成劫，黑失败。

第389题正解图： 白4挡时，黑5与白6先交换，再7卡，黑死。

第389题变化图： 黑1点时，白2若挡，则黑3断严厉，白4吃，黑5倒扑，白死。

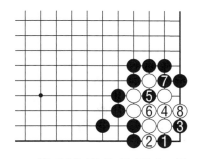

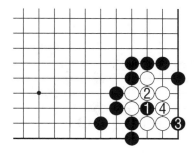

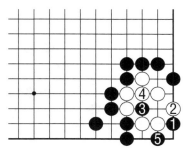

第390题失败图1： 黑1托，不到位，白2打，黑3扳，白4粘，黑5、7卡眼，白8吃胀牯牛，黑失败。

第390题失败图2： 黑1打，妙味全失，白2粘，黑3再顶时，白4粘，黑无计杀白。

第390题正解图： 黑1顶，绝妙！白2打，黑3打、5扳，白死。

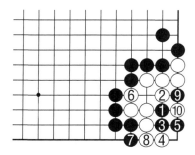

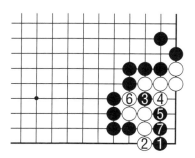

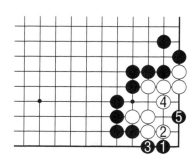

第391题失败图：黑1靠，急躁，白2顶，黑只能走3、5，白6做眼，黑7、9扑劫无奈，黑失败。

第391题正解图：黑1透点，正确，白2挡，黑3挖，白4无奈，黑5搂打后，再7粘，白死。

第391题变化图：黑1点时，白2如挡在里边，黑3爬回即可，白4虎，黑5点，白仍不活。

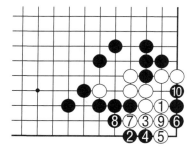

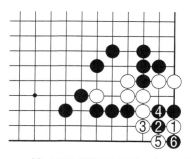

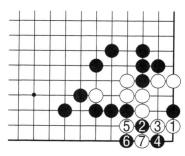

第392题失败图：白1顶，不得要领，黑2跳，手筋，白3则黑4，白5挡，黑6长，破眼，白7、9无用，黑10成聚杀。

第392题正解图：白1靠是唯一的腾挪之策，黑2打，白3夹，黑4粘，白5做劫。

第392题变化图：白1靠，黑2如扳，则白3挡，黑4扳，白5打，黑6只能做劫，白7提，成先手紧气劫，白更成功。

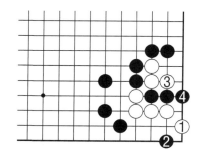

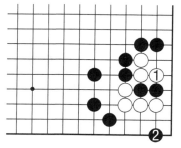

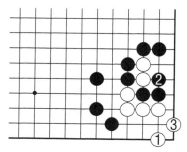

第393题失败图1：白1尖，不到位，黑2飞，占据要点，白3吃，黑4立，白不活。

第393题失败图2：白1单吃，平庸，黑2飞，白难觅两眼。

第393题正解图：白1冷静，黑2吃，白3做眼，净活。

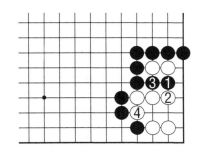

第394题失败图： 黑1似是而非，白2夹，弃子，黑3骑虎难下，白4挤，黑无破眼手段。

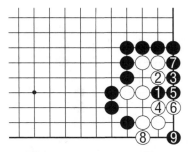

第394题正解图： 黑1顶，妙手，白2顶，黑3托至7渡过，白8立，黑9点，白死。

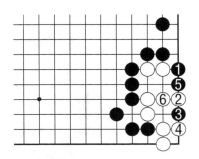

第395题失败图： 黑1扳，无谋，白2跳方是形，黑3靠，则白4做眼，黑5冲，则白6又成一眼，黑失败。

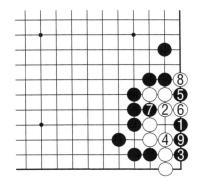

第395题正解图： 黑1点方，要着，白2若弯，阻渡，则黑3跳夹，白4粘，黑5扳、7挤，白死。

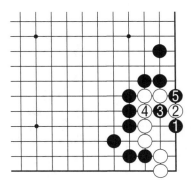

第395题变化图： 黑1点时，白2若尖顶，黑3、5简单杀白。

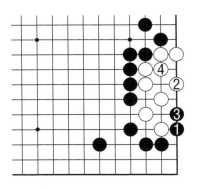

第396题失败图： 黑1扳，错失良机，白2虎，黑3挺进，白4做眼，黑失败。

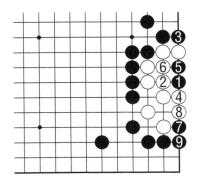

第396题正解图： 黑1点方仍是要点，白2顶，黑3做倒扑，白4打，黑5破眼，再7、9扳粘，白无两眼。

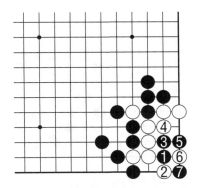

第397题失败图： 黑1靠，假手筋，白2扳，黑3、5时，白6扑劫，黑失败。

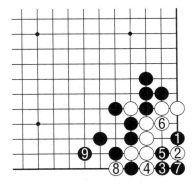

第397题正解图： 黑1点，正中要害，白2靠，黑3点是先手，白4无奈，黑5吃，白6、8顽抗，黑9补，白死。

185

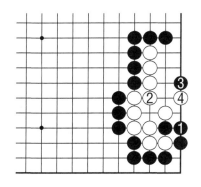

第398题失败图：黑1单粘，退让之策，白2粘眼，黑3飞，白4虎，活了，黑失败。

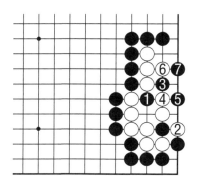

第398题正解图：黑1打，容易想到，关键是白2提时，黑3、5两扳，白6打，黑7做成劫杀。

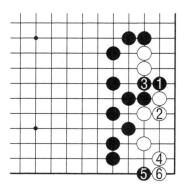

第399题失败图1：黑1扳虽吃白两子，但白2、4可轻松做活。

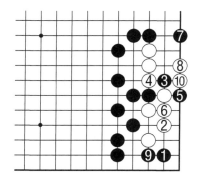

第399题失败图2：黑1点也非要筋，白2虎，弹性极佳，黑7跳时，白8刺，妙手，黑难以杀白。

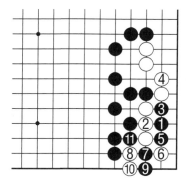

第399题正解图：黑1点，妙着，白2如粘，黑3断、5爬，严厉，白6扳，黑7、9、11做成大头鬼杀白。

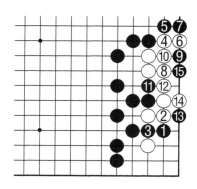

第399题变化图：黑1点，白2如粘，黑3也粘，白4扳、6立，虽极力扩张眼位，无奈至黑15，仍做不出两眼。

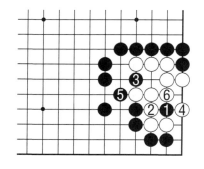

第400题失败图：黑1夹，急躁，白2粘，黑3再挖时，白4打、6提，两眼瞪圆，黑失败。

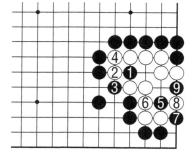

第400题正解图：黑1、3是紧气的手筋，是为5、7做铺垫，白8扑，黑9提，白不入气，净死。

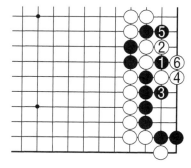

第401题失败图：黑1打，正确黑3顺手再打，错误，白4立，黑失去了打劫的机会，黑5则白6，黑死。

186

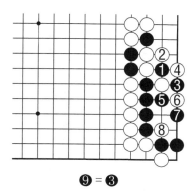

⑨ = ③

第401题正解图：黑1、3、5、7连续打，手筋，白8点眼，必然，黑成劫活。

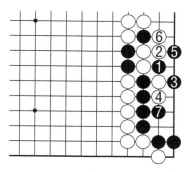

第401题变化图：黑3打时，白4若长，则黑5、7成劫，更占便宜。

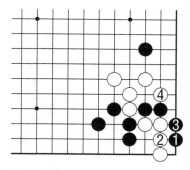

第402题失败图1：黑1、3是错觉，白4紧气，黑反倒死了。

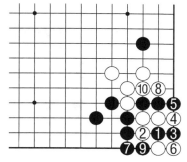

第402题失败图2：黑1进了一步，但白2至6提，黑7、9紧气，白8、10吃黑三子，活出且变厚，黑失败。

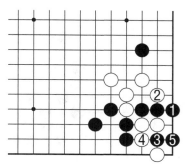

第402题正解图：黑1立是长气手筋，白2如紧气，黑3挖，妙手，白4打，黑5立，白死。

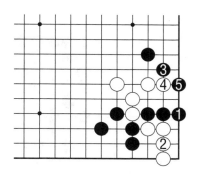

第402题变化图：黑1立时，白2如粘，则黑3、5渡过，角上白自然死了。

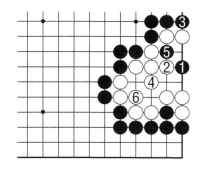

第403题失败图：黑1、3、5忙于吃倒扑，给了白2、4、6做眼的机会，白活，黑失败。

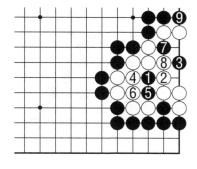

第403题正解图：黑1点，还是为了紧气，白2挡，黑3点，白4、6吃两子，黑7断、9吃倒扑，白死。

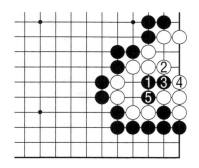

第403题变化图：黑1点时，白2如立，黑3冲，白4挡，黑5双打，白死。

187

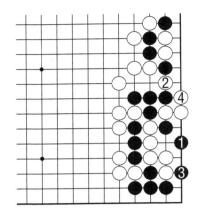

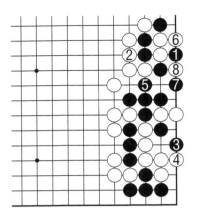

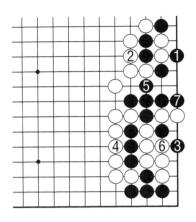

第404题失败图：黑1先尖，次序有误，白2打、4拐，黑死。

第404题正解图：黑1打、3尖是次序，白4必然，黑5做眼，重要，白6打，黑7做劫，白8提，黑打劫活。

第404题变化图：黑3时，白4若提，则黑5做眼，白6打，黑7吃倒扑，净活。

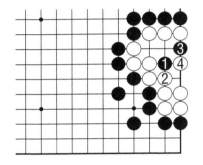

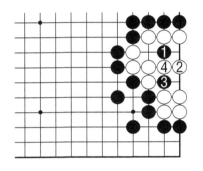

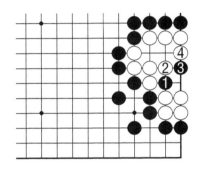

第405题失败图1：黑1不是要点，白2粘，黑3做倒扑，白4扑，成劫，黑失败。

第405题失败图2：黑1点错地方，白2跳，黑3则白4，白活。

第405题失败图3：黑1打，随手，白2打，黑3则白4，做成倒脱靴，请自行验证。

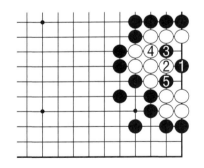

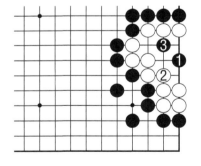

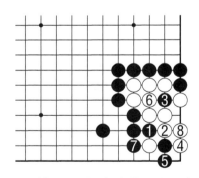

第405题正解图：黑1点，正中要害，白2如顶，黑3挖、5扑，成双倒扑，绝妙。

第405题变化图：黑1点时，白若2粘，则黑3尖，简单杀白。

第406题失败图：黑1冲、3扑，次序错误，白2、4后，6提，黑7须吃，白8粘活，黑失败。

188

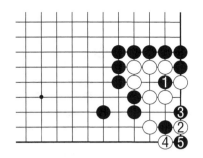

第406题正解图: 黑1先扑是次序,白2夹,黑3打,白4反打,黑5提,劫杀。

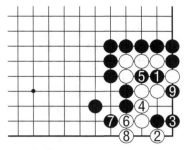

第406题变化图1: 黑1扑,白2如扳,则黑3立,白4粘,黑5提,白6、8做眼,黑9提,白净死。

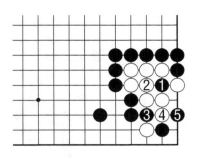

第406题变化图2: 黑1扑,白2如提,则黑3冲,5扳,白仍不活。

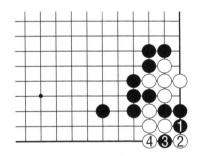

第407题失败图1: 黑1单拐,准备不足,白2扑,好手,黑3提,白4成劫,黑失败。

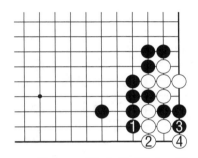

第407题失败图2: 黑1单挡,与前图大同小异,白2立,黑3拐,白4扑,还是劫。

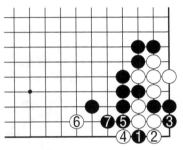

第407题正解图: 黑1托,正确,白2挡,黑3拐正是时机,白4、6无济于事,黑7弯,白仍逃不出去。

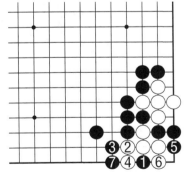

第407题变化图: 黑1托,白2如爬,则黑3挡,白4打,黑5拐,白6吃,黑7挡,金鸡独立,白死。

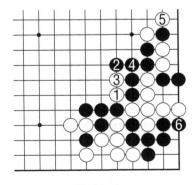

第408题失败图: 白1断错地方,黑2尖,白3打,黑4粘,白5回手吃,黑6挡,金鸡独立,白死。

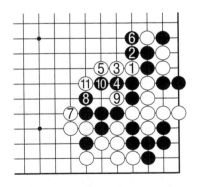

第408题正解图: 白1断打,应了"棋从断处生"的谚语,黑2、4必然,白5是先手,黑6不得已,白7拐,黑8逃时,白9扑,绝妙,至11打,黑接不归,白全部吃通。

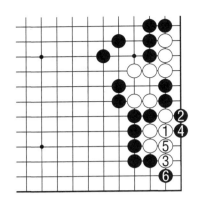

第409题失败图1：白1粘并未长气，黑2扳、4打，6再扳，白死。

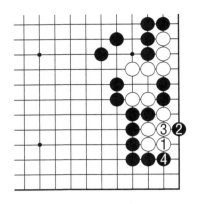

第409题失败图2：白1也未长出气来，黑2点，白3粘，黑4挡，白仍被杀。

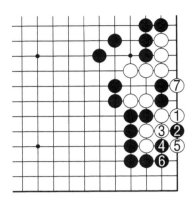

第409题正解图：白1立是长气手筋，黑2点也是手筋，但白3粘至7黑两子被擒，白活。

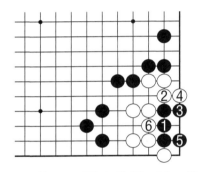

第410题失败图：黑1粘虽能长气，但此际不宜，白2顶，黑3立，白4挡，黑5虽做一眼，但白6粘，黑明显气短。

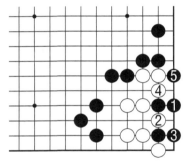

第410题正解图：黑1立，上下兼顾，妙手，白2挖，黑3再立，白4顶，黑5扳渡，白死。

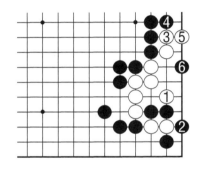

第411题失败图：白1不懂弃子，黑2打，白3、5于事无补，黑6点，白死。

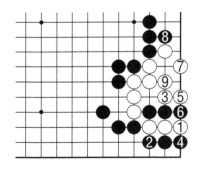

第411题正解图：白1立，弃子，为走到3、5的先手做准备，黑6提，白7做眼，黑8挡，白9活棋。

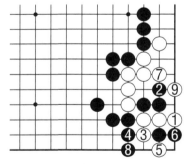

第411题变化图：白1立，黑2若弯，则白3拐、5打，黑6则白7，黑8立，白9活棋。

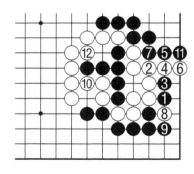

第412题失败图：黑1简单紧气，白2粘，长出一气，至12，黑差一气，被杀。

190

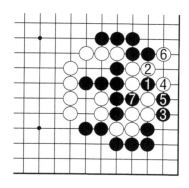

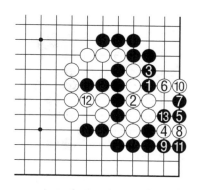

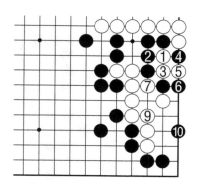

第412题正解图：黑1挤，紧气的妙手，白2打，黑3扳，白4提，黑5挤，白6扳，黑7打，对杀黑胜。

第412题变化图：黑1挤时，白2若粘，则黑3粘，白4、6两边扳，黑5至13是有名的黄莺扑蝶，白死。

第413题失败图：白1是自杀行为，黑2接，白3挤，黑4扑是次序，白5、7、9挣扎做眼，但黑10飞，白希望彻底破灭。

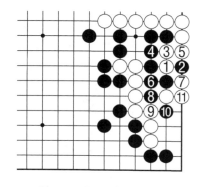

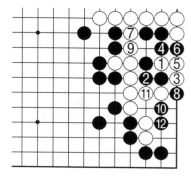

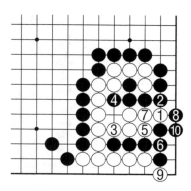

第413题正解图：白1嵌，妙手，黑2、4，白5接，至黑10打，白11粘，白安全逃生。

第413题变化图：白1嵌时，黑2若粘，则白3渡，黑4、6打，白7打是先手，再9连回，黑还须10、12补，白较前图更为满意。

第414题失败图：白1跨，盲目，黑2粘，白3则黑4破眼，白5、7无用，黑8渡、10粘，白死。

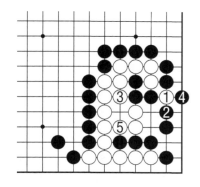

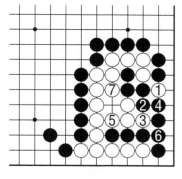

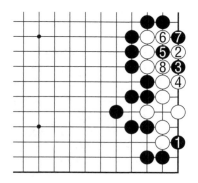

第414题正解图：白1断，利用弃子，白3成为先手，再5团眼，活了。

第414题变化图：白1断，黑2若长，白3冲，黑4还得吃，白5成为先手，再7团眼，还是活了。

第415题失败图：黑1扳，无关痛痒，白2跳是形，黑3靠，白4打，黑5反打，白6、8吃接不归，黑失败。

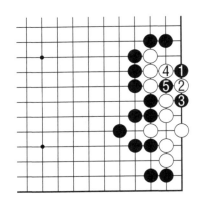

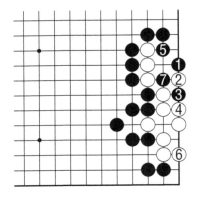

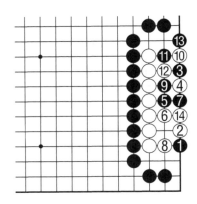

第 415 题正解图：黑 1 小飞，恰到好处，白 2 尖顶，黑 3 扑是关键，白 4 只好做劫，黑 5 提，劫杀。

第 415 题变化图：黑 3 扑时，白 4 若提，黑 5 做倒扑，白不好办，白 6 做眼，黑 7 倒扑，白不活。

第 416 题失败图：黑 1 小飞不到位，白 2、4 靠，黑 5 点，白 6、8 做眼，再 10 至 14 吃接不归，白悠然活出。

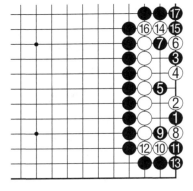

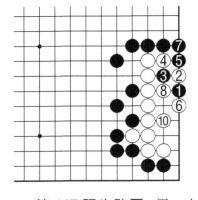

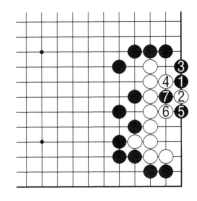

第 416 题正解图：白空间虽然很大，黑仍有杀棋妙着。黑 1、3 两飞，构思奇妙，白 2、4 两靠抵抗，黑 5 点在中央，以下至黑 17，棋形均衡，极具美感，优雅杀白。

第 417 题失败图：黑 1 大飞，白 2 靠、4 冲，黑 5 提，白 6、8 是先手，再 10 做眼，活了。

第 417 题正解图：黑 1 小飞，恰到好处，白 2 如靠，黑 3 退，白 4 虎，黑 5 打，白 6 只能做劫，黑 7 提，劫杀。

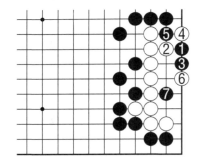

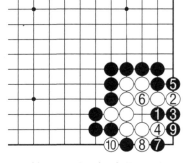

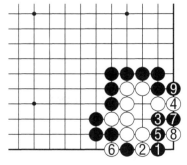

第 417 题变化图：黑 1 小飞时，白 2 若顶，则黑 3 长，有力，白 4 扳，黑 5 打，白 6 打吃，黑 7 点，白净死。

第 418 题失败图：黑 1 夹是假手筋，白 2 立、4 夹，黑 7、9 后，白 10 提，成连环劫，白活。

第 418 题正解图：黑 1 点在要害处，白 2 必然，黑 3 夹又在痛处，白 4 不得已，黑 5 粘，白 6 不得已，黑 7 做眼，白 8 则黑 9，眼杀。

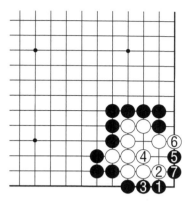

第418题变化图：黑1点，白若在2位反抗，则黑3连回，更简单了，白4则黑5，白6则黑7，白无活路。

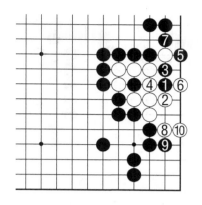

第419题失败图：黑1点，错误，白2挡，黑3断、5打，白6打后，8、10做眼，活了。

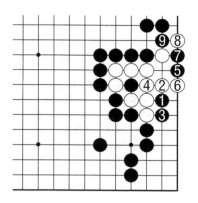

第419题正解图：黑1托，妙手，白2若挡，则黑3打、5点，白6、8吃，黑9卡，白死。

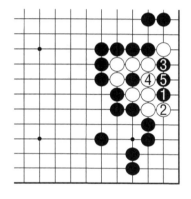

第419题变化图：黑1托时，白2若拐，则黑3断打，白4无奈，黑5粘，白仍不活。

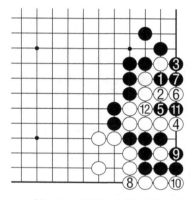

第420题失败图：黑1打，失机，白2反打后，4立，以下至白12互相紧气，成为双活，黑失败。

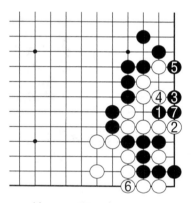

第420题正解图：黑1夹，手筋，白2如立，黑3尖，妙手，白4挤，黑5打正是时机，白6粘，黑7也粘，眼杀。

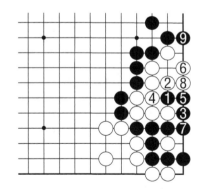

第420题变化图：黑1时，白2如反夹，则黑3渡，白4、6、8虽能做眼，但不是双活，黑9立，快一气杀白。

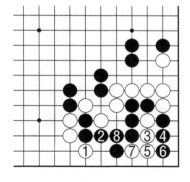

第421题失败图：白1打，不懂得将先手保留在关键时刻再用的道理，还停留在初级水平，黑2粘，妙味全失，至黑8粘，白全死。

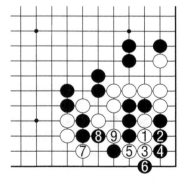

第421题正解图：白1、3、5连续弃子，手筋，黑6吃，白7打，好时机，黑8逃，白9扑，绝妙，黑三子被擒，白胜利大逃亡。

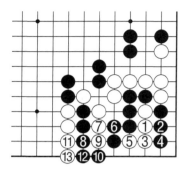

第421题变化图： 黑6如粘，看似好棋，但至白13，黑接不归，损失更多。

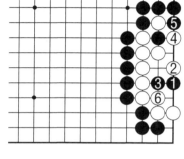

第422题失败图： 黑1点，位置不对，白2尖顶，黑3长，白4提，黑5打，白6粘，成为劫杀，黑失败。

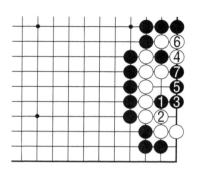

第422题正解图： 黑1点，正确，白2若粘，黑3立，白4提，黑5点，重要，白6粘，黑7打，白死。

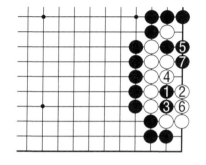

第422题变化图： 黑1点时，白2若夹，黑3断是手筋，白4打，黑5立正是时机，白6提，黑7拐，白仅存一眼，不活。

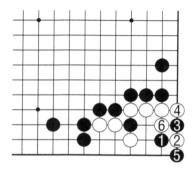

第423题失败图： 黑1点，不当不正，白2靠，手筋，黑3打，白4反打，黑5提，白6打成劫，黑失败。

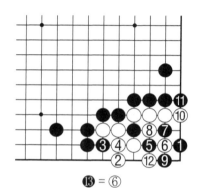

⑬＝⑥

第423题正解图： 黑1占据要点，有此一手，白已不能做出两眼，白2虎，欲图扩大眼位，黑3破眼，白4无奈，黑5扳，严厉，白6挖，黑7、9打拔，白10阻渡，黑11紧气，白12打，黑13粘，眼杀。

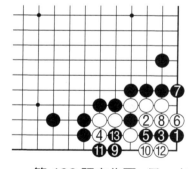

第423题变化图： 黑1点，白2若提，则黑3长，白4挡，黑5卡，白6、8紧气，黑9点是次序，白10、12紧气，黑13卡，白仍做不出两眼。

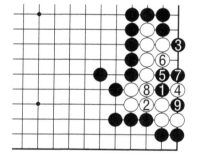

第424题失败图： 黑1靠，锐利，白2无奈，黑3不可急于扳，如此，白4扳，得以喘息，黑5、7、9成为劫杀，黑失败。

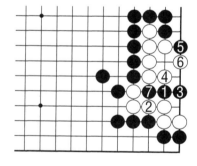

第424题正解图： 黑3立，白4夹，黑5扳，待白6挡时，由于气紧，黑7断，成金鸡独立，白死。

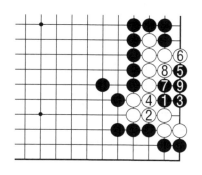

第424题变化图: 黑3立时,白4若粘,则黑5跳点,再7、9成为聚杀。

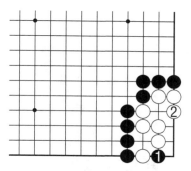

第425题失败图: 黑1先扑,次序有误,白2做眼,万事皆休,黑失败。

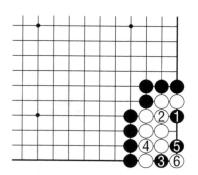

第425题正解图: 黑1打、3扑是次序,白4粘,黑5扳,白6提,成劫杀。

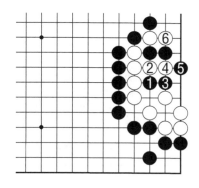

第426题失败图: 黑1点,白2、4连冲,黑5渡时,白6打,妙手,黑不能杀白。

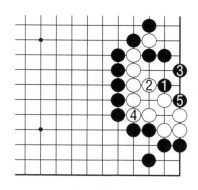

第426题正解图: 黑1靠,手筋,白2顶,黑3倒虎是杀着,白4团眼,黑5扑,劫杀。

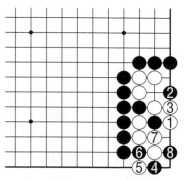

第427题失败图: 白1打,平庸,黑2点,白3无奈,黑4突出奇兵,白5打,黑6是先手,白7只能提,黑8成劫,白失败。

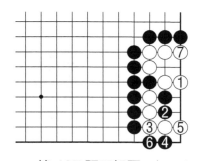

第427题正解图: 白1立,冷着,黑2打、4夹是手筋,白5防黑打劫,黑6退回,白7活。

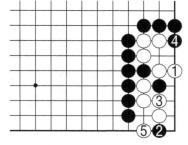

第427题变化图: 白1立,黑2顶是手筋,白3打,黑4打吃三子,白5活。

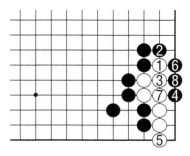

第428题失败图: 白1、3扳粘,自毁长城,黑4点,白5立,情况已发生变化,由于白1与黑2的交换,白自撞一气,黑6、8渡,白死。

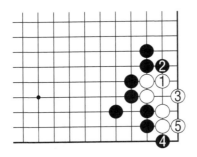

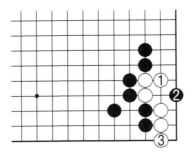

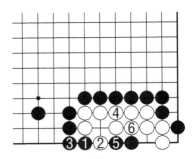

第428题正解图：白1立，简单成活，黑2挡，白3虎，黑4则白5，黑无计杀白。

第428题变化图：白1立时，黑2若点，则白3立，黑无后续手段。

第429题失败图：黑1、3扳粘，无谋，白4粘，黑5打，白6成劫，黑失败。

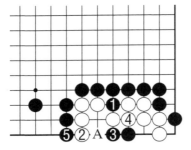

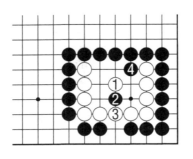

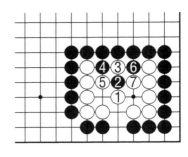

第429题正解图：黑1挤、3夹，次序好，黑5挡，由于白A位不能入气，净死。

第430题失败图：白1跳，不当不正，黑2凌空一靠，白3粘，黑4冲，白死。

第430题正解图：白1虎，两边同形走中央，黑2若靠，白3凌空一挖，妙手，黑4、6无奈，白5、7成活。

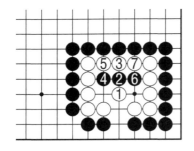

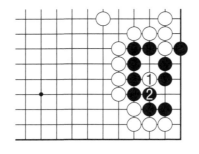

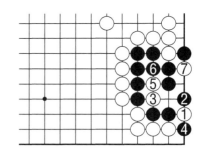

第430题变化图：白3挖，黑若走4、6，则白5、7成双活。

第431题失败图：白1点，黑2打，白帮黑做活。

第431题正解图：白1扳、3打，解决问题，黑4提，白5打、7扑，黑死。

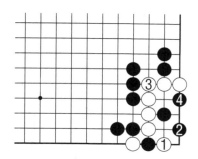

第432题失败图1：白1提，太悠闲，黑2点，白3粘，黑4尖，聚杀，白死。

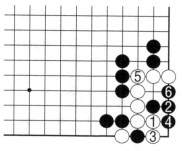

第432题失败图2：白1弯，缓手，黑2立，白3拐，黑4也拐，白5粘，黑6再拐，还是聚杀。

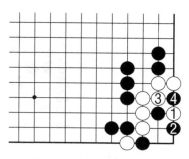

第432题正解图：白1夹，正确，黑2打时，白3反打，重要，黑4提，成劫活是正解。

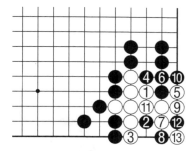

第433题失败图：白1顶，笨拙，黑2夹正是时机，白3立，黑4再挡，白5打、7挡，黑8、10、12做劫，巧手，白失败。

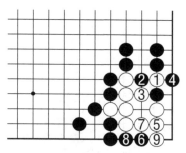

第433题正解图：白1挖，手筋，黑2若打，白3成为先手，黑4提，至白9，安全活出。

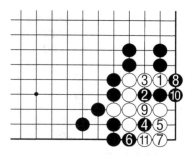

第433题变化图1：白1挖时，黑2若长，则白3粘，黑4夹，白5反夹，黑6求渡，白7立，黑8、10须渡，白11吃，活棋。

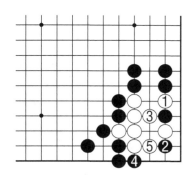

第433题变化图2：白1挖时，黑2若夹，白3打、5顶，简单成活。

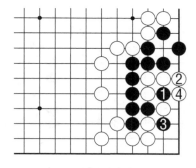

第434题失败图：黑1直接扑，不行，白2立，黑3再断已经晚了，白4提，黑无后续手段，失败。

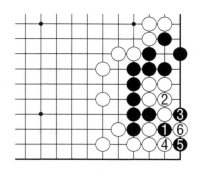

第434题正解图：黑1断，出乎意料，白2如粘，黑3、5成劫，腾挪成功。

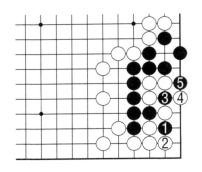

第434题变化图：黑1断，白2若打，则黑3、5扑劫，与前图大同小异。

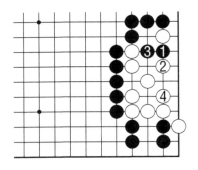

第435题失败图1：黑1夹，正好凑白2尖顶，黑3长，白4做眼，活了，黑失败。

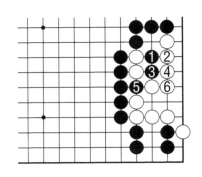

第435题失败图2：黑1、3、5毫无意思，凑白2、4、6扩大眼位，助白做活。

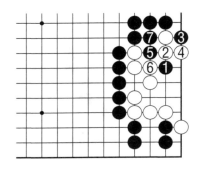

第435题正解图：黑1点，锐利，白2顶，黑3从一路扳，妙手，白4挡，黑5挖，白6只能从这边打，黑7后，白不能活。

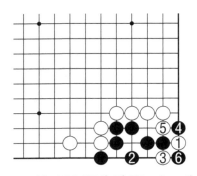

第436题失败图：白1先托，失机，黑2做眼，白3扳，黑4打、6提，成劫，白失败。

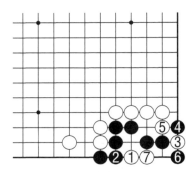

第436题正解图：白1点、3托，次序绝妙，黑4打、6提，白5卡、7破眼，黑死。

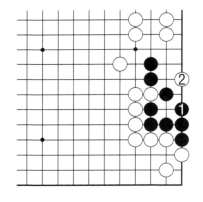

第437题失败图1：黑1急于做眼，白2点，黑死。

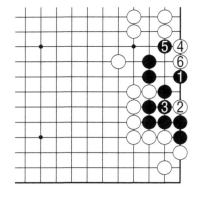

第437题失败图2：黑1虎，不是要点，白2打、4尖，妙手，黑5则白6，黑不活。

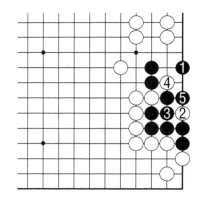

第437题正解图：黑1跳是形，白2打、4断，黑5提正好，白无计杀黑。

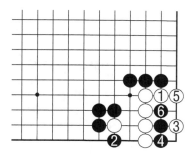

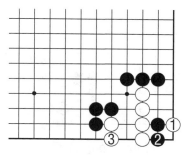

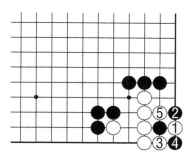

第 438 题失败图: 白 1 挡，平庸，黑 2 打，冷静，白 3 再夹时，黑 4 立，白 5 则黑 6，白不活，失败。

第 438 题正解图: 白 1 夹，形之要点，黑 2 如立，白 3 双，黑无破眼手段。

第 438 题变化图: 白 1 夹，黑 2 打也不行，白 3、5 滚打，活得更痛快。

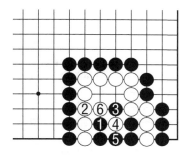

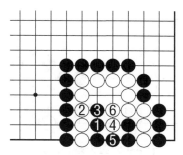

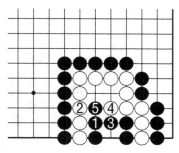

第 439 题失败图 1: 黑 1 打，正确，但黑 3 错误，白 4 扑、6 打，黑反被杀。

第 439 题失败图 2: 黑 3 冲也不行，白 4 打，黑 5 打，白 6 粘，黑死。

第 439 题正解图: 黑 3 粘，冷静，白 4 则黑 5，白死。

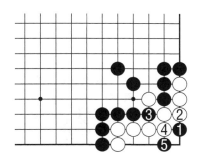

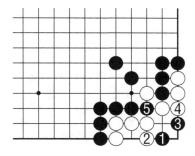

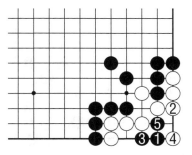

第 440 题失败图: 黑 1 点，错误，白 2 粘，黑 3 断打，白 4 粘，黑 5 扳，成劫，黑失败。

第 440 题正解图: 黑 1 点、3 尖次序正确，白 4 粘，黑 5 断打，白死。

第 440 题变化图: 黑 1 点时，白 2 如粘，黑 3 爬，白 4 虽是手筋，但黑 5 拐，白死。

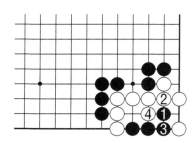

第441题失败图：黑1点刺，初学者也会走，白2粘，黑3若粘，则学艺不精，白4顶，黑反而死了。

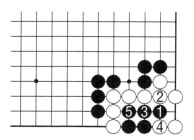

第441题正解图：白2粘时，黑3颇见功底，白4挤，黑5做成聚杀。

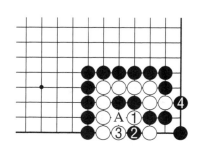

第442题失败图：白1直接断吃两子，大意。黑2扑，时机绝佳，白3提不得已，黑4渡过，白死。图中，白3若于4位阻渡，黑在A位提一子，白亦被眼杀，失败。

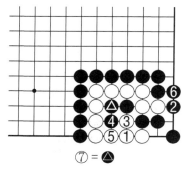

⑦＝△

第442题正解图：白1单退，出人意料的妙手。黑2渡过，必然，白3断吃两子，正好，黑4破眼，白5提，黑6只能粘回，白7做成两眼净活。

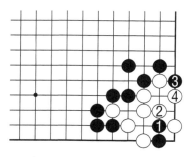

第443题失败图：黑1长，不到位，白2挡，黑3打，白4成劫，黑失败。

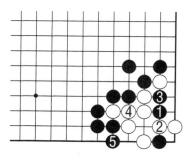

第443题正解图：黑1跳靠，令敌胆寒，白2冲，黑3打，白4团眼，黑5立，白顿死。

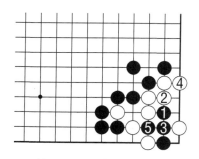

第443题变化图：黑1靠，白2如粘，则黑3粘，简单多了，白4立，黑5打，白还是不活。

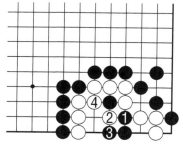

第444题失败图：黑1挤，随手，白2打，黑3反打，白4提，活了。

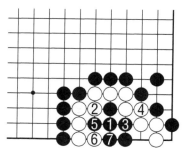

第444题正解图：第一手不难，黑1立即可，白2粘，必然，黑3挤，白4不得已，黑5重要，白6时，黑7成葡萄六聚杀。

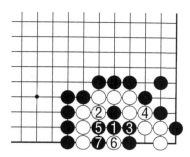

第444题变化图： 过程中，白6反抗不成立，黑7提，成眼杀。

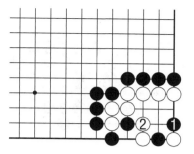

第445题失败图： 黑1提，随手，白2打，活了，黑失败。

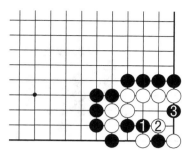

第445题正解图： 黑1反打，只此一手，白2提，黑3点，白死。

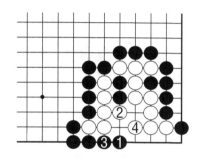

第446题失败图： 黑1点，无关痛痒，白2提，冷静，黑3连回，白4做眼，黑失败。

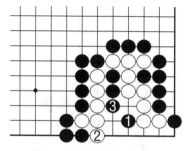

第446题正解图： 黑1靠，只此一手，白2若挡，黑3立，白顿死。

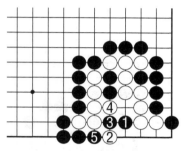

第446题变化图： 黑1靠，白2尖似乎是手筋，但黑3严厉，白4提，黑5断吃，白死。

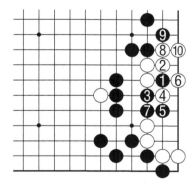

第447题失败图1： 黑1靠，凌厉，白2挡，黑3扳，只见小利，至白10，白活出一半，黑失败。

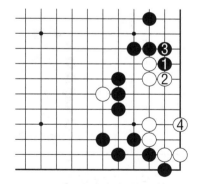

第447题失败图2： 黑1太过平庸，白2、4简单成活。

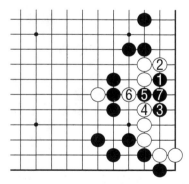

第447题正解图： 白2挡时，黑3跳，要求分断，白4压，黑5、7挖粘，白仍无计联络，不能活。

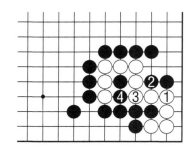

第448题失败图： 白1胆小如鼠，黑2挤，白3连，黑4粘回，白做不出两眼。

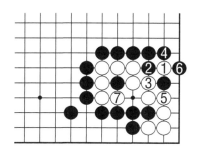

第448题正解图： 白1、3、5是弃子争先之策，黑6提，白7提一子成活。

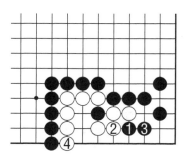

第449题失败图1： 黑1看似巧妙，白2粘，黑3须连，白4挡，净活。

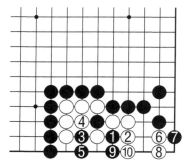

第449题失败图2： 黑1断，白2吃，黑3、5卡眼，白6、8从另一方向做活，黑失败。

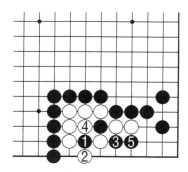

第449题正解图： 黑1挖、3吃是次序，白4提，黑5连回，成功杀白。

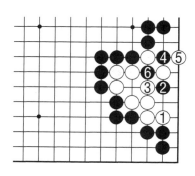

第450题失败图： 白1挡，平庸，黑2靠，白3扳，黑4打，白5只好做劫，黑6提，成劫杀，白失败。

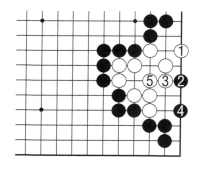

第450题正解图： 白1倒虎，妙手，黑2点，白3挡，黑4须跳回，白5粘，活棋。

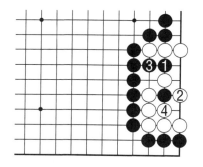

第451题失败图： 黑1挖，错误，白2打，黑3连回，白4提，活了。

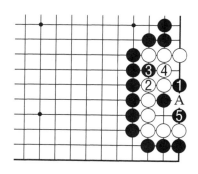

第451题正解图： 黑1扳，妙手，白2粘，黑3冲、5尖，聚杀。其中，黑5不可走在A位，如此，白走5位成双活。

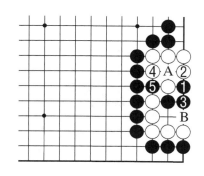

第451题变化图：黑1扳时，白2如打，黑3粘即可，白4则黑5，由于白B位不入气，黑根本用不着在A位提，白净死。

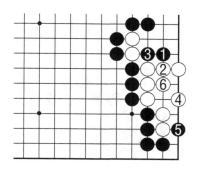

第452题失败图：黑1刺，帮白补棋，白2粘，黑3打，白4、6做活，黑失败。

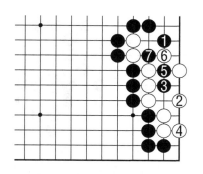

第452题正解图：黑1尖，冷静，白2虎，黑3点，白4做眼，黑5冲，白6扳，黑7倒扑，绝妙，白顿死。

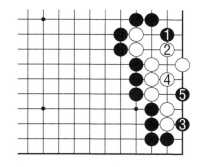

第452题变化图：黑1尖时，白2如虎，则黑3扳、5点，黑死。

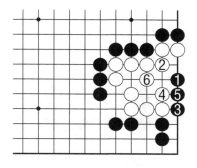

第453题失败图：黑1点，错误，白2粘，冷静，黑3、5虽可渡，但白6做眼，活了，黑失败。

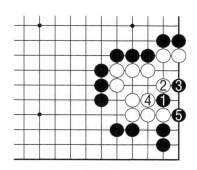

第453题正解图：黑1夹、3扳，锐利，白4打，黑5做劫，重要，劫杀。

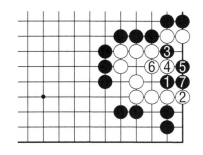

第453题变化图：黑1夹时，白2如立，则黑3、5倒扑，白全灭。

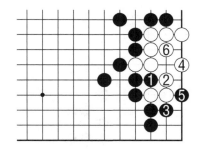

第454题失败图：黑1冲，急躁，白2挡，黑3再挡时，白4虎，三眼两做，黑5则白6，白活，黑失败。

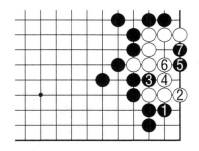

第454题正解图：不必想得太复杂，黑1挡即可，白2如立，黑3冲、5点成刀五，白不活。

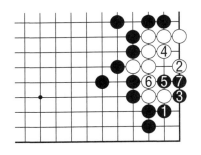

第454题变化图：黑1挡，白2若跳，黑3扳、5点即可，白6粘，黑7粘回，白死。

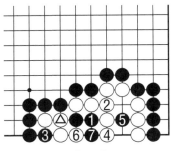

⑧＝△

第455题失败图：黑1打，错误，白2粘，黑3打，白4立，诱黑5点，白6多送一子，黑7提，白8倒脱靴吃黑三子，活了，黑失败。

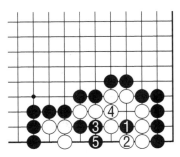

第455题正解图：黑1挖，妙手，白2打，黑3打、5立，金鸡独立，白死。

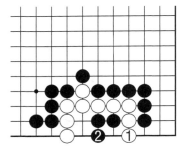

第456题失败图：白1立，错误，黑2立，聚杀。

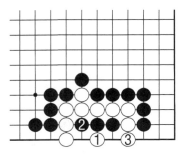

第456题正解图：白1夹，黑2只能长，白3立，双活。

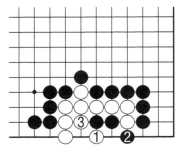

第456题变化图：白1夹，黑2渡不回去，白3打，黑接不归。

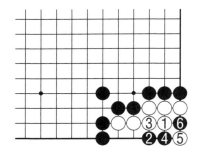

第457题失败图1：白1虎，未注意到黑2点的手段，白3无奈，黑4爬，白5只能扑劫，黑6提，成劫活，失败。

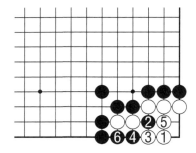

第457题失败图2：白1未占到要点，黑2断严厉，白3打、5提，黑4扑、6滚打，白死。

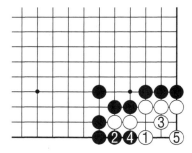

第457题正解图：白1虎，有弹性，黑2、4吃，白3、5做眼，活了。

204

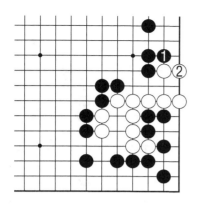

第458题失败图：黑1单挡，无谋，白2立，万事皆休，黑失败。

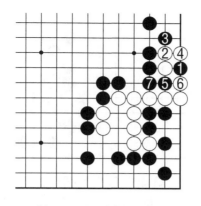

第458题正解图：黑1夹，妙手，白2长、4打，黑5打、7粘，白眼被卡，不活。

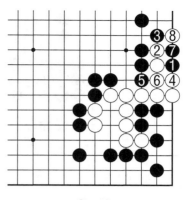

⑨=⑦

第458题变化图：黑3挡，白4若从这边打，黑5刺、7弃子，白8提，黑9扑，白仍不活。

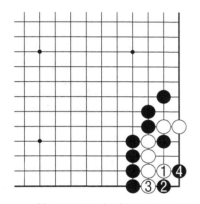

第459题失败图：白1弯，给了黑2托、4扳的打劫机会，白失败。

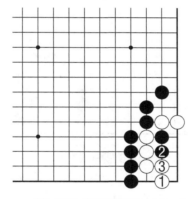

第459题正解图：白1尖，妙手，黑2爬，白3粘，黑无计破眼，白活。

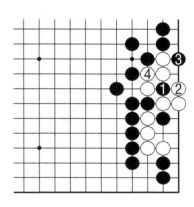

第460题失败图：黑1扑、3扳，次序错误，白4粘，活了，黑失败。

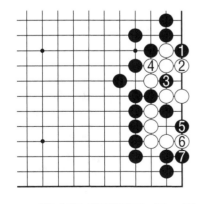

第460题正解图：黑1扳、3扑是次序，白4不得已，黑5尖，白6无奈，由于两边气紧，黑7挡，白不能动，净死。

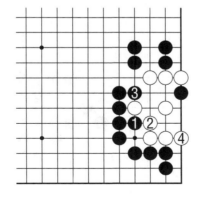

第461题失败图：黑1冲、3打，无谋，白4立，黑无后续手段，失败。

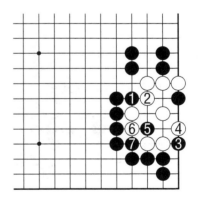

第461题正解图：黑1冲，虽简单，但很有效，白2挡，黑3扳、5夹，再7双打，白死。

205

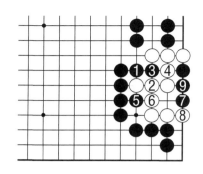

第461题变化图：黑1冲，白2若不挡，黑3再冲，白4无奈，黑5又冲，白6仍不得已，黑7透点、9粘，白仍不活。

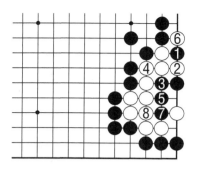

第462题失败图：黑1扳，平淡无奇，白2挡，黑3、5、7徒劳无功，白8打，活了，黑失败。

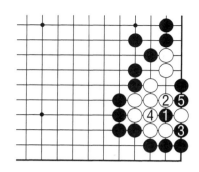

第462题正解图：黑1嵌，突出奇兵，白2打，黑3反打，白4只能提，黑5成劫杀。

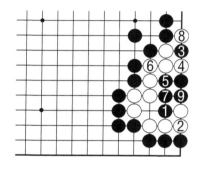

第462题变化图：黑1嵌时，白2若粘，则黑3扳、5打，白6无奈，黑7、9团成刀五，聚杀。

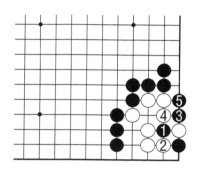

第463题失败图：黑1、3打拔，错误，白4打，黑5拉回，成劫，黑失败。

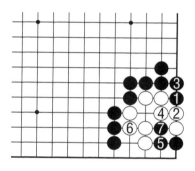

第463题正解图：黑1、3扳粘，正确，黑5破眼，白6团眼，黑7打，白死。

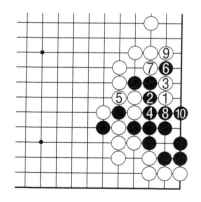

第464题失败图：白1点，算路不精，黑2挡，白3爬，黑4是先手，白5提，黑6扳，白7、9断吃，黑8、10做眼，活了，白失败。

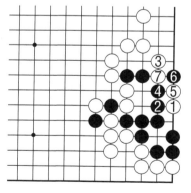

第464题正解图：白1点，奇思妙想，黑2压，白3尖重要，黑4则白5，黑6打，白7卡，黑死。

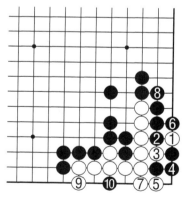

第465题失败图：白1靠，自作聪明，黑2打，白3反打，黑4粘，白5打，黑6提，白7粘，黑8补，白9立，黑10点，白自己走成净死。

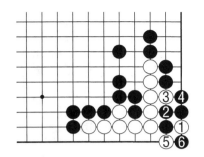

第465题正解图： 白1扑，妙手回春，黑2粘，白3、5成劫，腾挪成功。

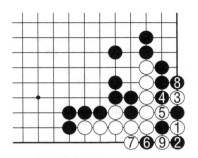

第465题变化图： 白1扑时，黑2如提，则白3、5、7仍然成劫。

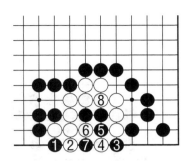

第466题失败图1： 黑1、3、5次序错误，白6、8吃黑接不归，黑失败。

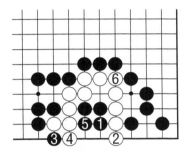

第466题失败图2： 黑1先夹，再3扳、5团，白6后成双活，黑失败。

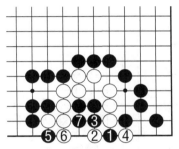

第466题正解图： 黑1、3是次序，白4提，黑5再扳，白6挡，黑7团，聚杀。

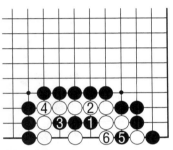

第467题失败图： 黑1显而易见，白2只能接，黑3则白4，黑5提，错误，白6提，双活，黑大意失荆州。

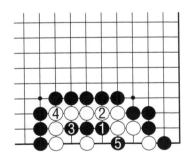

第467题正解图： 黑5扳，白死。

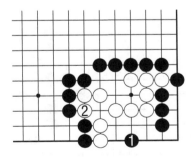

第468题失败图： 黑1飞，算路不精，白2挤，轻松活出，黑失败。

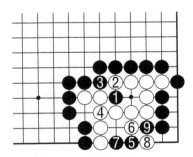

第468题正解图： 黑1嵌，如天降奇兵，白2则黑3，白4须防倒扑，黑5、7后，9卡，白死。

207

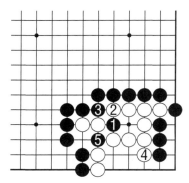

第468题变化图：过程中，白4如不补，则黑5倒扑，白死得更快。

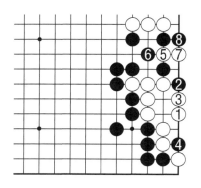

第469题失败图：白1虎，单纯防守，未能充分利用黑的弱点，黑2扳，白3打，黑4扑，白5再挖时，黑6、8吃，白死。

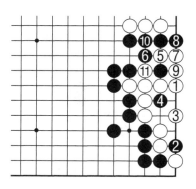

第469题正解图：白1立，冷静，黑2扑，白3虎，黑4破眼，白5挖是妙手，黑6打，白7、9连回，黑10须补，白11提，活棋。

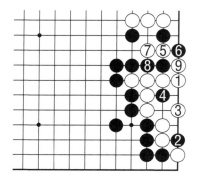

第469题变化图：白5挖时，黑6若从边上打，则白7长，黑8须粘，白9可以联络，黑封不住白。

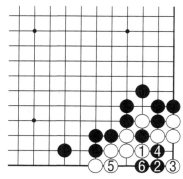

第470题失败图：白1提，忽略了黑2点的妙手，白3靠，黑4卡，白5粘，黑6拐，聚杀，白失败。

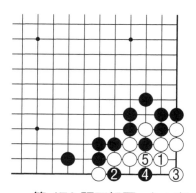

第470题正解图：白1弯，冷着，黑2扑，白3做眼，黑4点，白5提，活了。

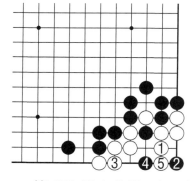

第470题变化图：白1弯时，黑2如点，则白3粘，黑4点，白5挡，还是不死。

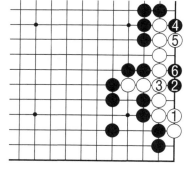

第471题失败图：白1立，方向错误，黑2点、4扳、6长，白眼位不够。

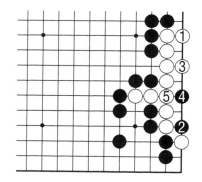

第471题正解图：白1立，冷静，黑2扑，白3做眼，黑4点，白5粘，黑无计杀白。

208

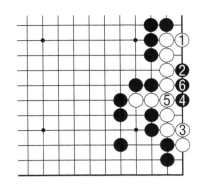

第471题变化图：白1立，黑2如点，则白3粘，黑4则白5，双活。

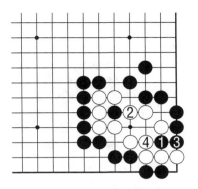

第472题失败图：黑1、3不着边际，白2、4简单成活，黑失败。

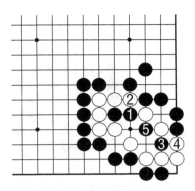

第472题正解图：黑1、3利用两个先手做好准备工作，再5打，巧妙，白死。

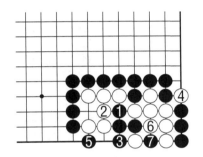

第473题失败图：黑1虽然正确，但黑3盲目，白4提，黑5紧气，白6吃，黑7提成劫，黑失败。

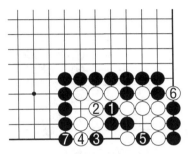

第473题正解图：黑1断，只此一手，白2紧气，黑3扳、5扑是次序，白6提，黑7打，白死，请自行验证。

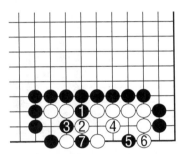

第474题失败图：黑1冲，正确，但黑3急于扑，错误，白4做眼，黑5点，白6挡，成为劫活。

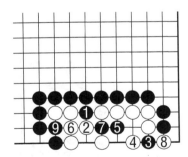

第474题正解图：黑1冲、3扳是次序，白4挡，黑5点，白6粘，黑7打，白8无奈，黑9吃接不归，白死。

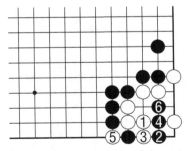

第475题失败图：白1退，黑2点，巧妙，白3、5不得已，黑6长，聚杀。

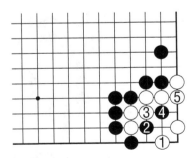

第475题正解图：白1尖，要点，黑2打，白3粘，黑4打，白5粘，黑4连不回去，白活。

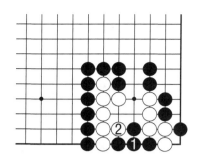

第476题失败图1：黑1粘，意在聚杀，但条件不成熟，白2挤，黑无后续手段。

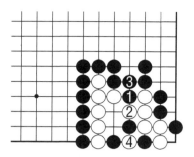

第476题失败图2：黑1挖，正确，但黑3粘，胆小，白4提成劫，黑失败。

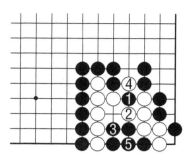

第476题正解图：黑1挖、3打是次序，白2、4只能如此，黑5团，聚杀。

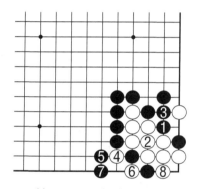

第477题失败图：黑1打，黑3忙着粘，失机，白4、6打拔，黑7立，白8提活，黑失败。

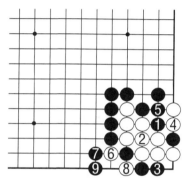

第477题正解图：黑1、3两打均是先手，再5粘是次序，白6、8打拔，黑7打、9立，白无法做活。

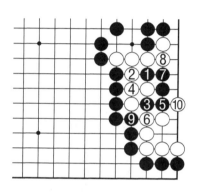

第478题失败图：黑1挖，白2打是好应手，黑3再打为时已晚，以下至白10为必然，其中，黑1挖是撞气的恶手，对杀黑反差一气，五子被擒，失败。

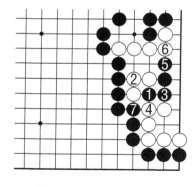

第478题正解图：黑1嵌，极妙。白2粘是最强抵抗，黑3粘，5长延气，冷静，再7断，对杀白差一气，被灭。

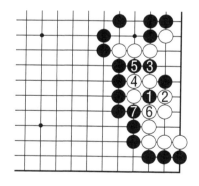

第478题变化图：黑1嵌时，白2如打，黑3反打，强烈，至7一气呵成，黑仍死。

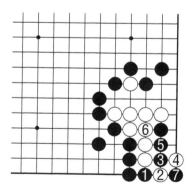

第479题失败图：黑1先拐，次序错误。白2挡，只此一手，黑3只能打，破眼，白4、6巧妙做劫，黑7提，成劫杀，失败。

210

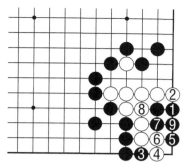

第479题正解图： 黑1先立与白2交换，必要，黑3拐，占据要点，白4挡虽顽强，但黑5跳深得要领，至9粘，成聚杀。

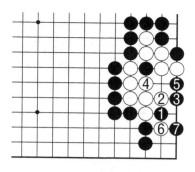

第480题失败图： 黑1扳，帮倒忙，白2乐得挡，黑3、5破眼，白6打，黑7只有做劫，失败。

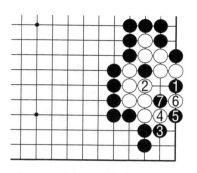

第480题正解图： 黑1打，白2提，必然，黑3立，冷静，白4挡，黑5渡，白6扑，无用，黑7提，白不入气，净死。

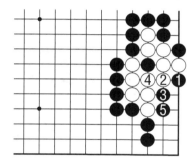

第480题变化图1： 黑1打，白2若反打，黑3再打，白4还须提，黑5滚打，白死。

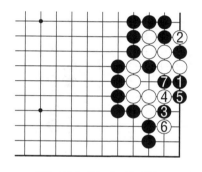

第480题变化图2： 白2若提，黑有3至7的手段，巧妙。

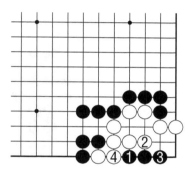

第481题失败图： 黑1爬，错误，白2压，黑3只能退，白4粘，活了，黑失败。

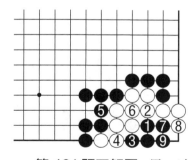

第481题正解图： 黑1冲，犀利，白2无奈，黑3冲，白4也不得已，黑5打，白6只能粘，黑7、9做成聚杀，白死。

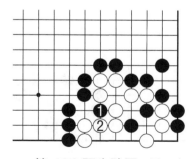

第482题失败图： 黑1打，盲目，白2粘即可轻松活出。

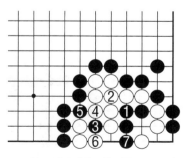

第482题正解图： 黑1打、3挖是次序，白4打，黑5反打，白6只好提，黑7立，金鸡独立，白死。

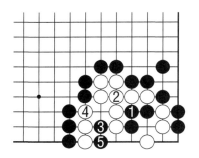

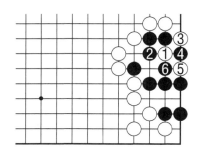

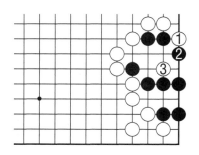

第482题变化图: 黑3挖时,白4若顶,则黑5打,白接不归。

第483题失败图: 白1夹,错误,黑2拐,白3渡,黑4扑、6打,白接不归,失败。

第483题正解图: 不必考虑得太复杂,白1扳、3点,黑即不活。

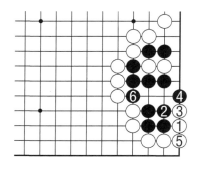

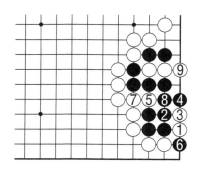

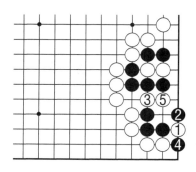

第484题失败图: 白1扳,黑2不得已,白3长,黑4挡,白5粘,胆小,黑6做眼,白前功尽弃。

第484题正解图: 黑4挡时,白5打、7粘,黑8无奈,白9立,黑无两眼。

第484题变化图: 白1扳,黑2如打,则白3、5冲下,黑被分割成两块,自然活不成了。

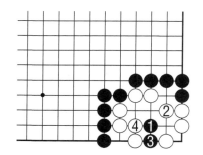

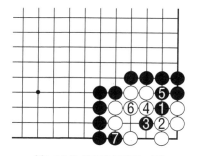

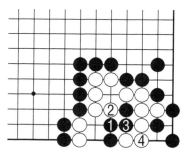

第485题失败图: 黑1点,自作聪明,白2弯,黑3立,白4粘,黑已无法杀白。

第485题正解图: 黑1、3连扳,绝妙,白4打,黑5粘、7打,白接不归,速死。

第486题失败图1: 黑1尖,白2打、4粘,轻松活出,黑失败。

212

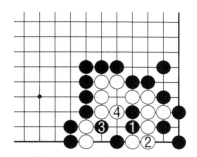

第486题失败图2：黑1
打，黑3急于吃，白4打，黑
接不归，白活了。

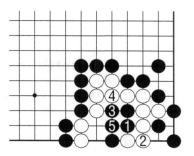

第486题正解图：非常简
单，黑1打、3弯，白4无奈，
黑5团，聚杀。

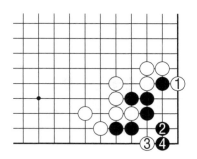

第487题失败图：白1次
序错误，黑2占据要点，白3
点，黑4立，活了，白失败。

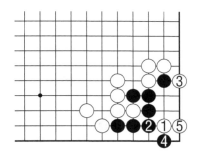

第487题正解图：白1点、
3打是次序，黑4扳，白5立，
黑死。

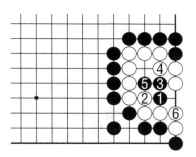

第488题失败图：黑1夹，
错着，白2粘，正应，黑3冲，
白4粘，黑5拐，意欲破眼，
白6粘成双活，黑失败。

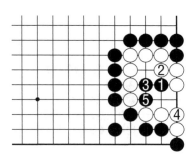

第488题正解图：黑1点，
正中要害，白2如粘，黑3顶，
白4粘，黑5断，白死。

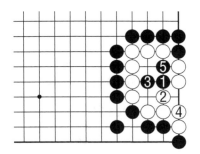

第488题变化图：白2抵
抗，黑3长，白4做眼，黑5
吃，白接不归，黑成功。

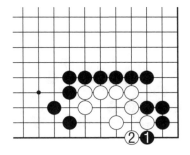

第489题失败图：黑1打，
无谋，白2做劫，可充分腾挪，
黑失败。

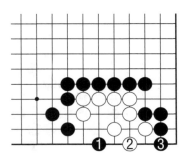

第489题正解图：黑1
点，正着，白2做眼，黑3立，
白死。

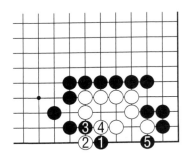

第489题变化图: 黑1点时,白2如靠,则黑3打,白4反打仅成一眼,黑5打,白仍不活。

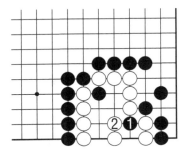

第490题失败图1: 黑1打,初级错误,白2反打,轻松活出。

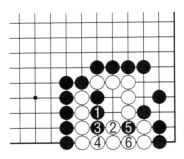

第490题失败图2: 黑1直接贴,白2占据要点,黑3打,白4粘,活了,黑失败。

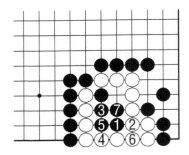

第490题正解图: 黑1点,击中要害,白2无奈,黑3贴、5打,白4、6不得已,黑7团,聚杀。

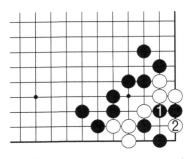

第491题失败图: 黑1挤,失误,白2打,黑死。

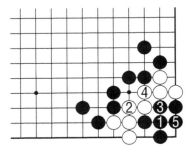

第491题正解图: 黑1是要点,白2须粘,黑3挤,白4无奈,黑5团成葡萄六,聚杀。

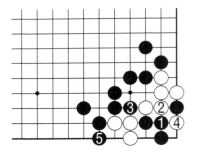

第491题变化图: 黑1粘,白2若打,则黑3断,白4提,黑5立,白仍不活。

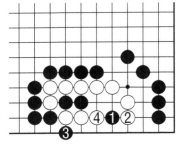

第492题失败图: 黑1点,失误,白2挡,黑3扳,白4顶,黑无计杀白。

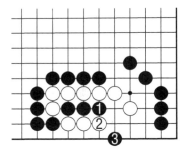

第492题正解图: 黑1弃子,绝妙,白2追吃,黑3大飞,白做不出两眼,请自行验证。

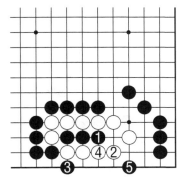

第492题变化图：黑1长时，白2如跳夹，则黑3扳是先手，白4只能粘，黑5飞，白仍做不出两眼。

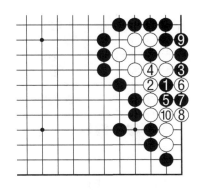

第493题失败图：黑1顶，手筋，白2挡，黑3打，白4粘，黑5如长，错误，白有6、8做眼的手段。

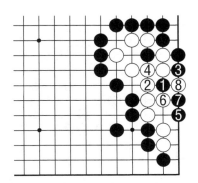

第493题正解图：黑5点，白6打，黑7爬，白8提，成劫。

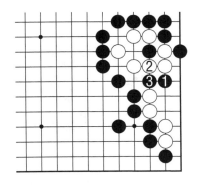

第493题变化图：黑1顶，白2如粘，则黑3冲，白死得更快。

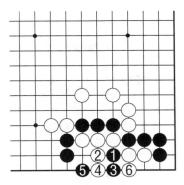

第494题失败图1：黑1断，正确，但黑3立失着，白4打、6提，对杀黑气明显不够。

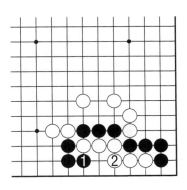

第494题失败图2：黑1拐更差，白2粘，黑气明显不够。

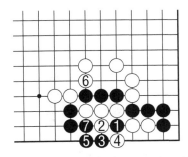

第494题正解图：黑1断，手筋，白2打，黑3搂打重要，白4提，黑5退，白是卡眼，白6紧气，黑7快一气杀白。

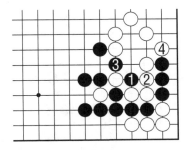

第495题失败图1：黑1打、3提，初级错误，白4扳，黑死。

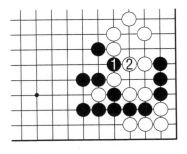

第495题失败图2：黑1打，白2双，黑三子束手就擒。

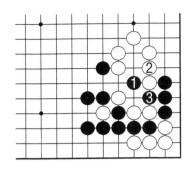

第495题正解图： 黑1夹是竹节筋的手筋，白2如粘，黑3打，白接不归，黑吃通。

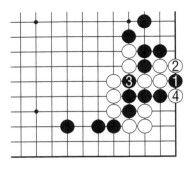

第496题失败图： 黑1扳，方向不对，白2打，黑3断，白4反将黑吃了。

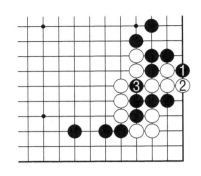

第496题正解图： 非常简单，黑1扳，白2挡，黑3断吃，连通，角上白不活。

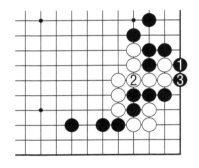

第496题变化图： 黑1扳，白2粘，无奈，黑3渡，白角死。

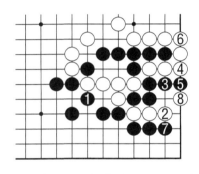

第497题失败图： 黑1紧气不是急所，白2立长气，黑3、5徒劳，白6、8杀黑。

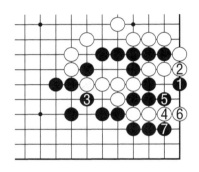

第497题正解图： 看起来复杂，但只要找准方向就能制胜。黑1点，白2只好粘，黑3再回手紧气，白4、6长气无益，黑7挡，白死。

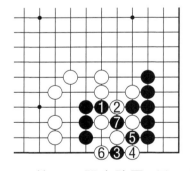

第498题失败图： 黑1先求联络，急躁，白2挖，黑3托时，白4打、6提，黑7提，成劫，黑失败。

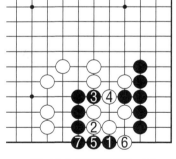

第498题正解图： 黑1托，两边同行走中央，白2团，黑3求渡，白4必然，黑5、7后，白接不回去，黑成功返回大本营。

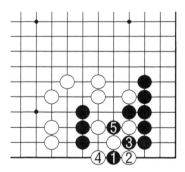

第498题变化图1： 黑1托，白2若打，则黑3断打，白4提，黑5提，白连不回去。

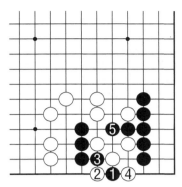

第498题变化图2：黑1托，白2若从另一边打，则黑3断，白4提，黑5冲，白还是连不回去。

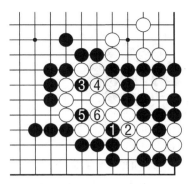

第499题失败图：黑1冲，准备不足，白2粘，黑3、5打吃后成胀牯牛，黑死。

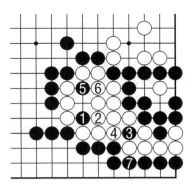

第499题正解图1：黑1断抓住白气紧的缺陷，白2团，黑3扑，至黑7，白接不归。黑1断时，白如在3位粘，则黑在5位打吃后做成直三，黑气比白气长，对杀白不行。

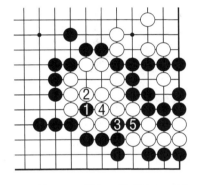

第499题正解图2：黑1断时，白2做眼，黑3打，黑5仍可断掉白的尾巴，黑活。

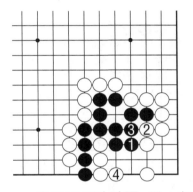

第500题失败图：黑1弯，白2破眼，必然，黑3团，白4弯，渡回，黑死。

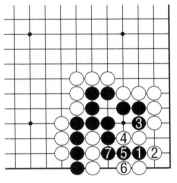

第500题正解图：黑1凌空一挖，有起死回生之妙用，白2如打，黑3挤是次序，白4破眼，黑5、7吃接不归，巧活。

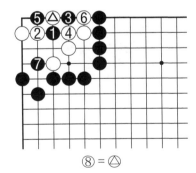

⑧=△

第501题失败图1：黑1靠不是要点，白2顶、4卡打、6吃，黑7只能破眼，白8提，成劫杀，黑失败。

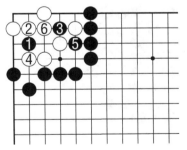

第501题失败图2：黑1飞入也不行，白2贴，黑3再挤，全无作用，白4冲、6打，成净活。

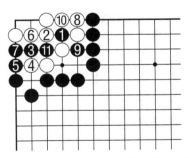

第501题正解图：黑1挤是妙手，白2打，黑3再点眼，白4以下至8抵抗无济于事，黑9打、11挤即可杀白。

217

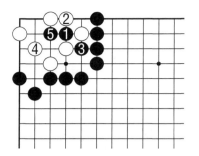

第501题变化图：黑1挤时，白2如从另一边打，黑3卡打是要点，白4如抵抗，黑5长，白仍无两眼。

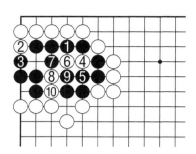

第502题失败图1：黑1粘，白2拐，黑3顶欲扩大眼位，不是要点，白4打、6长，破眼成立，黑7打，白8正好反打，再10粘，黑不活。

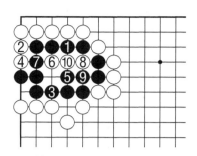

第502题失败图2：白2拐时，黑3粘也不行，白4顶，黑眼位已告不足，黑5虎，白6点至10粘，黑仍不活。

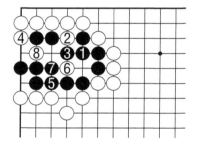

第502题失败图3：黑1粘不行，白2冲、4拐紧凑，黑5粘，白6挖、8打，黑不活，失败。

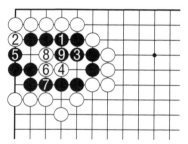

第502题正解图：黑1粘，扩大眼位，重要，白2拐时，黑3粘，冷静，白4点虽强，但黑5顶占据要点，至黑9为必然，成双活。

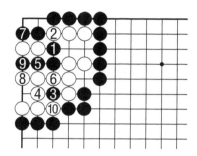

第503题失败图1：黑1冲、3扳，白可于4位粘，黑5再冲时，白6粘，黑7打，白8立是先手，黑9提，白10提，做成两眼，黑失败。

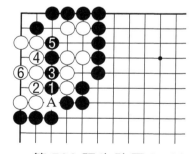

第503题失败图2：黑1先扳不好，白2粘，抵抗，黑3粘时，白4粘，忍耐，黑5只能吃去一半，白6活，黑仍失败。

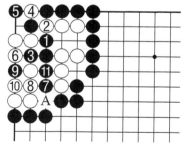

第503题正解图：黑1、3连冲强烈，白4扑、6挡，抵抗，黑有7扳、9扑的手筋，白10提，黑11粘，白A位不入气，不活。

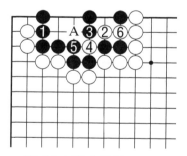

第504题失败图：黑1粘，白2夹、4扑是好手，黑5提，白6粘，黑眼位不足。

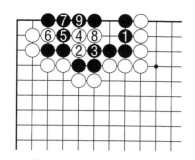

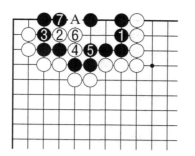

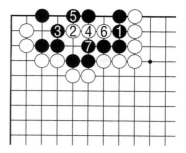

第504题正解图： 黑1粘另一边，正确，白如2打、4立，黑5挡，紧气，白6打、8冲，黑9吃即活。

第504题变化图1： 白2如夹，黑3粘、5打，再7拐，白A位不入气，更损。

第504题变化图2： 白2如点，黑3贴是要点，白4冲，黑5爬，重要，白6顶，黑7粘亦可活。

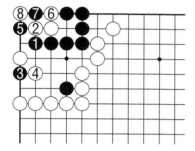

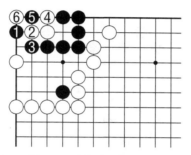

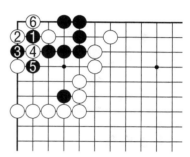

第505题失败图1： 黑1直接穿象眼，节奏不好，白2贴，黑3靠，为时已晚，白4吃，黑5以下成紧气劫，黑失败。

第505题失败图2： 黑1飞也是同样的错误，白2顶、4挡，黑5只好扑，白6提，还是紧气劫，黑失败。

第505题失败图3： 黑1扳是最容易想到的，结果也最差，白2夹好，黑3、5顽抗也无济于事，白6提，黑成净死。

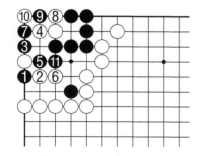

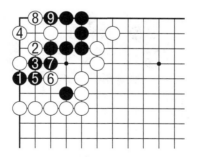

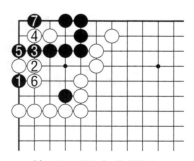

第505题正解图： 黑1先靠是好手，白2打时，黑3正好反打，白4长，必然，黑5至11成万年劫。

第505题变化图1： 白2如扳，黑3打，紧凑，白4虎至黑9挤虽成劫，但此劫白缓气太多，无法打赢，黑更善。

第505题变化图2： 白2如长，黑3冲即可，白4贴，黑5挡、7夹，成净活，白更失败。

219

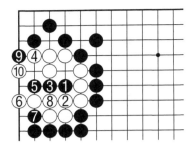

第506题失败图1：黑1点，操之过急，白2粘至6立是最佳应对，至白10打成双活，黑失败。

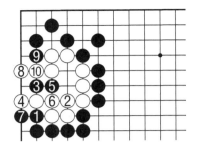

第506题失败图2：黑7如挡，白8跳是妙手，黑9冲，白10粘，黑已不能杀白。

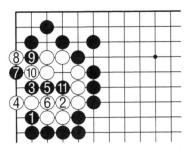

第506题正解图：黑1挤，一拳击中腰眼，白2粘，黑3夹又是要害，白4立时，黑5冲，破眼，白6粘，黑7尖是妙手，白8跨、10打，黑11顶，成聚杀。

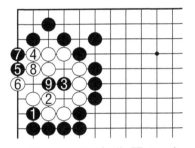

第506题变化图1：白2粘另一边也不行，黑3、5两点，仍击中要害，至黑9破眼，白仍无活路。

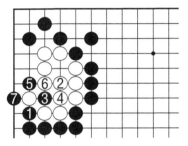

第506题变化图2：白2做眼，黑3、5、7后，白仍不活。

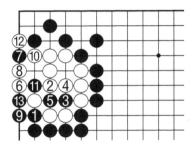

第506题变化图3：白2做眼，黑3打、5提，白6虎时，黑7尖、9立是去眼手筋，至黑13提，白还是不活。

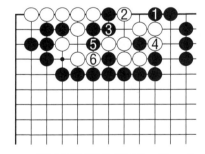

第507题失败图：黑1先爬，白2打即可，黑3粘时，白4提、6断，黑无计可施。

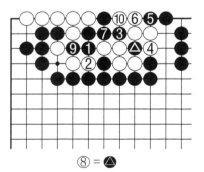

⑧＝△

第507题正解图1：黑1冲、3打，再5爬，次序绝佳，白6挡，黑7打、9扑弃子，绝妙，白10虽吃黑六子，却不能做活。

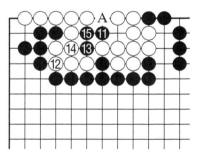

第507题正解图续：黑11点是冷着，白12团，抵抗，黑13打、15粘后，由于外气被紧，白总要在A位粘，所以双活只是假象。其中，白12如在15位团，黑于14位扑是好手，白还是不活。

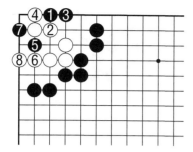

第508题失败图1：黑1大飞，意在缩小眼位，但不是要点，白2贴、4拐，黑5再点已迟了一步，至白8立，白净活，黑失败。

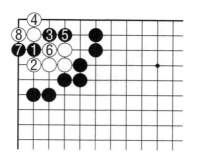

第508题失败图2：黑1靠，白2挡，黑3如扳，则白4立，至白8，活棋，黑失败。

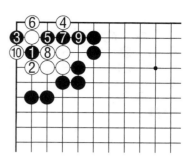

第508题失败图3：黑如5打、7冲则随手，如此白8打成为先手，黑9粘，白10提，成为净活。

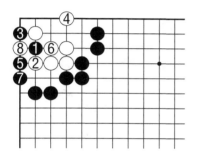

第508题正解图：黑1靠、3扳是要点，白4跳，正确，黑5扳，白6打、8提，成劫。

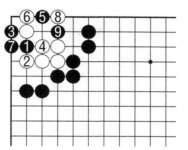

第508题变化图1：白4如在本图吃，错误，黑5大飞，白6挡，黑7粘，白8打，无济于事，黑9吃，白成净死。

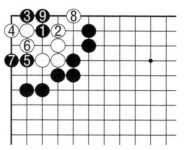

第508题变化图2：因为两边同形，黑1也可以靠另一边，白2挡，黑3扳，白4立也不能活，黑5托、7立，至9粘，白成丁四，净死。

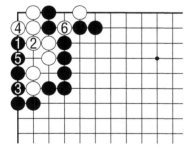

第509题失败图：黑1跳直接破眼，急躁，白2粘，冷静，黑3粘，白4打、6扑，成活。

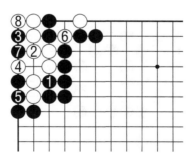

第509题正解图：黑1挤是意外的好手，白2粘是最强抵抗，黑3点又是好手，白4打、6扑，必然，黑7扑是杀棋要点。

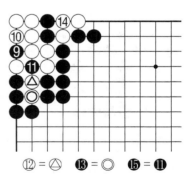

⑫＝△　⑬＝○　⑮＝⑪

第509题正解图续：黑9再扑，白10提时，黑11提两子，白12打二还一，至黑15提，成劫是正解。

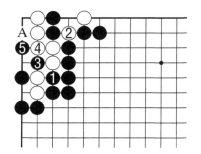

第509题变化图： 黑1挤，白2单扑是变着，黑3打、5扳，由于白A位不入气，白仍需靠打劫成活。

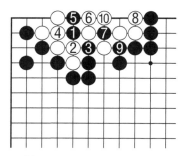

第510题失败图1： 黑1跨，白2粘、4打，黑5如先打，被白6提，黑7再扑时，白8可挡，黑9打，白10提，做成两眼。

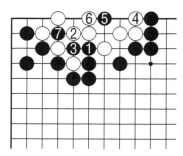

第510题失败图2： 黑1似乎是要点，其实不然，白2退，黑3打，白4挡，黑5只好点，白6挡即成劫活，黑失败。

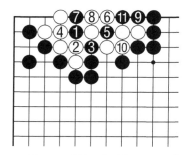

第510题正解图： 黑1跨，击中要害，白2粘、4打，黑5扑又是手筋，白6提，黑7、9次序好，再11挤，白不活。

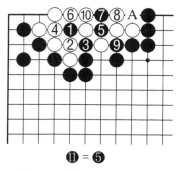

⑪ = ❺

第510题变化图： 白6如提，黑7立是妙手，白8打，黑9卡打、11扑，白仍不活。其中，白8如在9位粘，黑可于8位拐，白于A位不入气，仍不活。

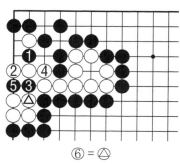

⑥ = △

第511题失败图： 黑1打，白2立，做眼，黑3扑，白4粘，黑5吃四子，白6打，成倒脱靴，两眼瞪圆，黑失败。

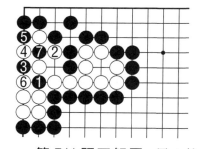

第511题正解图： 黑1扑是要点，白2挤是最佳抵抗，黑3扳，妙手，白4只能打，由于气紧，黑5打、7提，成劫杀，这是双方最佳应对。

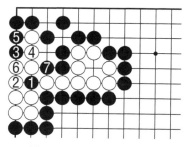

第511题变化图： 白2提一子随手，黑3点，犀利，白4粘，黑5粘、7挤，白净死。

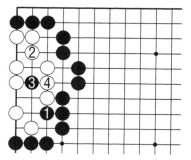

第512题失败图： 黑1冲，软弱无力，白2占据要点，黑3点，无济于事，白4粘，黑无法杀白，失败。

222

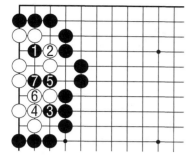

第512题正解图：黑1夹，简捷有力，白2冲，黑有3冲、5打、7挤的破眼手段，白不活。

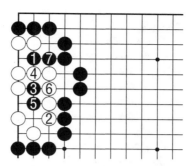

第512题变化图：黑1夹时，白2如欲扩大眼位，黑3点、5冲、7接，白仍不能做出两眼。

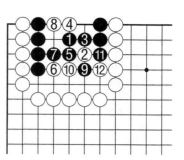

第513题失败图1：黑1跳虽是常形，但此际不宜，白2刺后，有4托的好手，以下至白12，黑死。

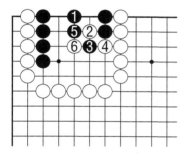

第513题失败图2：黑1在一路跳也不行，白2夹，黑无应手，如黑3扳，白4、6两打，黑仍无两眼。

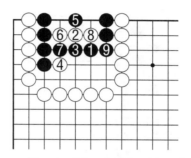

第513题正解图：黑1尖是要点，白2点、4靠，黑5夹是巧手，白6、8破眼，黑9粘，双活。

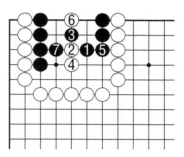

第513题变化图1：白2如靠，黑3扳、5团，重要，白6夹，黑7顶，黑净活。

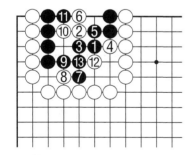

第513题变化图2：白如2点、4挤，黑5粘，白6破眼，黑7扩大眼位正是时机，以下至黑13粘，还是双活。

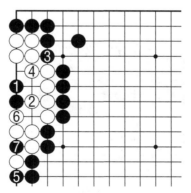

第514题失败图：黑如在1位并破眼，白2顶是要点，黑3再挤，白4可粘，黑5打时，已成打劫活，此劫黑需两手消劫，故白可脱先不应，以后再伺机走6位成紧气劫，黑失败。

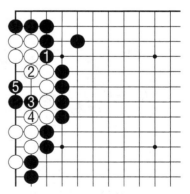

第514题正解图：黑1挤，顺理成章，白2如粘，则黑3顶，白4粘，不得已，黑5弯，白死。

223

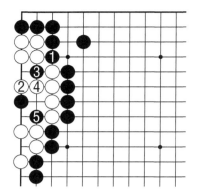

第514题变化图1：白2如靠，黑3打是致命一击，白4粘，欲做成倒脱靴，但黑5断，白两边不入气，自然没有活路。

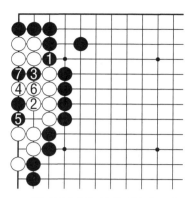

第514题变化图2：白2如顶，黑3打即可，白4打时，黑5破眼，白6打，黑7提，白还是做不成倒脱靴。

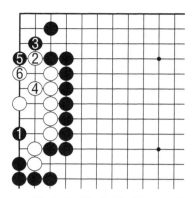

第515题失败图1：黑1跳入，不行，白2扳、4虎，再6打，成劫活，黑失败。

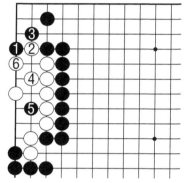

第515题失败图2：黑1跳似乎也是要点，但白2挖，好手，黑3只此一手，白4虎极富弹性，黑5点，破眼，白6挡，还是劫活。

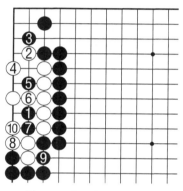

第515题失败图3：黑1点，看似严厉，其实不然，白2扳、4虎是好手，黑5追杀，白6粘、8拐，妙手，黑9打吃，白10拐打，巧成倒脱靴，黑失败。

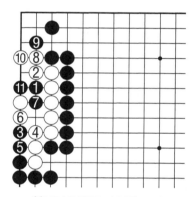

第515题正解图：黑1、3两点，紧凑，白4、6欲扩大眼位，黑7冲，白8、10求眼，黑11打，白无计。

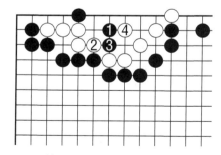

第516题失败图：黑1飞入，欲速则不达，白2冲、4顶，黑无后续手段。

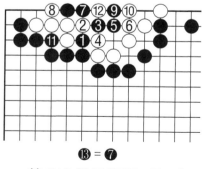

⑬＝⑦

第516题正解图：黑1拐、3扳，简明有力，白4断时，黑5长，白6团，黑7爬是要点，白8打时，黑9立出人意料，白10紧气，黑11打，白12提必然，黑13打二还一，成刀五聚杀。

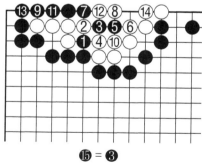

⑮＝③

第516题变化图：黑7爬时，白8如扳，防黑在此立，则黑9扳、11打，再13粘，白14做眼，黑15扑，白还是不活。

224

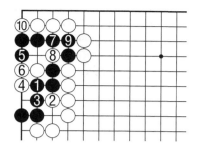

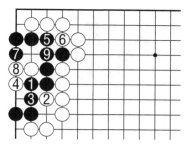

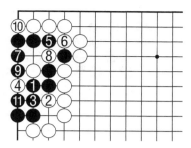

第517题失败图： 黑1拐，必然，白2冲、4扳，抵抗，黑5弯、7贴，白8扑，黑9抵抗，白10打，成倒扑，黑失败。

第517题正解图： 黑1拐，白2冲、4扳，黑5先贴是次序，白6打，黑7弯是妙手，白8粘，黑9也粘，至此巧成双活。

第517题变化图： 白8如提，则黑9打即可，白接不归，白10打，黑11提，成活。

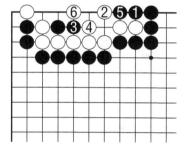

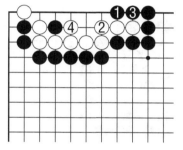

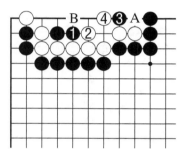

第518题失败图1： 黑1拐，白2虎，黑3爬，轻率，白4挡，正好，黑5打，白6打吃两子做成两眼，黑失败。

第518题失败图2： 黑1夹，似是而非，白2正好粘，黑3粘，白4打，简单成活，黑失败。

第518题失败图3： 黑1单爬也不行，白2挡，黑3再夹时，白4打后，A、B见合，白活。

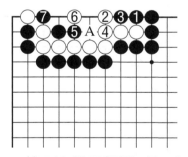

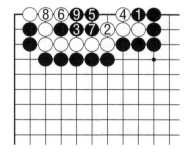

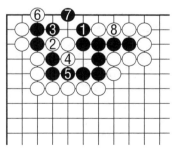

第518题正解图： 黑1拐虽平凡，却是要点，白2虎，黑3打、5爬，白6夹虽巧，但黑7扑，白A位不能入气，干着急不能活。

第518题变化图： 黑1拐时，白2如粘，黑3爬、5尖是巧手，白6扳，黑7团，白8只能粘，黑9团，聚杀。

第519题失败图1： 黑1拐不是正着，白2断、4拐正中要害，黑5粘，白6扳，黑7尖，白8粘，黑死。

225

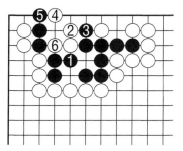

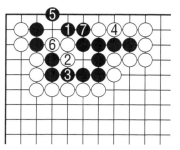

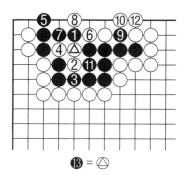

第519题失败图2：黑1挡也不行，白2立、4尖，好手，黑5挡，白6断，黑仍被杀。

第519题正解图：黑1扳很容易想到，之后白2冲、4粘，黑5尖是好棋，白6断，黑7粘即可成活。

⑬ = △

第519题变化图：白4如断，则黑5立，白6断、8扳，黑有9、11的先手，白12粘回，黑13做眼即活。

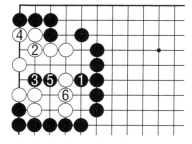

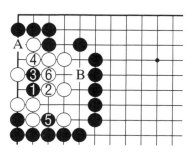

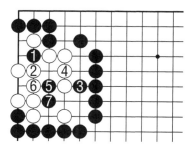

第520题失败图1：黑1顶，着急，白2粘，黑3点时，白4做眼，简单成活，黑5顶，无济于事，白6粘，黑无计可施。

第520题失败图2：黑直接1点、3冲，更无谋略，白4粘，黑5须冲，白6吃后，A、B见合，黑无法杀白。

第520题正解图：黑1打，正常，黑3顶，妙手，白4粘，黑5点是连续手筋，白6粘，黑7冲后，两边均可连回，白已无两眼。

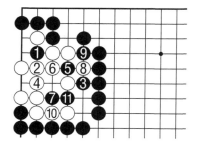

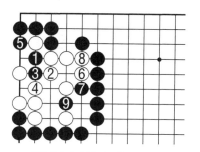

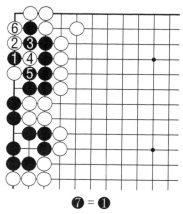

第520题变化图1：白4如做眼，黑5挖、7点仍可杀白，至黑11，白仍不活。

第520题变化图2：白2如弯，黑3冲、5提即可，白6做眼，黑7挤、9挖，白还是不活。

❼ = ❶

第521题失败图1：黑1靠，不对，白2一路打是要点，黑3粘，白4提，黑5打时，白正好6反打，黑7成劫活，失败。

226

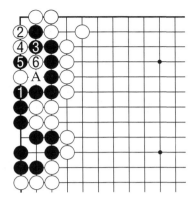

第521题失败图2：黑1粘也不行，白2打是巧手，黑3粘、5扑不成立，白6提后，黑A位不入气，失败。

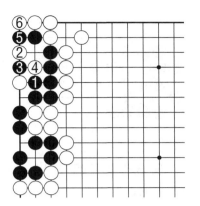

第521题失败图3：黑1团，白2跳时，黑3扑、5冲好像是手筋，但白6打，黑接不归，失败。

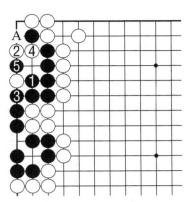

第521题正解图：黑1团，冷着，白2跳时，黑3粘，突发奇想，白4打，不得已，黑5提，巧成两眼。其中，白4如在5位粘，则黑于A位挡，白更损。

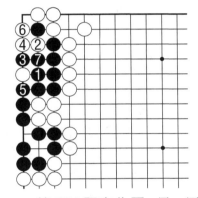

第521题变化图：黑1团时，白2如打，黑3也打，白4以下无力杀黑，至黑7，仍得两眼。

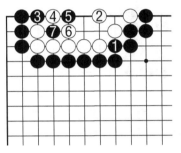

第522题失败图1：黑1先挤，错误，白2虎，有弹性，黑3拐、5打，白6做劫，顽强，黑已不能净杀白，失败。

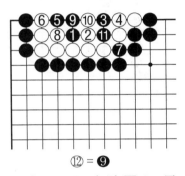

⑫ = ⑨

第522题失败图2：黑5如尖，再7吃，白有8打的对策，黑9粘，白10提是先手，黑11提，白12做活，黑失败。

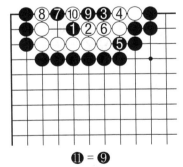

⑪ = ⑨

第522题正解图：黑1点是杀敌妙着，白2挡，黑3再点，白4粘，黑一鼓作气，5打、7尖、9扑、11打二还一，成聚杀，痛快淋漓。

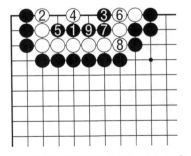

第522题变化图：黑1点时，白2如挡，黑3点是好手，白4夹虽是手筋，但黑5破眼严厉，白6粘，负隅顽抗，黑7、9杀白，白仍无计。

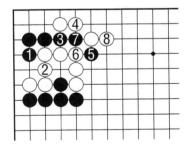

第523题失败图1：黑1先拐，错误，白2粘，黑3再冲，白4退冷静，黑5、7跨断无济于事，白8退，黑角不活。

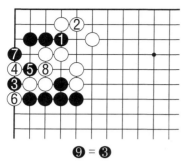

⑨=③

第523题失败图2：黑3如扳，则白4打，顽强抵抗，黑5、7两打，白8反打，黑9提，成劫活，黑失败。

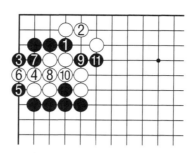

第523题正解图：黑1冲，白2如退，黑3尖，巧妙，白4若阻渡，黑5扳后，7、9连打，再11冲，白反崩溃。

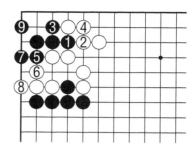

第523题变化图：黑1冲时，白2如顶，黑3先手挡，之后可5拐、7立求渡，白8阻渡，黑9做眼成活。

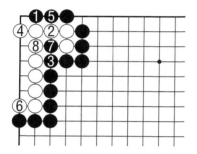

第524题失败图：黑1单托，不行，白2粘即可，黑3再团时，白4立成立，黑5粘，白6挡、8粘。如此，白轻松做活，黑失败。

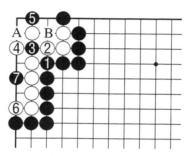

第524题正解图：黑1团、3扑，紧凑，白4提，黑5托，紧追不舍，白6做眼，黑7点，杀着。此后A、B见合，成劫杀。

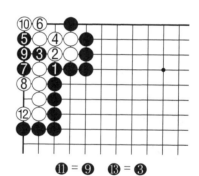

⑪=⑨　⑬=③

第524题变化图1：黑3扑时，白4如粘，黑有5扳的巧手，白6立最顽强，黑7扳，妙手，白8如继续用强，不肯在9位提，黑9粘，再11点、13断，成金鸡独立，白全灭。

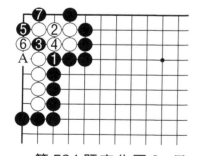

第524题变化图2：黑1团时，白2如粘，黑3挖、5扳是好手，白6提，黑7扳，成劫。其中，白6如在7位弯顽抗，黑就于A位扳，将还原成前图。

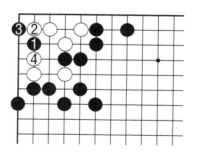

第525题失败图1：黑1点、3扳并非破眼要点，白4顶，黑已无力杀白。

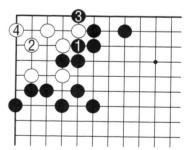

第525题失败图2：黑1先挤也不行，白2占据要点，黑3打时，白4虎做成两眼，黑失败。

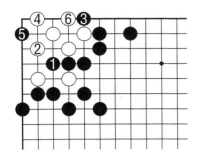

第525题失败图3：黑1
长过于平凡，白2尖仍是要点，
黑3再扳时，白4虎是急所，
黑5点也不能杀白，白6打，
成活，黑失败。

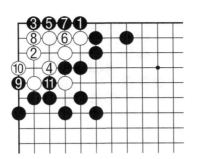

第525题正解图：黑1扳
是鬼手，白2尖是形，黑3点、
妙手，白4挡，黑5爬，白6、
8做眼，黑9扳、11打，成劫
杀。此劫黑必须费两手棋，这
是双方最佳结果。

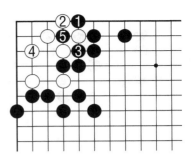

第525题变化图1：黑1
扳时，白如2挡，黑3打，重
要，白4尖仍是要点，黑5提
仍是劫杀。不过与正解图不同
的是，此图结果为紧气劫，白
不如前。

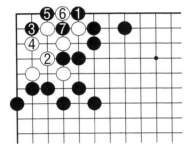

第525题变化图2：黑1
扳时，白2如挡，黑3靠，紧要，
白4做眼，黑5扳，白6扑劫不
得已，黑7提，还是紧气劫。

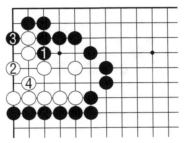

第526题失败图1：黑1
单挤，错误，白2倒虎是好手，
黑3扳已晚了一步，白4做眼
成活，黑失败。

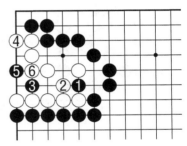

第526题失败图2：黑1
挖、3点看似严厉，但白4立是
急所，黑5尖，白6挤，黑已
无法破眼。

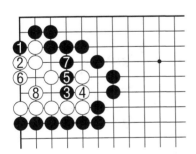

第526题失败图3：黑3如
点，再5冲，白6弯是妙手，黑
7粘，白8做眼成活，黑失败。

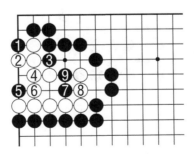

第526题正解图：黑1扳、
3挤缩小白的眼位，白4粘后，
黑5、7两点即可解决问题。

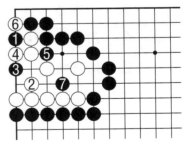

第526题变化图：黑1扳
时，白2如虎，黑3点、5打，
再7点，白还是不活。

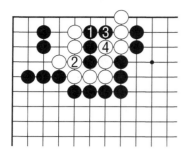

第527题失败图： 黑1单挡，不行，白2粘，冷静，黑3顶时，白4粘，成活，黑失败。

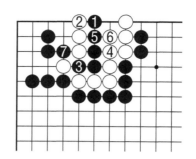

第527题正解图： 黑1点是妙手，白2挡，黑3打、5粘，白6打不得已，黑7卡打，白死。

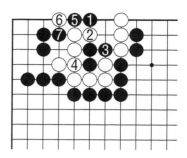

第527题变化图1： 黑1点时，白2如冲，黑3打、5爬，再于7位断打，白仍无两眼。

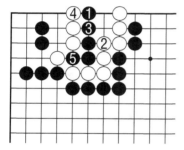

第527题变化图2： 白2如粘，黑3粘，重要，白4挡时，黑5断，弃子，还原成正解图。其中，黑不能走错，黑3如在4位爬，白于3位吃，即成净活。

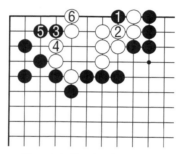

第528题失败图1： 黑1打，必然，黑3靠，欲速则不达，白4顶，黑5只能退，白6立即可成活，黑失败。

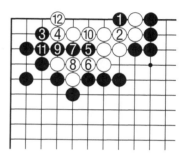

第528题失败图2： 白4顶时，黑5如直接点，白可6冲、8粘，黑9连回，白10打是先手，再12立即活。

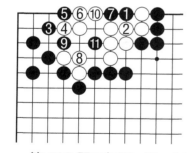

第528题正解图： 黑1打，白2粘时，黑3尖，白4顶，黑5扳、7爬，白8粘，黑9挖、11点，白死。

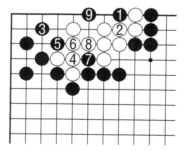

第528题变化图： 黑3尖时，白4如粘，黑5破眼，白6粘，必然，黑7冲、9点，白仍不能做出两眼。

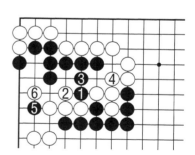

第529题失败图1： 黑1先断，失误，白2打、4粘后，黑难做眼，黑5再托时，白6扳，黑死。

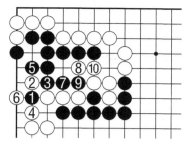

第529题失败图2：黑1托的感觉正确，白2扳时，黑3断是相关联的一手，白4打时，黑5如先打，再于7位拐，则白8点，黑9断，白10粘，黑死。

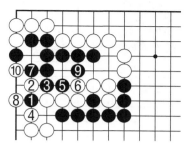

第529题正解图：黑1托，白2扳，黑3断，白4打时，黑5拐又是巧手，白6粘，黑7打、9做眼，白10扑，成劫活。

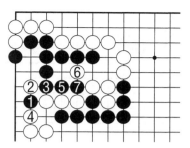

第529题变化图1：白6如顶，则黑7打后，白两边不能兼顾。

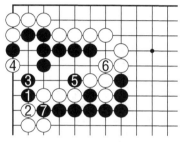

第529题变化图2：黑1托时，白如2顶，黑3可退，白4如继续强行破眼，黑5、7两断，白更损。

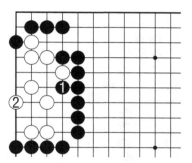

第530题失败图：黑1打，失误，白2做眼即可做活。黑1的错误虽简单，但却极易误犯。

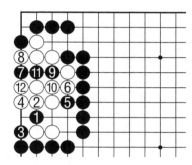

第530题正解图：黑1夹是要点，白2团，黑3渡，白4立时，黑5顶是两边兼顾的好手，白6顶，扩大眼位，黑7点至白12为必然。

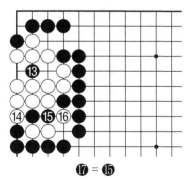

⑰＝⑮

第530题正解图续：黑13点杀，必然，白14打时，黑15多送一子是杀棋要着，白16提，黑17扑，白死。

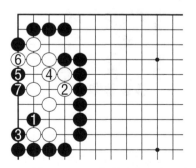

第530题变化图：黑1夹时，白2如贴，黑3仍渡，白4粘，做眼，黑5点、7爬，白还是不活。

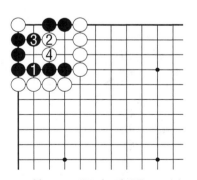

第531题失败图1：黑1粘欲扩大眼位，不行，白2靠、4顶，轻松破眼，黑失败。

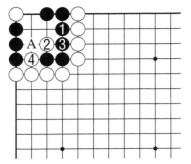

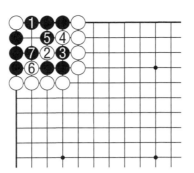

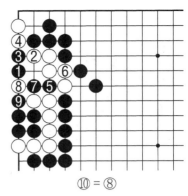

⑩＝⑧

第531题失败图2： 黑1贴也不行，白2夹是好手，黑3粘时，白4粘，黑A位不入气，被灭。

第531题正解图： 黑1单提，妙味无穷，白2靠入，黑3冲、5打，弃子，白6只好提，黑7做成两眼。

第532题失败图1： 黑1飞是要点，白2冲，黑3渡，白4断时，黑5扑是假手筋，白6粘，重要，此时不能提，黑7长，白8扑，巧妙，黑9提回，白10还提五子。

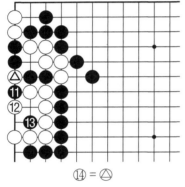

⑭＝△

第532题失败图1续： 黑11提，必然，但白12可打，黑13点，追杀，白14提，成劫，黑失败。

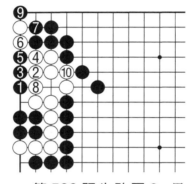

第532题失败图2： 黑1大飞过于深入，白2、4紧凑，再6断，弃子，至白10粘，净活，黑失败。

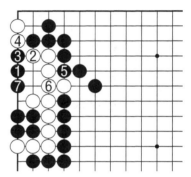

第532题正解图： 黑4扑时，黑5挤，重要，白6粘是扩大眼形之策，黑7并，破眼，击中要害，白死。其中，白6如在7位打，黑于6位扑，白仍不活。

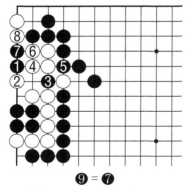

❾＝❼

第532题变化图： 黑1飞时，白2如顶，黑3单扑，巧妙，白4打，黑5卡打，白6、8无济于事，黑9扑，白被灭。其中，白4如于5位粘，黑就于4位顶，白仍无眼。

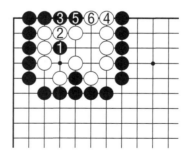

第533题失败图： 黑1点，位置不对，白2正好粘，黑3、5连冲破眼，白6挡，黑已不能杀白。

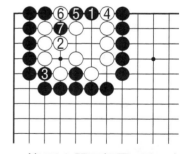

第533题正解图： 黑1点，一步到位，白2做眼，黑3打，白4断、6扑，黑7提，成劫。

232

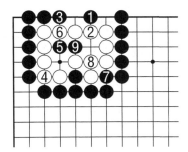

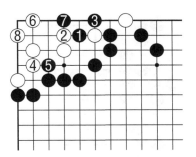

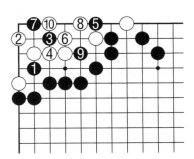

第533题变化图：黑1点时，白2如跟着应则不好，黑3占据要点，白4扩大眼位时，黑5点眼，以下至黑9，白成净死。

第534题失败图1：黑1夹看似要点，其实不然，白2挡，黑3吃时，白4并扩大眼位，黑5冲，白6跳是眼形要点，然后8尖，安然成活，黑失败。

第534题失败图2：黑5扳，则白6拐，黑7尖破眼时，白8打、10扑，成劫，黑亦失败。

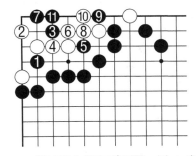

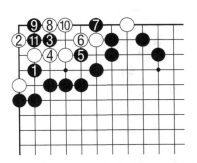

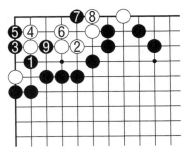

第534题正解图：黑1尖顶是巧手，白2尖也巧，但黑3点、5尖顶好次序，白6如拐，黑7尖是要点，白8粘，黑9扳、11团，白死。

第534题变化图1：前图白6如改为本图挡，则黑7扳是妙筋，白8夹反抗，黑9打、11粘，白仍被杀。

第534题变化图2：黑1尖顶时，白2如并，黑3扳巧妙，白4退不得已，黑5爬缩白眼位，以下至黑9挖，白还是不活。

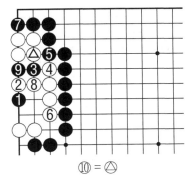

⑩＝△

第535题失败图1：黑1点，大错特错，白2靠，黑3、5靠断时，白6贴，妙手，黑7打，白8反打，黑9提，白10吃两子，成倒脱靴，黑失败。

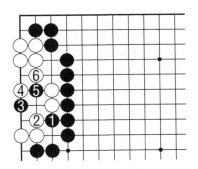

第535题失败图2：黑直接1冲、3点，无谋，白4靠仍是要点，黑5吃，白6打，成劫活，黑同样失败。

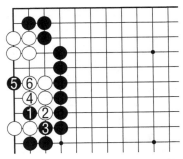

第535题失败图3：黑直接1靠、3断也不行，白4吃，黑5再点为时已晚，白6团，黑无计可施。

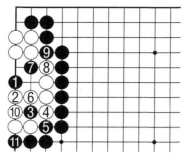

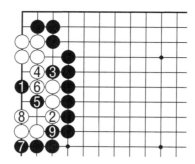

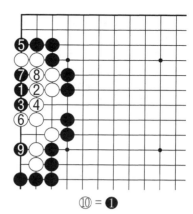

第535题正解图： 白空间很大，点在何处，确实令人迷惑。黑1点，正确，白2靠，黑3再靠入是相关联的好手，白4、6吃一子，黑7、9将白分断，至11挡，白两边不入气，顿死。

第535题变化图： 黑1点时，白2如贴回，也是扩大眼位的好手，但黑3冲、5尖犀利，白6粘时，黑7挡，此后白8、黑9两点见合，白仍死。

⑩＝❶

第536题失败图1： 黑1点方不是要点，白2顶、4粘，黑5挡时，白6打、8提，黑9破眼也无济于事，白10成活。

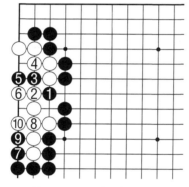

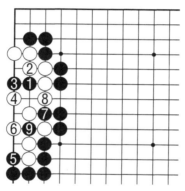

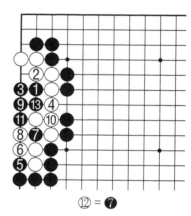

第536题失败图2： 黑1虎是俗手，白2简单地挡，黑3打、5立时，白6吃，黑7再拐，白有8位单粘的好手，至10挡，黑未能有效利用白气紧的弱点破眼，黑失败。

第536题正解图： 黑1夹是漂亮的一击，白2粘，黑3立，重要，白4尖顶是最佳应手，黑5拐，冷静，白6、8正应，黑9提后成劫杀，这是双方的最佳结果。

⑫＝❼

第536题变化图1： 黑3立时，白4长则过分，黑5拐、7扑后，再9弯，白10粘，黑11打、13团，聚杀。

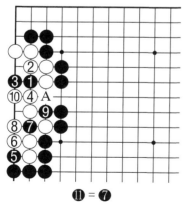

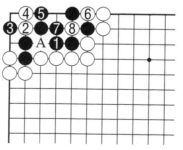

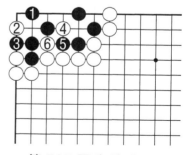

⑪＝❼

第536题变化图2： 白4如顶，黑仍有5、7的手筋，白8提时，黑9打，白10只能打，黑11提仍成劫，与正解图相比，黑多出A位一枚本身劫材。

第537题失败图1： 黑1贴并不能扩大眼位，白仍2挤、4立，黑5只能挡，白6单打是好手，黑7只好做劫，黑失败。其中，黑7不能在8位粘，否则白于A位打，黑净死。

第537题失败图2： 黑1虎似乎是要点，但白2点、4跨、6打，黑不活。

234

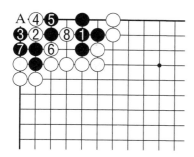

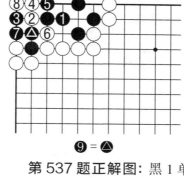

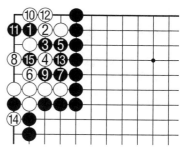

第537题失败图3: 黑1粘可扩大眼位,但白仍于2位挤,黑3打、5吃时,白可6打,黑7虽也能做倒脱靴,但白8打,黑无两眼。其中,黑7如在A位提,白有在2位扑的破眼手段。

9 = ⓐ

第537题正解图: 黑1单退,正确,白2挤、4立是最强手段,黑5打、7粘即可脱险,白8提时,黑9打,成倒脱靴,终能成活。

第538题失败图1: 黑1托不能说是坏棋,对此白2顶是要点,黑3断是手筋,白4打至黑9冲为必然,白10、12做成倒脱靴,黑13紧气、15提,也成劫杀,但此劫为紧气劫,黑失败。

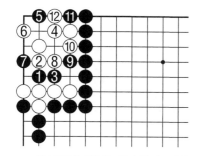

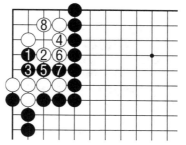

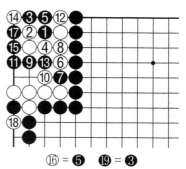

第538题失败图2: 黑1靠虽也是手筋,但白2顶、4并是做眼好手,黑5点时,白6尖重要,因白8是先手,至12,白活了一半,黑失败。

第538题失败图3: 黑1靠、3顶也很强烈,不过白有4贴的冷静好手,黑5、7虽吃五子,但白8做眼,仍活一半,黑也失败。其中,白4如在5位或6位应,黑都在8位夹,白不活。

⑯ = ⑤   ⑲ = ③

第538题正解图: 黑1夹、3扳、5粘是杀棋要着,白6尖虽巧妙,但黑7冲、9靠又是妙着,白10不可省,黑11立是意想不到的好手,白12打至黑15拐为必然,白须于16位做眼,黑17打、19提,成为对黑有利的缓一气劫。

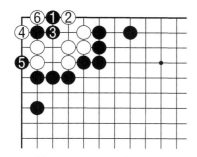

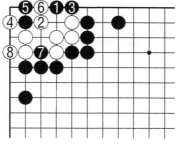

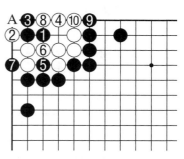

第539题失败图1: 黑1尖似是而非,白2尖顶,黑3只能团,白4扳,黑5破眼,只此一手,白6扑,成劫活,黑失败。

第539题失败图2: 黑1点也不是要点,白2扳,黑3连回时,白4、6两打,此后黑7、白8两点见合,黑失败。

第539题失败图3: 黑1长,白2扳,黑3弯是很容易想到的破眼手段,但白4尖时,黑5先冲是俗手,再7扳,白8挤即可,黑9再立,白10团,由于黑5与白6的交换,黑气被撞紧,A位不入气,遂成双活。

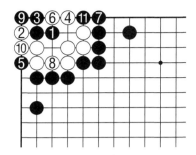

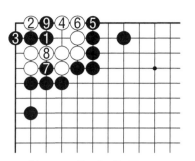

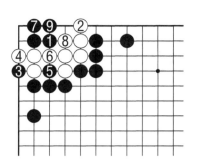

第539题正解图：黑1长，白2如扳，黑3弯，白4尖很容易使黑产生双活的错觉，黑5扳、7立体现棋力，至黑11，白接不归，被杀。

第539题变化图1：黑1长时，白2如夹，黑3长即可，白6如欲强行扩大眼位，至黑9，黑成一眼，白被眼杀。

第539题变化图2：黑1长，白2立扩大眼位，黑3扳、5冲，白6粘时，黑7弯仍是好手，再9团，白被聚杀。

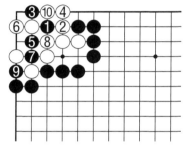

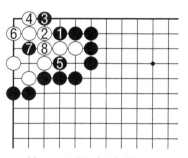

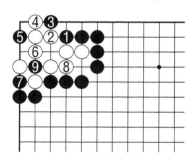

第540题失败图1：黑1靠不好，白2冲，黑3扳入不成立，白4立，黑5打时，白6再立，黑7、9虽提一子，但白10提可活。

第540题失败图2：黑5如挤，则白6占据要点，黑7再点已来不及，白8粘，净活。

第540题正解图：黑1爬、3扳是破眼要着，白4做眼，黑5托是妙手，白6弯、8团，顽强，黑9提，成劫杀。

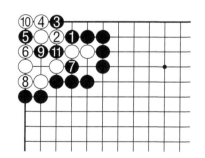

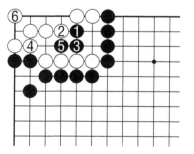

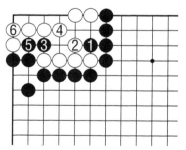

第540题变化图：白6如打，黑7单挤，妙手，白8团，黑9打、11扑，白被杀。

第541题失败图1：黑1靠、3顶不能破白眼，白4粘，黑5冲，白6做眼，黑失败。

第541题失败图2：黑1冲，黑3挖虽是手筋，但白4退，黑5须连回，白6粘，成直四，黑失败。

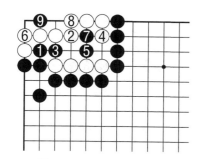

第541题正解图： 黑1打，白2如并，黑3继续冲，以下至黑9点，白无计做活。

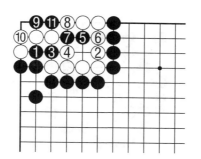

第541题变化图1： 黑1打时，白2如挡，黑3冲、5点是好手，白6粘时，黑7断、9夹是妙手，白10如抵抗，黑11成双倒扑，白死。

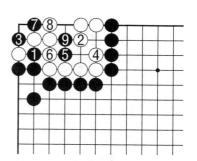

第541题变化图2： 黑1打时，如白2弯求眼，黑3单提即可，白4扩大眼位，黑5点，以下至黑9，白死。

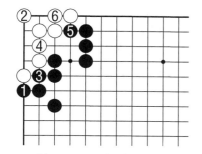

第542题失败图： 黑1若单挡，白2尖是巧手，黑3打、5挤均无用，白6粘可活。

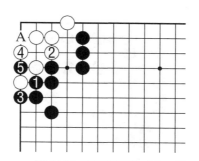

第542题正解图： 黑1挤，以静待动，白2顶，正确，黑3、5成劫是正解。其中，白4若于5位粘，黑在A位托，白反成净死。

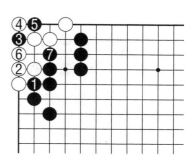

第542题变化图： 黑1挤时，白2如粘，不好，黑3托是妙手，白4扑，黑5提，白6打，黑7顶后，白净死。

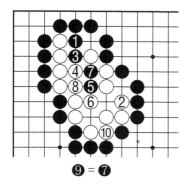

9 = 7

第543题失败图： 黑1单冲不行，白2做眼即可，黑3冲、5点不成立，白6挡至10粘，轻松做活，黑失败。

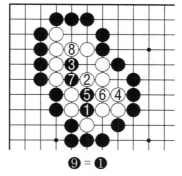

9 = 1

第543题正解图： 黑1扑是妙手，白2如做眼，黑3再点，白4扩大眼位，黑5多送一子，再7断、9扑，白死。

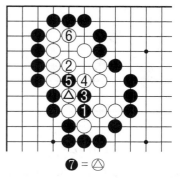

7 = △

第543题变化图1： 白2如做眼，黑3打、5提即可。此后，白6、黑7见合，白仍不活。

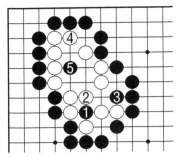

第543题变化图2：白2如提，则黑3冲、5点，简单杀白。

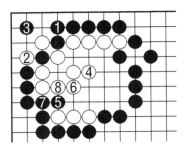

第544题失败图1：黑1粘，白2提一子后，黑3须走角上，白4并至8粘，黑无力杀白。

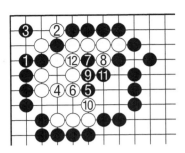

第544题失败图2：白2提时，黑3如急于跳进角则不好，白4做眼，黑5、7点为时已晚，白8冲、10顶后，12成活，黑失败。

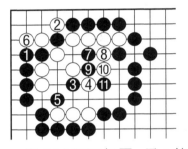

第544题正解图：黑1粘另一边，重要，白2如提一子，黑3靠正处于三子正中之要点，白4扳、6挡求眼，黑7点入严厉，至11打，白被杀。

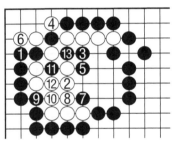

第544题变化图：黑1粘时，白2如并，黑3点击中要害，白4提，黑5贴，重要，白6做眼，黑7以下至13挤，白仍无两眼。

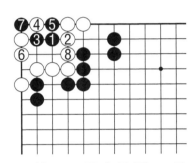

第545题失败图1：黑1点有取巧之嫌，白2冲，黑3并不成立，白有4扳、6退的手筋，黑7提，白8粘，成万年劫，黑失败。

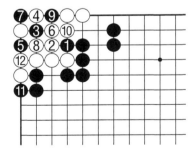

第545题失败图2：黑3若靠，看似要点，但白4扳、6打，黑7、9连提也无济于事，至白12粘，白净活。

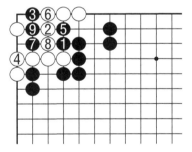

第545题正解图：黑1单拐，缩小眼位，白2尖时，黑3点是破眼要点，白4粘，黑5挤至9粘，白死。

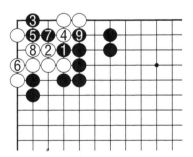

第545题变化图：黑1拐时，白2如挡，黑3点仍是急所，白4虽顽强，黑5冲、7断至9紧气，黑成金鸡独立，白仍不活。

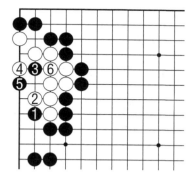

第546题失败图: 黑1先扳，再3靠，次序有误，白4扳、6打成劫，黑失败。

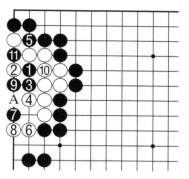

第546题正解图: 黑1点是夺命一击，白2扳时，黑3长，白4如打，黑5打、7点又是急所，白8挡，黑9打、11提，因白A位不入气，仅存一眼，遂死。

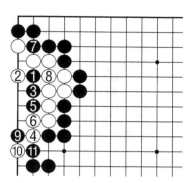

第546题变化图: 黑3长时，白4如扳，则黑5长、7打，破眼，白须8应，黑9、11后，白死。

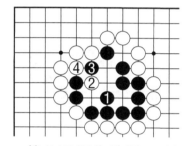

第547题失败图1: 黑1欲做眼，被白2夹占据要点，黑3挖，白4正好双吃，黑不活。

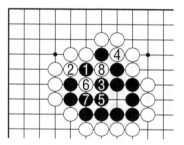

第547题失败图2: 黑3如做眼则失着，白4单打，好手，黑5做眼时，白6扑、8提，成劫杀，黑失败。

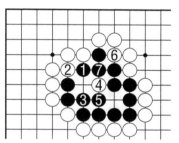

第547题正解图: 黑1扳很容易能想到，白2如挤，黑3粘是盲点，白4点，黑5、7即可做活。

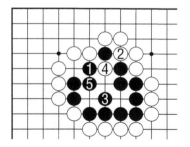

第547题变化图: 黑1扳时，白2如打，黑3做眼，巧妙，白4提，黑5粘，活棋。

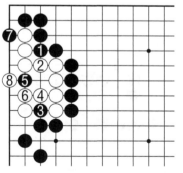

第548题失败图: 黑1团，不好，白2粘，黑3再冲时，白4挡即可，黑5点，白6粘后，黑7、白8两点见合，白活，黑失败。

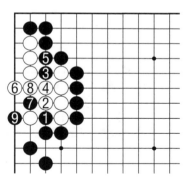

第548题正解图: 黑1冲、3挖，紧凑，白4打、6虎时，黑7、9简单破眼即可。

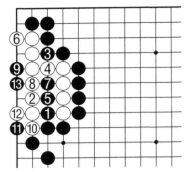

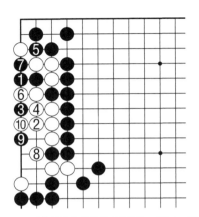

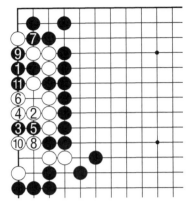

第548题变化图： 黑1冲时，白2如退，黑3团是好手，白4粘，黑5冲是手筋，白6如立，以下至黑13，白眼位仍不足。

第549题失败图： 黑3点不是手筋，白4粘，黑须5吃，白6成为先手，黑7提，白8虎即可做成两眼，黑9再点已来不及，白10提，黑失败。

第549题正解图： 黑1立是能否杀白的关键一着，白2做眼时，黑3点，好手，白4如挡，黑5挤是不易想到的妙手，白6做眼时，黑7打、9提，白不入气，只好10提，黑11打，白死。

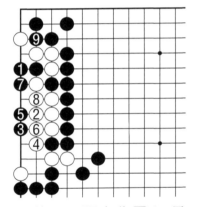

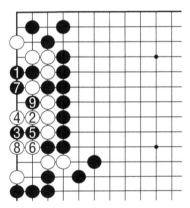

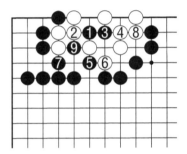

第550题失败图1： 黑1点，不好，白2正好粘，黑3冲，破眼，白4挡，黑5虎时，白6可抵抗，至黑9扑，白成劫活，黑失败。

第549题变化图1： 黑3点时，白4扳反抗也无济于事，黑5爬，妙手，白6粘，黑7打、9吃，白仍不活。

第549题变化图2： 白6如打，则黑7打，白接不归，只好8提，黑9提，白不活。

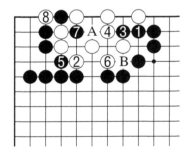

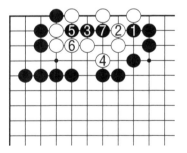

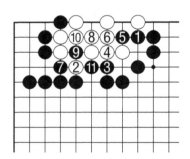

第550题失败图2： 黑3如冲，白4挡、6做眼，黑7断打，白8提后，A、B见合，黑失败。

第550题正解图： 黑1冲，要点，白2挡，黑3靠，强手，白4尖虽顽强，黑5、7后，白无两眼。

第550题变化图： 黑1冲时，白2如尖，黑3冲即可，白4如欲做眼，黑5挤至11卡，白仍无两眼。

240

好书介绍

《围棋入门一本就够》

　　简单明了的成人围棋入门书。每天一课，30 课围棋知识全面掌握。

《围棋入门口袋书》

　　真正零基础入门，小身材，大容量，丰富的例题，超全面的围棋知识。轻松索引，不懂就查。

《儿童围棋基础教程》（全 4 册）

　　系统性儿童围棋教程。每周一课，轻松学棋，讲解 + 习题，循序渐进。

《李昌镐儿童围棋课堂》（全 5 册）——李昌镐亲自授权的围棋入门书！

　　好玩的卡通画帮助记忆，让孩子从零开始，轻松入门。

《围棋基础自测 1200 题》（全 3 册）

　　零基础习题，上手无门槛。全图解、少文字，儿童轻松使用。全方位解答，家长辅导无忧。

《围棋宗师坂田荣男决胜名局》

坂田荣男，与吴清源齐名的日本围棋巨匠！职业棋手精到讲解，打谱学习宝典！助棋艺快速升级。

《不得贪胜》——"石佛"李昌镐唯一自传！

了解李昌镐的围棋人生，品味"不得贪胜"的胜负哲学，挖掘才能与意志的力量，领悟想赢必须学会舍弃的智慧。

《象棋入门一本就够》

一学就会的成人象棋入门书。每天一课，30 课象棋知识全面掌握。

《象棋战术一本就够》

11 大类战术，230 余战例详解，40 局名家实战解析。得子、入局、抢先，战略目标明确，战术清晰易懂。

《象棋入门与提高》（全 4 册）

打破以往象棋书死记硬背套路的模式，从职业棋手的思路、目标及执行方法讲起，逐步推导不同棋形之间的关系和相互转化的过程，使读者掌握自我学习、研究棋谱的方法。

《儿童象棋基础教程》

系统性儿童象棋教程。每周一课，轻松学棋，讲解 + 习题，循序渐进。